Zur Vorgeschichte der österreichischen Raiffeisenbewegung

Forschungen zur Wirtschafts-, Finanz- und Sozialgeschichte

Geschäftsührender Herausgeber:

Franz Baltzarek
Fachbereich Wirtschaftsgeschichte des
Instituts für Wirtschaftswissenschaften
der Universität Wien

Band 2

PETER LANG
Frankfurt am Main · Berlin · Bern · New York · Paris · Wien

Wolfgang Werner

Zur Vorgeschichte der österreichischen Raiffeisenbewegung

PETER LANG
Europäischer Verlag der Wissenschaften

Die Deutsche Bibliothek - CIP-Einheitsaufnahme

Werner, Wolfgang:

Zur Vorgeschichte der österreichischen Raiffeisenbewegung / Wolfgang Werner. - Frankfurt am Main ; Berlin ; Bern ; New York ; Paris ; Wien : Lang, 1993
(Forschungen zur Wirtschafts-, Finanz- und Sozialgeschichte ; Bd. 2)
ISBN 3-631-45805-3

NE: GT

Gedruckt mit Unterstützung der Kulturabteilung des Amtes
der Niederösterreichischen Landesregierung,
des Dr. Rudolf Rasser-Instituts, der Raiffeisen in Wien,
der Raiffeisen Zentralbank und der Raiffeisen
Bau- und Maschinenkreditgenossenschaft

ISSN 0941-4754
ISBN 3-631-45805-3

Printed in Germany 1 2 3 5 6 7

Inhaltsverzeichnis

Vorwort des Herausgebers

Die Aufnahme eines Bandes über die Anfänge der ländlichen Kreditgenossenschaften in Österreich in die neue Reihe der "Forschungen zur Wirtschafts-, Finanz- und Sozialgeschichte" führt zwar nicht in das Kerngebiet des Faches, ist aber für das Verständnis der institutionellen Verhältnisse im Bank- und Kreditsektor des letzten Viertels des 19. Jahrhunderts außerordentlich nützlich und ermöglicht auch Einblicke in die sich differenzierenden Wege des damaligen Vereinswesens. Erst durch ein Nachziehverfahren mittels der neu geschaffenen ländlichen Kreditgenossenschaften wurde den zahlenmäßig dominierenden Klein- und Mittelbetrieben des Agrarsektors ein billiges Instrument der Kreditbeschaffung zur Verfügung gestellt. Dabei spielte der Einfluß des Staates, der Länder und Gemeinden in Form öffentlicher Starthilfen und Subventionen für dieses neue System eine große Rolle und signalisierte damit auch in diesem Bereich den Beginn der neuen Periode des sogenannten "Organisierten Kapitalismus". Das genossenschaftliche System von Schulze-Delitzsch, das noch allein auf der Selbsthilfe im Sinn des "Konkurrenzkapitalismus" basierte, wurde modifiziert und durch "Staatshilfe" für den Agrarsektor ergänzt.

Dem Autor, der sich schon seit längerer Zeit mit dem Thema besonders der ländlichen Kreditgenossenschaften beschäftigt, ist es in detektivischer Kleinarbeit gelungen, die Anfänge des genossenschaftlichen ländlichen Kreditwesens in Österreich zu rekonstruieren, die Beziehungen Österreichs zu Raiffeisen darzustellen und die österreichischen Spezifika zu charakterisieren. Eines seiner größten Verdienste ist es auch, auf die Bedeutung des Liberalen Gustav Marchet und seine Korrespondenz mit F.W. Raiffeisen hingewiesen und diese aufgearbeitet zu haben. Er hat damit ein Defizit der historischen Forschung beseitigt.

Mehr denn je ist heute das Genossenschaftswesen im allgemeinen, aber auch das ländliche Genossenschaftssystem im besonderen, in den Mittelpunkt von Diskussionen um die zukünftige Entwicklung gestellt. Die alten "antikapitalistischen" Züge, die Bezüge zu bestimmten Sektoren und Bevölkerungsschichten haben sich weitgehend aufgelöst und verwischt, die allumfassende Marktwirtschaft mit Produzenteninteressen einerseits, Verbraucherinteressen andrerseits, Wohlstandsgesellschaft und Massenkonsum haben die alten Leitbilder zum Verblassen gebracht. Zweifel um die alten Werte des Genossenschaftswesens im allgemeinen, Zweifel über die traditionelle Rechtsform und die damit eng verknüpfte Frage der Finanzierung, Fragen um den Stellenwert des

Verbandswesens, über die Rolle der übergeordneten Ebenen im Verhältnis zur Primärebene, Fragen um das Agieren in einer marktwirtschaftlichen Umgebung mit Wettstreit um Konkurrenzfähigkeit einerseits und Rückbesinnung auf die ursprünglich angestrebten Genossenschaftsziele andrerseits, nicht zuletzt die Frage der Einbindung und Aktivierung der Mitglieder stellen sich immer dringender und intensiver.

Nur wenn es gelingt, den Förderungsauftrag plausibel und überzeugend zu vertreten und im Sinne der heutigen Bedürfnisse zu gestalten, die Verbürokratisierung hintanzuhalten und die Einzelmitglieder wieder richtig anzusprechen, wird es auch in Zukunft ein lebendiges und vielgestaltiges ländliches Genossenschaftswesen geben können. Das Genossenschaftswesen des ausgehenden 20. Jahrhunderts bedarf angesichts total geänderter Rahmenbedingungen einer ähnlichen innovativen Initiative wie im ausgehenden 19. Jahrhundert. Historische Arbeiten über die Vergangenheit könnten durchaus Denkanstöße für die Gegenwart geben.

Wien, im Herbst 1992 Ass.Prof.Dr.Franz Baltzarek

Vorwort des Autors

Anläßlich der Hundertjahrfeier der niederösterreichischen Raiffeisen-Geldorganisation im Jahre 1985 habe ich mich erstmals mit dem Bekanntwerden der Raiffeisenidee in Österreich beschäftigt. 1986, im Zusammenhang mit der Vorbereitung eines Buches, das 1988 zum einhundertjährigen Todestag des Genossenschaftsgründers erschien, nahm ich dieses Thema wieder auf, allerdings unter dem besonderen Aspekt der Freundschaft Raiffeisens zu dem Wiener Professor Dr. Gustav Marchet. Die damaligen Forschungsarbeiten führte ich weiter und stellte die Ergebnisse bei einem Vortrag im Rahmen einer wirtschaftshistorischen Vorlesung an der Wiener Universität im Herbst 1990 vor.

Das vorliegende Buch ist auf Anregung von Univ.Doz. Dr. Franz Baltzarek und Ass.Prof. Dr. Johann Brazda geschrieben worden und faßt die Ergebnisse meiner Forschungen über das Eindringen der Raiffeisenidee in komprimierter Form zusammen.

Die Untersuchung zeigt, daß das Wirken Friedrich Wilhelm Raiffeisens in Österreich mit großer Wahrscheinlichkeit seit dem Jahre 1866, sicher aber ab 1869 bekannt war. Die eindeutige Festlegung auf 1866 ist deshalb nicht möglich, weil der Nachweis der allgemeinen Verbreitung von zwei deutschen Zeitschriften zu dieser Zeit in Österreich nicht absolut zu erbringen ist.

Die im Anhang wiedergegebenen Statuten geben Einblick in die Bemühungen, Raiffeisens Idee der Darlehenskassen den österreichischen Verhältnissen anzupassen. Die dabei als Vorbild dienenden Original Raiffeisen-Statuten konnten aus Platzgründen nur dann wiedergegeben werden, wenn sie unmittelbar Einfluß nahmen.

Da sich die Arbeit ausschließlich auf zeitgenössisches Quellenmaterial, das nicht immer leicht zu beschaffen war, stützt, möchte ich an dieser Stelle allen Fachleuten, die mir bei der Suche in Archiven und Bibliotheken in Österreich, Deutschland, Slowenien und Ungarn behilflich waren, danken. Stellvertretend für alle Damen und Herren sei Dr. Helmut Karigl vom Österreichischen Staatsarchiv genannt, ohne dessen Unterstützung das Auffinden von bestimmten Unterlagen erheblich schwieriger, in manchen Fällen vielleicht gar nicht möglich gewesen wäre. Mein besonderer Dank gilt auch Frau Dr. Juliane Mikoletzky, die liebenswürdigerweise die Durchsicht des Manuskriptes besorgte.

Danken möchte ich auch für die finanzielle Förderung der Drucklegung durch das Dr. Rudolf Rasser-Institut, Raiffeisen in Wien, die Raiffeisen Zentralbank und die Raiffeisen Bau- und Maschinenkreditgenossenschaft, sowie die Kulturabteilung des Amtes der Niederösterreichischen Landesregierung.

Klosterneuburg, Oktober 1993

1. Kapitel

Kongresse und Systemstreit machen Raiffeisen bekannt

Die seit der Grundentlastung im Jahre 1848 andauernde Diskussion über die landwirtschaftliche Kreditfrage, deren Lösung für Bestand und Weiterentwicklung der klein- und mittelbäuerlichen Betriebe als unerläßlich angesehen wurde[1], erhielt ab dem Jahre 1866 durch die Planung bzw. Abhaltung landwirtschaftlicher Kongresse in Deutschland und Österreich neuen Auftrieb. Von Anfang an ging dabei die Erörterung einer dem agrarischen Bedarf angepaßten Kreditgewährung in eine zweifache Richtung, nämlich in die des Real- und in die des Personalkredites. Kapitalien zur Erwerbung von Grundstücken, für die Erhaltung beziehungsweise Verbesserung ihrer Substanz sollten im Wege des Realkredites zugeführt werden, die Flüssigmachung kleiner Kapitalien für die Betriebsführung war dem Personalkredit zugedacht[2]. Dieser im Vergleich zu der gewerblichen Wirtschaft ähnliche Kreditbedarf war und ist allerdings mit dem Nachteil behaftet, daß das Kapital den landwirtschaftlichen Produktionsverhältnissen gemäß erst in längeren Perioden zurückfließt.

Durch das Fehlen geeigneter Kreditinstitute, speziell für den kleinen Landwirt, wurden bei Geldverleihern gegen unglaublich hohe Zinsen Schulden gemacht[3], so daß sich die für 1866 geplante 26. Versammlung der deutschen Land- und Forstwirte in Wien vorgenommen hatte, im Rahmen allgemeiner landwirtschaftlicher Themen diese Problematik

---

1 Es ist hier nicht der Raum, die Bemühungen um die Lösung der landwirtschaftlichen Kreditfrage erschöpfend darzustellen. So viel sei angemerkt, daß sich die österreichische Agrarpolitik um zahlreiche Vorschläge bemühte, allerdings gelang die Lösung dieser Frage erst zu Ende des 19. Jahrhunderts durch die Einführung der Raiffeisen-Vereine und durch die Gründung von Landeshypothekenanstalten. - Eine Übersicht über die gesamte Entwicklung des Agrarkredites bieten: *Josef Ritter v. Hattingberg*, Die gemeinschaftlichen Credite der österreichischen Landwirthe (Wien und Leipzig 1900) und das Kapitel III, Geschichtliche Darstellung der Entwicklung des Agrar-Credites, der Festschrift Geschichte der österreichischen Land- und Forstwirtschaft und ihrer Industrien 1848 - 1898, Erster Band, Zweite Hälfte (Wien 1899) 579 ff

2 *(Adolf Wilhelm) Lette*, Das landwirthschaftliche Kredit- und Hypothekenwesen, Zweite Auflage, (Berlin 1868), 7 ff und *Anton Emanuel Komers*, Abriß der National-Oekonomie, zweite Auflage, (Prag 1868) 80

3 *Thausing*, Zur Creditfrage des kleinen Landwirthes, in: Jahrbuch für österreichische Landwirthe (1866) 107. - Mitte der 1860er Jahre begann die ganz im liberalen Sinn geführte Diskussion um die Aufhebung der Wuchergesetze, die, zumindest theoretisch, Zinshöhen begrenzten und Darlehen einigermaßen regelten. Die Aufhebung der Gesetze erfolgte am

neben der des landwirtschaftlichen Schulwesens zu diskutieren[4]. Auf Grund der kriegerischen Auseinandersetzung zwischen Österreich und Preußen fand die Tagung aber erst 1868 statt, und diese war dann zum Teil der Erörterung der fachlichen Bildung des Landwirtes gewidmet, das Kreditthema wurde überhaupt nicht erwähnt. Der Schwerpunkt der Tagung lag bei den allgemeinen landwirtschaftlichen Fragen[5].

Zur Vorbereitung der für 1866 geplanten Versammlung erarbeitete ein Komitee von Fachleuten eine Broschüre[6], die den Stand der österreichischen cisleithanischen Land- und Forstwirtschaft wiedergab, ein zusätzliches Kapitel befaßte sich speziell mit Niederösterreich. Ein Thema der Darstellung betraf die Schilderung der damaligen Kreditver-

---

14. Juni 1868; Reichsgesetzblatt für das Kaiserthum Österreich, XXIV. Stück/62: Gesetz, wodurch die gegen Wucher bestehenden Gesetze aufgehoben werden. Die Maßnahme wurde mit ausländischen Beispielen und unter anderem mit dem Argument begründet, daß es unsinnig wäre, Geld schablonenmäßig zu handhaben (vgl. *Franz (Xaver v.) Neumann (-Spallart)*, Die Aufhebung der Wuchergesetze, in: Allgemeine Land- und Forstwirthschaftliche Zeitung (Nr. 5/1866) 131; Jahrbuch für österreichische Landwirthe (1867) 322 ff: Stimmen aus Böhmen über die Aufhebung des Wuchergesetzes; *Heinrich Jaques*, Die Wuchergesetzgebung und das Civil- und Strafrecht (Wien 1867) 97 ff; *Gustav Marchet*, 1848 - 1888, Ein Rückblick auf die Entwicklung der österreichischen Agrarverwaltung (Wien 1889) 33).

Die Höhe der beklagten Zinssätze war in der Regel 50 - 100 Prozent (vgl. Allgemeine Land- und Forstwirthschaftliche Zeitung (Nr. 6/1860) 189: Ueber die Mittel zur Hebung des kleinen Grundbesitzes), es waren aber Fälle bekannt, wo der Kreditnehmer 500 Prozent bezahlen mußte (vgl. *Ferdinand Schmid*, Der landwirtschaftliche Personalkredit, in: Geschichte der österreichischen Land- und Forstwirtschaft und ihrer Industrien, 1848 - 1898, Erster Band, Zweite Hälfte (Wien 1899) 683).

4 Allgemeine Land- und Forstwirthschaftliche Zeitung (fortan AllgZ), 13. 12. 1867 (1255): Bekanntmachung über die Abhaltung der XXVI. Versammlung der deutschen Land- und Forstwirthe in Wien im Jahre 1868, sowie: Österreichisches Staatsarchiv, Allgemeines Verwaltungsarchiv, k. k. Ackerbauministerium, Signatur L 4 ex 1868 Fasc. Nr. 1036 Beilage 2. - Der Kongreßort Wien war bei der 25. Versammlung, die vom 25. Juni bis 1. Juli 1864 in Dresden tagte, bestimmt und mit kaiserlicher Entschließung vom 18. November 1865 genehmigt worden. Siehe: Österreichisches Staatsarchiv, Allgemeines Verwaltungsarchiv, k. k. Ackerbauministerium, Signatur L 4 ex 1868, Fasc. Nr. 391, Prot. Nr. 1036/567

5 Wiener Landwirthschaftliche Zeitung (fortan WrLZ), 4. September 1868 (338 ff), Die sechs und zwanzigste Versammlung deutscher Land- und Forstwirthe in Wien I. Die weitere Berichterstattung in der Zeitung: 11. 9. (353), 18. 9. (336), 25. 9. (377), 2. 10. (393), 9. 10. (405), 16. 10. (417), 23. 10. (429), 30. 10. (439). Weiters Jahrbuch für österreichische Landwirthe (1869) 401: Resultate der Verhandlungen in der XXVI. Wanderversammlung deutscher Land- und Forstwirthe zu Wien vom 31. August bis 5. September 1868. - Die Neufestsetzung des Termines erfolgte auf Grund eines Schreibens des Kongreßpräsidiums an Seine k. k. Apostolische Majestät vom 16. Dezember 1867. Siehe: Österreichisches Staatsarchiv, Allgemeines Verwaltungsarchiv, k. k. Ackerbauministerium, Signatur L 4 ex 1868, Fasc. 391, Prot. Nr. 1036/567

6 Abriss der Bodenculturverhältnisse des österreichischen Staates im Allgemeinen und des Erzherzogthums Österreich unter der Enns insbesondere. Gedenkgabe für die XXVI. Versammlung der deutschen Land- und Forstwirthe (Wien 1866)

hältnisse. Broschüren dieser Art entsprachen einer Gewohnheit, die Kongreßteilnehmer konnten sich so ein gutes Bild von den agrarischen Zuständen des jeweiligen Gastlandes machen.

Bezüglich des landwirtschaftlichen Kredites wurde allgemein dessen ungenügender Stand angeführt. Es gab nur eine geringe Zahl von Kreditinstituten, 94 % aller den ländlichen Realitäten einverleibten Hypothekardarlehen stammten von Privaten und von Sparkassen, nur 6 % von Bodenkreditanstalten[7].

Für Niederösterreich nannte die Kongreßbroschüre 15 Sparkassen, der größte Teil ihrer 41 Millionen Gulden Einlagen war auf Realitäten verliehen, jedoch primär im städtischen Bereich, für ländliche Gebiete lag die Schätzung bei acht bis neun Millionen Gulden. Die Hypothekarkreditabteilung der österreichischen Nationalbank und die Bodenkredit-Anstalt dienten nicht den Bedürfnissen des kleineren Landwirtes, da das Mindestdarlehen zwischen 500 fl bei der Bodenkredit und 5.000 fl bei der Nationalbank lag[8]. In Summe geben diese Informationen die triste Lage wieder, in der sich der kreditsuchende Landwirt in Österreich befand und zeigten die überaus große Abhängigkeit vom privaten Geldverleih auf.

Hier ist nun der Platz anzuführen, für welche Zwecke der Landwirt Kredithilfe in Anspruch nehmen mußte. Grundsätzlich zunächst einmal für viele Belange der Betriebsführung, so für Löhne, für den Einkauf von Betriebsmitteln und Vieh[9], oft war die Grundentlastungsschuld noch nicht getilgt[10], ferner für die oft als drückend empfundene Steuer- und

---

7 *Franz (Xaver v.) Neumann(-Spallart)*, Der landwirthschaftliche Credit, in: Abriss (wie Anm. 6) 197 ff

8 *Franz (Xaver v.) Neumann(-Spallart)*, Die Verhältnisse des Boden-Credites in Niederösterreich, in: Abriss (wie Anm. 6) 334 ff. - Die durchschnittliche Höhe der Mittel, die ein Landwirt sich im Kreditwege beschaffen mußte, waren 100 bis 200 fl. Siehe: *Franz Weigert*, Die Credit-Verhältnisse des österreichischen Landwirthes, in: AllgZ (wie Anm. 4) Nr. 16/ 1864 (501)

9 *Claudius Frhr. v. Podstatsky Tonsern*, Die Ursachen der bedrängten Lage des Grundbesitzes in Österreich, Teil II, in: Österreichische Revue, 4. Jg. 4. Heft 1866 (Wien o. J.) 75 ff. - Laut Prof. *Ladislaus von Wagner* (vgl. Zur Frage des landwirthschaftlichen Credits, in: Central-Blatt für die gesamte Landeskultur des In- und Auslandes (1. Januar 1871 (12)) betrug das durchschnittliche Betriebskapital pro österreichisches Katastraljoch (0,575 ha) 0,5 bis 1 fl, erforderlich im Interesse einer guten Betriebsführung war aber das Fünf- bis Zehnfache.

10 WrLZ (wie Anm. 5) 17. April 1868 (137), Das Financprojekt vom Gesichtspunkte der landwirthschaftlichen Interessen. - Über den tatsächlichen Verlauf der Tilgung der Grundentlastungsschuld aus der Sicht der betroffenen Landwirte gibt es kaum Unterlagen (Beispiele nennt: *Ernst Bruckmüller*, Grundentlastung und Servitutenregulierung, in: *Alfred Hoffmann* (Hrsg.), Bauernland Oberösterreich, Entwicklungsgeschichte seiner Land- und Forstwirtschaft (Linz 1974) 123. Ein Beispiel aus der Abwicklung der Grundentlastung aus der Sicht einer Grundherrschaft bietet: *Wilfried Kowarik*, Die Grundablöse

Abgabelast[11]. Schwer wogen auch die Zahlungen im Wege von Erbgängen, die zum Großteil nur durch Aufnahme von Hypotheken durchgeführt werden konnten. Viele Notverkäufe von Wirtschaften waren die Folge[12]. Die erforderlichen Intabulierung dauerte oft Monate, verursachte hohe Gebühren[13], Kredite gelangten erst nach der Eintragung zur Auszahlung, die Zinsen waren jedoch vom Tag des Kreditantrages fällig.

1848 am Beispiel des Stiftes Melk, in: Stift Melk, Geschichte und Gegenwart, 2 (Melk 1981) 126 ff). Jenen Anteil der Schuld, der von den Betroffenen bis zum 1. Juli 1853 nicht bezahlt war, wurde als Zwangshypothek dem Verpflichteten eingetragen (vgl. *Adolf Steinhauser*, Die Grundentlastung im Herzogthume Salzburg (Salzburg 1854) 42). Der Großteil der Grundentlastungsschuld war aber bis Ende der fünfziger Jahre beglichen (vgl. *Ernst Bruckmüller*, Grundentlastung und Servitutenregulierung, in: *Alfred Hoffmann* (Hrsg.), Bauernland Oberösterreich, Entwicklungsgeschichte seiner Land- und Forstwirtschaft (Linz 1974) 129), eine inflationäre Entwicklung dürfte die Rückzahlung begünstigt haben (vgl. *Carl Fürst Jablonowski*, Uebergang beim großen Grundbesitzer von der Naturalwirthschaft zur Geldwirthschaft, in: Allgemeine Land- und Forstwirthschaftliche Zeitung (4. Juli 1857) 458).

11 Über die Höhe der Belastungen informiert ein Beitrag in der "Wiener Landwirthschaftlichen Zeitung" vom 22. 5. 1868 auf Seite 189: Die Vermögenssteuer und die Landwirthschaft. Eine 20 Joch (1 österreichisches Joch entspricht 0,575 ha) große Marchfeldwirtschaft mit Haus, Geräten und Vieh hat einen Wert von durchschnittlich 5000 fl und weist eine hypothekarische Belastung von 2000 fl aus. Zu zahlen sind: Grund-, Haus- und Klassensteuer 60 fl; Hypothekarzinsen 6 % 120 fl; Hypothekensteuer 10 fl; Vermögenssteuer 22 fl; Gesamtbelastung daher 212 fl, oder pro Joch 10,6 fl. Laut *F(ranz) W(ilhelm) Hofmann*, Die landwirthschaftlichen Verhältnisse Österreichs im Vergleich mit anderen Ländern - AllgZ (wie Anm. 4) Nr. 5/1864 (130), betrug der durchschnittliche Rohertrag pro Joch Ackerboden in Österreich 18,5 fl, der Reinertrag 4,2 fl. Die Angabe des Rohertrages beinhaltete sicher auch den Ertrag der Viehwirtschaft, denn der Rohertrag bei Getreide wurde pro Joch mit 9,28 fl angegeben. *Komers* rechnete mit Bewirtschaftungskosten von 80 % des Bruttoertrages, mit 2,8 % Verzinsung des Grundkapitales und mit Null Prozent Verzinsung des Betriebskapitales. - Siehe: *A(nton) E(manuel) Komers*, Die Landwirthschaft Österreichs, in: Österreichische Revue, Jahrgang 1863, 2. Band (Wien, o. J.) 172

12 *A(dolf) Baumgartner*, Über die Creditnoth des Grundbesitzes und deren mögliche Abhilfe, in: WrLZ (wie Anm. 5) 8. April 1871 (107). - In den Jahren 1865 bis 1869 wurde in Österreich in allen Ländern, mit Ausnahme Tirols, die Verkehrsfreiheit von Grund und Boden vorbereitet und somit der Bestiftungszwang aufgehoben. Gesetzliche Grundlagen dazu waren das Reichsgesetz vom 27. Juni 1868, XXXII. Stück/79: Gesetz, wodurch die Bestimmung des Paragraphen 761 des ABG in Betreff der Erbfolge in Bauerngütern abgeändert wird, und eine Reihe von Landesgesetzen (vgl. *Moriz Ertl*, Versuche einer Agrarreform in Österreich, in: Geschichte der österreichischen Land- und Forstwirtschaft und ihrer Industrien, 1848 - 1898, Erster Band, Erste Hälfte (Wien 1899) 472). Dadurch fiel auch das oft nur mehr theoretisch gültige Anerbenrecht (vgl. *Alfred Rachenzentner*, Die österreichische Agrargesetzgebung vom Beginn der konstitutionellen Ära bis zum Jahre 1889 und die Stellungnahme der Parteien, Diss. Univ. Wien (Wien 1949) 49 ff), das die Auszahlung der Geschwister im Erbfall zur Folge hatte. Damit war der Zersplitterung bäuerlicher Wirtschaften durch Erbteilung und Verkauf Tür und Tor geöffnet, aber auch die Möglichkeit geschaffen, die bäuerliche Wirtschaft durch Zukauf zu vergrößern (vgl. *Gustav Marchet*, 1848 - 1888, Ein Rückblick auf die Entwicklung der österreichischen Agrarverwaltung (Wien 1889) 30).

13 WrLZ (wie Anm. 5) 14. Feber 1868 (53/54), Zum Realcredit

Die Beiträge in der Kongreßbroschüre zeigten somit den Stand der damaligen landwirtschaftlichen Kreditmöglichkeiten auf und faßten so auch die Diskussionen in den Landtagen zusammen, die gemäß den Landesordnungen vom Jahre 1861 für die zur österreichischen Monarchie gehörenden Länder einen unmittelbaren und daher sehr großen Einfluß auf die Landeskultur ausübten[14]. Die vierte Landtagssession, 1865/66, zeigte, daß die Landtage in Oberösterreich, Steiermark und Niederösterreich die Gründung eigener Bodenkreditanstalten oder deren Ersatz durch Erweiterung des Geschäftes der bestehenden Sparkassen berieten[15]. In Niederösterreich wurde weiters in die Debatte eingebracht, daß die bereits bekannten Vorschußvereine nach *Schulze-Delitzsch* als geeignet angesehen wurden, der Kreditnot der ländlichen Bevölkerung abzuhelfen. Die Einsetzung eines eigenen Komitees für die Untersuchung der Kreditnot scheiterte allerdings an der erforderlichen Mehrheit[16]. In der fünften Session, 1866, setzte sich die Kreditdebatte fort[17], so in Niederösterreich und in Tirol.

Ein weiterer, österreichischer agrarischer Kongreß fand im November 1868 statt[18], den der erste k. k. Ackerbauminister, Graf *Potocki*, mit der Überlegung einberufen hatte, die damaligen Hauptfragen der Landwirtschaft, wie zum Beispiel die wirksame Interessensvertretung, die agrarische Statistik und den land- und forstwirtschaftlichen Unterricht, zu diskutieren und so Lösungen dringender Agrarprobleme einzuleiten. Beschickt wurde dieser zweite österreichische Agrarkongreß genauso wie die Versammlung der deutschen Land- und Forstwirte naturgemäß

---

14 *Ernst Hellbling*, Die Landesverwaltung in Cisleithanien, in: *Adam Wandruszka* und *Peter Urbanitsch* (Hrsg.), Die Habsburgermonarchie 1848 - 1918, Band II, Verwaltung und Rechtswesen (Wien 1975) 210 ff - Speziell für die Landwirtschaft: Des Österreichers Grundrechte und Verfassung (Wien 1868) 53

15 *Arthur Frhr. v. Hohenbruck*, Die Landtage und die Landwirthschaft (Pest, Wien, Leipzig 1866) 51

16 Stenographische Protokolle des niederösterreichischen Landtages, 37. Sitzung der 4. Session am 17. Februar 1866 (919 - 924)

17 *Arthur Frhr. v. Hohenbruck*, Die Landtage und die Landwirthschaft, Zweites Heft (Pest, Wien, Leipzig 1867) 82

18 Verhandlungen des agrarischen Congresses in Wien 1868 (Wien 1868) - Der Kongreß tagte vom 9. bis 14. November 1868. - Bestimmt wurde die Abhaltung dieses österreichischen Kongresses auch durch die 26. Versammlung deutscher Land- und Forstwirthe, siehe: Österreichisches Staatsarchiv, Allgemeines Verwaltungsarchiv, k. k. Ackerbauministerium, Signatur L 4 ex 1868, Prot. Nr. 586 vom 28. 1. 1868

von Vertretern des Großgrundbesitzes[19], die mit Hilfe der Landwirtschaftsgellschaften über Organisationen verfügten, die geeignet waren, ihre Wünsche und Vorstellungen zu vertreten.

Landwirtschaftliche Vereine und Landwirtschaftsgesellschaften entstanden im deutschen Sprachraum um die Mitte des 18. Jahrhunderts, um als Interessenvertretungen der Großgrundbesitzer zu dienen. Diese Organisationen entfalteten ihre Wirksamkeit mit Hilfe von Regional-, Bezirks- und Ortsvereinen. Vor allem die Ortsvereine, landwirtschaftliche Kasinos, dienten ab Mitte des 19. Jahrhunderts als Zentren, die auch den kleinen und mittleren Landwirten als Bildungs- und Beratungsstellen großen Nutzen brachten und die im Auftrage der Landesregierungen für die Verteilung der finanziellen Unterstützungen an die Landwirtschaft zuständig waren[20].

Beim agrarischen Kongreß 1868 kam man im Zusammenhang mit der Erörterung von Bodenverbesserungsmaßnahmen, Meliorationen, naturgemäß auf die Finanzierung und damit auf das Kreditproblem zu sprechen. Mit Bedauern stellte der Kongreß fest, daß leider nur industrielle Unternehmungen mit staatlichen Unterstützungen rechnen könnten[21]. Fachliche Intelligenz, eine zeitgemäße Gestaltung der Legistik und billiges Kapital waren aber für den Erfolg von Maßnahmen der Bodenverbesserung von gleichrangiger Bedeutung[22].

Eine umfassende Behandlung der landwirtschaftlichen Kreditfrage beinhalteten ferner die ersten drei Kongresse norddeutscher Landwirte der Jahre 1868, 1869 und 1870. Der erste Kongreß, in Berlin abgehalten,

---

19 Das Präsidium der XXVI. Versammlung deutscher Land- und Forstwirthe setzte sich zusammen aus: I. Präsident: Franz Ritter v. Hopfen, Vizepräsident des Abgeordnetenhauses, Direktor der k. k. priv. Boden-Creditanstalt, Vizepräsident der k. k. priv. Südbahngesellschaft, Gutsbesitzer; II. Präsident: Maximilian Frhr. v. Washington, Vizepräsident der landwirtschaftlichen Gesellschaft der Steiermark, Gutsbesitzer; I. Geschäftsführer: Wilhelm Frhr. v. Wangenheim, Ökonomie- und Forstkonsulent; II. Geschäfts- und Protokollführer: Dr. Carl Willefort; Kassier: Dr. Franz Pichler, k. k. Ministerial-Konzipist; Teilnehmer des agrarischen Kongresses waren Delegierte der Landwirtschafts-Gesellschaften, so zum Beispiel Vertreter Niederösterreichs: Frhr. v. Doblhoff, Präsident der Landwirtschafts-Gesellschaft in Wien, Othmar Helferstorfer, Abt des Benediktinerstiftes zu den Schotten; Ersatzmann: Eduard Bischof, k. k. Ministerialrat in Pension und Ausschußrat

20 *Ernst Bruckmüller*, Landwirtschaftliche Organisationen und gesellschaftliche Modernisierung, Geschichte und Sozialkunde 1 (Salzburg 1977) 95/96

21 Verhandlungen (wie Anm. 18) 142. - Demzufolge betrachtete auch das Ackerbauministerium die Bemühungen um den landwirtschaftlichen Kredit als eine Hauptaufgabe der nächsten Zukunft. Siehe: Jahresbericht des k. k. Ackerbauministeriums über die Maßregeln und Arbeiten zur Förderung der Landescultur in den im Reichsrathe vertretenen Königreichen und Ländern für 1868 (Wien 1869) 23

22 Verhandlungen (wie Anm. 18) 18

verwies auf die Selbsthilfe der Grundbesitzer als Voraussetzung zur Lösung des Kreditproblems. Durch frei auf Aktienbasis zu bildende Provinzialkultur- und Kreditgesellschaften sollte dem Landwirt das nötige Geld für Meliorationen gegen einen normalen Zinsfuß 20 bis 25 Jahre vorgestreckt werden. Allerdings, eine Ausfolgung von Bargeld sollte nicht erfolgen, da vorgesehen war, daß die genannten Gesellschaften die notwendigen Arbeiten durch eigene Techniker zu erbringen hatten[23].

Der zweite Kongreß, 1869 in Wien, konnte trotz der vielfachen Behandlung der Kreditangelegenheiten, die für die letzten Jahre festgestellt wurde, nur aussagen, daß diese so wichtige Angelegenheit weiter ihrer Lösung harre[24]. Schwerpunktthema des dritten Kongresses im Jahre 1870 in Berlin war das landwirtschaftliche Genossenschaftswesen und, darin integriert, die leidige Kreditfrage. Allerdings gelang es nicht, bei der Tagung der norddeutschen Landwirte das Thema erschöpfend zu behandeln, da die dazu notwendige Unterlage nicht zeitgerecht fertiggestellt werden konnte[25]. Diese Unterlage[26] verdient es allerdings, vorgestellt zu werden.

Das umfangreiche Aktenmaterial[27], das *Birnbaum* zusammengetragen, kritisch bewertet und veröffentlicht hatte, beinhaltete auch Unterlagen aus Österreich, die Genossenschaften und eine Landwirtschaftsgesellschaft betrafen[28].

---

23 *F(riedrich W(ilhelm) Toussaint*, Über die Bildung von Provinzial-Cultur- und Credit-Gesellschaften, in: Jahrbuch für österreichische Landwirthe (1871) 261

24 WrLZ (wie Anm. 5) 3. April 1869 (150) Rückblick auf den zweiten Congreß norddeutscher Landwirthe in Wien

25 WrLZ (wie Anm. 5) 5. März 1870 (67) Zu den Verhandlungen des Congresses norddeutscher Landwirthe in Berlin

26 *Karl Birnbaum*, Das Genossenschaftsprincip in Anwendung und Anwendbarkeit in der Landwirthschaft. Denkschrift im Auftrage des Congresses Norddeutscher Landwirthe (Leipzig 1870)

27 Schon der 1. Kongreß der norddeutschen Landwirte sprach das Ersuchen aus, Material über Genossenschaften einzusenden, um später eine Unterlage über den Stand des landwirtschaftlichen Genossenschaftswesen erstellen zu können. Siehe: Jahrbücher für Nationalökonomie und Statistik (fortan Jahrbücher), 10. Band (Jena 1868) 381, Der erste Congreß Norddeutscher Landwirthe

28 *Birnbaum*, Genossenschaftsprincip (wie Anm. 26) XI, Kommissionsakte Nr. 252: Statut des landwirthschaftlichen Vorschußvereins in Linz, Nr. 253: Statuten der Landwirthschafts-Gesellschaft in Österreich oberhalb der Enns, Nr. 266 "Die Presse", Wien vom 3. Juli 1869, Notiz über Käserei-Genossenschaften. - Bei letztgenannter Akte handelt es sich um folgende Information: Die Presse (3. Juli 1869, Abendblatt) (3) Preisausschreibung für Käsereigenossenschaften (siehe Fußnote 31 auf Seite 61).

In Summe führte *Birnbaum* 278 Aktenstücke an, die der ständigen Kommission des Kongresses norddeutscher Landwirte überreicht worden waren. Somit wird in der Unterlage eine annähernd komplette Übersicht des landwirtschaftlichen Genossenschaftswesens im deutschen Sprachraum der damaligen Zeit geboten. Kurz zum Inhalt:

Die Besprechung der einzelnen Genossenschaften orientiert sich nach den Gesichtspunkten: Genossenschaften mit staatlicher Hilfe; Genossenschaften unter Mitwirkung von anderen, besonders von Kapitalbesitzern; Genossenschaften von Landwirten mit Wirtschaftsbeamten oder Arbeitern; Genossenschaften von Landwirten unter sich und Genossenschaften zur indirekten Förderung der Produktion.

Die Einleitung, eine primär historische Betrachtung, würdigt den Schöpfer der gewerblichen Genossenschaften, *Hermann Schulze-Delitzsch,* und seinen Allgemeinen Verband der Deutschen Erwerbs- und Wirtschaftsgenossenschaften. Das Organ der Anwaltschaft "Die Innung der Zukunft" und die Jahresberichte der Anwaltschaft werden als das Beste an Information über die Genossenschaften bezeichnet.

Was Österreich betrifft, so muß hier angeführt werden, daß die Vorschuß- und Kreditvereine, die Volksbanken, nach *Schulze-Delitzsch* ab 1855[29], in der Landwirtschaft ab 1860[30] allgemein bekannt wurden. Der Streit *Schulze-Lassalle* um die Bedeutung der Staatshilfe im Genossenschaftswesen wurde auch in Österreich aufmerksam beobachtet[31].

---

29 Die ersten Mitteilungen über *Schulzes* Wirken für das breite Publikum erfolgten ab 1855 im gesamten deutschen Sprachraum in der Zeitschrift "Die Gartenlaube", z.B. "Handwerkerbriefe" in Nr. 23/1855 (298/99) und Nr. 39/1855 (516 ff). Um 1865 verfügte die Zeitschrift über eine Auflage von 230.000 Stück. Weiters: Grundzüge für die Bildung von Vorschußvereinen für Gewerbetreibende in Wien, nach dem Schulze-Delitzsch'schen Systeme (Wien 1861); Grundzüge für die Bildung von Vorschuß- und Creditvereinen für Gewerbetreibende in Wien und dessen Umgebung nach dem Schulze-Delitzsch'schen Systeme (Wien 1862); *Max Menger*, Die auf Selbsthilfe gestützten Genossenschaften im Handwerker- und Arbeiterstande (Wien 1866)

30 *Emil Kirchhof*, Über landwirthschaftliches Creditwesen und die Möglichkeit einer einfachen Selbsthilfe, in: AllgZ (wie Anm. 4) Nr. 30/1860 (941) sowie: *Franz (Xaver v.) Neumann(-Spallart)*, Der landwirthschaftliche Credit in Österreich, Teil III, in: Österreichische Revue, Jahrgang 1864, 4. Band (Wien 1864) 115

31 Stenographische Protokolle des niederösterreichischen Landtages, 37. Sitzung der 4. Session am 17. Februar 1866 (923) und die auch in Österreich verbreitete Schrift: *L. J. Gerstner*, Vergleichende Darstellung des Schulze-Delitzsch'schen Systems und der Lassalle'schen Ideen mit Berücksichtigung des gewerblichen Creditlebens von Würzburg (Würzburg 1866)

Die Gründung von Volksbanken setzte in Österreich allerdings erst nach dem Krieg des Jahres 1866 in größerem Umfang ein[32].

Doch zurück zur Denkschrift des Kongresses norddeutscher Landwirte. Als Merkmale des Genossenschaftswesens werden folgende Punkte genannt[33]:

1.) Die Aufbringung eines Fonds zur Betreibung der Geschäfte

2.) Die Selbsthilfe, die streng von einer allfälligen Unterstützung des Staates zu trennen ist und die bare Einlagen der Mitglieder und Geschäftsanteile miteinschließt,

3.) Die solidarische Haftung,

4.) Der Anteil am Gewinn.

Birnbaum betont ausdrücklich, daß vor allem die genossenschaftlichen Inhalte der Selbsthilfe und der mit ihr verbundenen Solidarität nach *Schulze* unabdingbare Elemente der Genossenschaften sind.

Als weitere Wesensmerkmale nennt *Birnbaum* das Bestehen der Genossenschaften auf Grund eines freien Vertragsverhältnisses und den Grundsatz, daß Genossenschaften nur für ihre Mitglieder arbeiten.

Im zweiten Abschnitt der Kongreßbroschüre, der die Erörterung der Genossenschaften unter Mitwirkung von anderen, besonders von Kapitalbesitzern, beinhaltet[34], nennt *Birnbaum* zunächst Genossenschaften zur Beschaffung von Kapital mittels Anschluß an städtische Kreditinstitute. Diese entstanden aus der Praxis, daß Kreditvereine in den Städten oft Schwierigkeiten hatten, ihre Geldüberschüsse anzulegen. Der Anschluß an einen städtischen Vorschußkassenverein erfolgte in der Art und Weise, daß die Mitglieder des landwirtschaftlichen Vereines das Statut des städtischen Vereines mitunterschrieben oder eine schriftliche Beitrittserklärung unterfertigten. Die Interessen des ländlichen Vereines wurden dann von einem Ausschuß vertreten. Darlehen wurden auf drei Monate gegeben, der Zinssatz betrug ohne Provision, die für die Darlehensgewährung zu zahlen war, sieben Prozent.

---

32 Nach der Statistik der österreichischen und ungarischen Genossenschaften gab es in der österreichischen Reichshälfte 1866 241 Vorschußvereine, 1868 418, 1873 1.111. Siehe *Hermann Ziller*, Erwerbs- und Wirthschaftsgenossenschaften in Österreich und Ungarn für das Jahr 1873 (Wien 1876) Statistische Beilage

33 *Birnbaum*, Genossenschaftsprincip (wie Anm. 26) 45/46

34 a.a.O. 119/20

Als nächstes werden rein landwirtschaftliche Genossenschaften zur Beschaffung von Kapital angeführt[35], und hier werden die Darlehenskassenvereine nach *Friedrich Wilhelm Raiffeisen* besprochen.

Im allgemeinen haben laut *Birnbaum* die Raiffeisenvereine die bewährte Organisation der von *Schulze-Delitzsch* gegründeten Vereine an die Verhältnisse der Landwirtschaft angepaßt, das heißt, sie bewilligen Kredit auf längere Zeit und berücksichtigen bei der Festsetzung der Rückzahlungstermine die Zeit der vollendeten Ernte, also die Monate November und Dezember. Die notwendigen Mittel werden bei den Raiffeisenvereinen durch Anleihen, also unter Mitwirkung von Kapitalbesitzern, aufgebracht, ferner durch Provisionen und Zinsüberschüsse. Darlehen werden gewährt gegen sichere Bürgschaft und nur in Ausnahmefällen gegen Eintragung einer Hypothek. Um Bürgschaft leisten zu können, genügt der Besitz des doppelten Wertes des gewährten Darlehens an unverschuldeten Immobiliarvermögen, die dazu erbrachten Angaben werden vom Vorstand überprüft. Daher ist es notwendig, daß sich die Mitglieder des Vereines untereinander kennen, die Begrenzung des Vereins auf das Gebiet eines Kirchspiels ist die logische Folge.

Die Beschäftigung der Kongresse norddeutscher Landwirte mit dem landwirtschaftlichen Genossenschaftswesen führte zu einer Verdichtung der Berichterstattung über das landwirtschaftliche Kreditproblem und über die landwirtschaftlichen Genossenschaften primär in landwirtschaftlichen Publikationen. Für Österreich bedeutsam war der Beitrag von *Gustav Schönberg* in *Mentzels* und *von Lengerkes* landwirtschaftlichem Hilfs- und Schreibkalender des Jahres 1869, weil dieser Kalender, der zeitweilig über eine Österreichausgabe verfügte[36], auch in Österreich verbreitet war. *Schönbergs* Beitrag trug den Titel "Die Landwirthschaft der Gegenwart und das Genossenschaftsprincip"[37]. Zweck des genossenschaftlichen Zusammenschlusses in der Landwirtschaft war demnach die Vereinigung der Kräfte zum wirtschaftlichen Zweck der Erhöhung der produktiven Kraft des Einzelnen. Die Steigerung des wirtschaftlichen Erfolges führte zur Erhöhung des Einkommens für die einzelne Landwirtschaft. So war die Genossenschaft eine Hilfe zur Bewältigung der freien Konkurrenz.

---

[35] a.a.O. 123/24

[36] *Guido Krafft*, Die Entwicklung der deutschen landwirtschaftlichen Literatur 1848 1898, in: Geschichte der österreichischen Land- und Forstwirtschaft und ihrer Industrien 1848-1898, Vierter Band (Wien 1899) 606

[37] *Gustav Schönberg*, Die Landwirthschaft der Gegenwart und das Genossenschaftsprincip, Separat-Abdruck aus *Mentzel* und *von Lengerke's* Verbesserter landwirthschaftlicher Hülfs- und Schreibkalender auf das Jahr 1869 (Berlin 1869)

Schönberg teilte die Genossenschaften für ländliche Besitzer wie folgt ein[38]:

In Genossenschaften zum Zweck der Produktion, also zur Beschaffung von Betriebs- und Anlagekapital, zur Vornahme von Meliorationen und zum gemeinsamen Betrieb landwirtschaftlicher Gewerbe, in Genossenschaften zur gemeinsamen Produktion, zum Zweck des Absatzes und zum Zweck der Konsumation.

Bei den Genossenschaften zur Beschaffung von Betriebs- und Anlagekapital wurden die Vorschuß- oder Kreditvereine nach *Schulze-Delitzsch* und *Raiffeisen* angeführt[39]. Das den Schulzeschen Kreditvereinen zugrunde liegende Prinzip kurzer Rückzahlungsfristen war für die Landwirtschaft ungeeignet. Eine bessere Lösung dieser Problematik brachte *Raiffeisen* mit den Darlehenskassenvereinen. Ein weiterer Vorteil dieser Kreditvereine war es, daß der Reinertrag der Genossenschaft den Landwirten und nicht den Kapitalbesitzern zufiel.

Schönberg bezeichnete in seinem Aufsatz die Kreditvereine als das wichtigste Element im Genossenschaftswesen[40], wenngleich es auch andere Genossenschaften gab, die sich günstig auf die landwirtschaftliche Betriebsführung auswirkten. So wurden Genossenschaften zur gemeinschaftlichen Benutzung von Maschinen, Genossenschaften zur Beschaffung und Haltung von Zuchtvieh, Genossenschaften zur gemeinsamen Errichtung und Benutzung von Scheunen und Backöfen, Genossenschaften zur Beschaffung von Futtervorräten, Genossenschaften zur Beschaffung von Saatgut und zur Beschaffung von Düngemitteln genannt.

Der Kalenderbeitrag vertiefte und ergänzte das Wissen über landwirtschaftliche Genossenschaften. Zu diesem Thema war in den österreichischen landwirtschaftlichen Zeitschriften und Zeitungen um diese Zeit - 1866/70 - noch relativ wenig zu lesen. Behandelte ein Autor das Genossenschaftswesen, dann in der Theorie, oder es wurde primär auf ausländische Beispiele verwiesen, so auf Genossenschaften für die Maschinen-

---

38 a.a.O. 23

39 a.a.O. 24

40 a.a.O. 25

verwendung[41], auf Genossenschaften für die Zuchttierhaltung[42], auf Genossenschaften für den Weinbau[43] und auf "neue" Kreditvereine im Rheinland[44], ein Hinweis auf Raiffeisenvereine, ohne *Raiffeisen* ausdrücklich zu nennen.

Die "Allgemeine Land- und Forstwirthschaftliche Zeitung" informierte 1867 ausführlich über den Genossenschaftsgedanken[45]. Nur mit Hilfe des landwirtschaftlichen Genossenschaftswesens könnten die wirtschaftlichen Schwierigkeiten überwunden werden. Besonders nützlich seien Genossenschaften der Weinbauern zur Verbesserung des Weinbaues und der Weinbereitung, um ein besseres und zu höheren Preisen verkäufliches Produkt zu erzielen, ferner Genossenschaften zur Herstellung gemeinschaftlicher Weinkeller und zur Beschaffung von Geld. Mit Hilfe einer Anleihe könne man einen Fonds schaffen, um daraus jedem Vereinsmitglied einen verhältnismäßigen Vorschuß auf seine abgelieferten Weine zukommen zu lassen. Für die Kreditgewährung sollten sich die Vereine immer nur auf die Weingärtner einer Gemeinde, welche Garantie leistet, beschränken. Milchwirtschaftsgenossenschaften bestünden vorzugsweise in der Schweiz, für das Jahr 1862 werden 472 derartige Vereine mit 10.456 Mitgliedern genannt. Am bekanntesten und am verbreitetsten seien Käsereigenossenschaften im Kanton Basel-Land, ferner Genossenschaften in der Nähe Schweizer Städte, die die Anlieferung von Frischmilch zum Gegenstand ihres Unternehmens machten. Weiters genannt wurden Genossenschaften zur Beschaffung von Maschinen und Geräten, so Pflüge, Grubber, Ringelwalzen, Sämaschinen, Pferdehacken, Düngerstreumaschinen, Gras- und Getreidemähmaschinen, Heuwende-, Dresch- und Schrotmaschinen. Genossenschaften könnten auch für die Beschaffung von Düngemitteln und Sämereien dienen sowie zur Beschaffung des erforderlichen Betriebska-

---

41 Landwirthschaftliches Wochenblatt des k. k. Ackerbauministeriums (14. Januar 1870) 16: Landwirthschaftliches Vereinswesen in Rheinpreußen; Der practische Landwirth (15. März 1866) 45: Genossenschaften zur Anschaffung von landwirthschaftlichen Maschinen; Der practische Landwirth (17. September 1870) 210: Vereinte Kraft das Größte schafft; Der practische Landwirth (16. Juni 1869) 153: Genossenschaftswesen in der Landwirthschaft.

42 Der practische Landwirth (fortan PL) 15. Februar 1864 (31): Über Vereine zur Haltung vorzüglicher Sprungstiere

43 Kalender auf das Jahr 1867 für den österreichischen Landmann (Wien o. J.) 97: Weingärtner-Gesellschaft; PL (wie Anm. 42) 1. September 1870 (202) Weinbaugenossenschaften

44 Landwirthschaftliches Wochenblatt des k. k. Ackerbauministeriums (14. Januar 1870) 15: Landwirthschaftliches Vereinswesen in Rheinpreußen

45 AllgZ (wie Anm. 4) 26. Juli 1867, 743 und 2. August 1867, 765: Die Association

pitals. Solche Genossenschaften aber müßten auch dafür Sorge tragen, daß die aufgenommenen Schulden auf dem Wege der Amortisation nach und nach getilgt würden, derartige Institute hätten daher den Charakter der Unterstützungs- und Sparkassen in sich zu vereinigen. Abschließend wurden noch die Genossenschaften zur Beschaffung von Hypotheken und Genossenschaften zur Förderung der Rindviehzucht angeführt.

Weitergeführt wurde die "Allgemeine Land- und Forstwirthschaftliche Zeitung" ab dem Jahre 1868 als die "Wiener Landwirthschaftliche Zeitung", ein Blatt, das sich schon sehr bald internationalen Rufes erfreute[46]. In ihr veröffentlichte 1869 der erste Wanderlehrer der k. k. Landwirthschafts-Gesellschaft Wien, *Peter Feuser*, das Manuskript eines Vortrages über das Thema "Das Genossenschaftswesen in der Landwirthschaft"[47], den er vor dem landwirtschaftlichen Bezirksverein Laa gehalten hatte. Unverständlich sei es, daß Österreichs Landwirte dem Genossenschaftswesen ratlos und abwartend gegenüber stünden, obwohl es gute ausländische Beispiele gebe. Die Grundidee der Genossenschaft sei es, eine möglichst billige Produktion, also eine möglichst hohe Verwertung des eingesetzten Geldes und der eingesetzten Arbeitskraft zu ermöglichen. Mit Hilfe der Genossenschaft könnten Kapital und Intelligenz verbunden werden, Genossenschaften wären genauso zur Beschaffung von Betriebsmitteln und damit zur Produktionserleichterung einsetzbar wie für die Kapitalbeschaffung. So seien Genossenschaften für die Entwässerung, Bewässerung und für die Bewaldung geeignet. Ferner beschaften Genossenschaften Saatgut, Düngemittel, Maschinen und Zuchttiere zur gemeinsamen Benutzung. Weiters könnten Genossenschaften zur Beschaffung von Geldmitteln für den Wirtschaftsbetrieb des einzelnen Landwirtes eingesetzt werden. An dieser Stelle nannte *Feuser* die Vereine von *Schulze-Delitzsch* und bezeichnete sie als für die Landwirtschaft ungeeignet, weil sie zu kurze Rückzahlungsfristen des aufgenommenen Kapitals vorschrieben und damit den landwirtschaftlichen Erfordernissen nicht Rechnung trügen.

Genauer befaßte sich *Feuser* mit den Raiffeisenvereinen und verwies auf das Buch *Raiffeisens* "Die ländlichen Darlehenskassenvereine". Die Genossenschaften nach *Raiffeisen* beschränkten sich auf das Gebiet einer Kirchengemeinde, verlangten einen Gründungsbeitrag von fünf bis 50 Gulden und die Solidarhaft, zahlten eine mäßige Dividende, ge-

---

46 *Krafft*, Entwicklung (wie Anm. 36) 609

47 *P(eter) N(icolaus) Feuser*, Das Genossenschaftswesen in der Landwirthschaft, in : WrLZ (wie Anm. 5) 31. Juli 1869 (293 ff)

währten Darlehen auf fünf bis zehn Jahre, ermöglichten die Rückzahlung in Ein-Fünftel- bis Ein-Zehntel-Teilbeträgen pro Jahr und begnügten sich bei der Haftung durch Pfand und mittels Bürgschaft. Die Höhe der Darlehen bestimme der Vereinsvorstand, er passte sie den Vermögensverhältnissen und der Solidität der Mitglieder an, die daher wohl bekannt sein mußten.

Einen weiteren Hinweis auf die Darlehenskassenvereine enthält ein Aufsatz *Feusers* über die Möglichkeiten der landwirtschaftlichen Kasinos, die besonders für die Gründung von Genossenschaften geeignet seien. Dieser Beitrag erschien im Jänner 1870 in der Wiener Landwirthschaftlichen Zeitung[48].

Peter Nicolaus Feuser, der 1870 ein "Lehrbuch der Landwirthschaft für das Volk" herausbrachte, empfahl auch in diesem Werk das landwirtschaftliche Genossenschaftswesen, vor allem für den Ankauf teurer Maschinen[49], für die Anlage von Wiesen[50], für die Anschaffung einer Viehwaage[51] und für die Anschaffung von Zuchttieren[52].

Über Beispiele der österreichischen genossenschaftlichen Praxis gab es ebenfalls zu lesen. 1869 schrieb "Der Praktische Landwirth" über eine 1868 im Waldviertel gegründete Drainagegenossenschaft[53] und im gleichen Jahr in derselben Zeitschrift *Peter Feuser* über den genossenschaftlichen Bezug englischer Zuchtschweine in der Steiermark[54]. Das "Landwirthschaftliche Wochenblatt" informierte 1870 über die Betriebsergebnisse der 1865 gegründeten ersten oberösterreichischen Dampfdresch-Genossenschaft[55].

Waren die in den zuletzt angeführten Publikationen genannten Beiträge zur Lösung der landwirtschaftlichen Kreditfrage mit Hilfe von Genossenschaften für das breitere Publikum bestimmt, so gab es darüber hinaus auch in Österreich verbreitete wissenschaftliche Abhandlungen aus Deutschland, die über Kreditgenossenschaften und ihre Bedeu-

---

48 *Pet(er) Nic(olaus) Feuser*, Die landwirthschaftlichen Casinos (Ortsvereine), in: WrLZ (wie Anm. 5) 29. Jänner 1870 (27)

49 *Peter Nicolaus Feuser*, Lehrbuch der Landwirthschaft für das Volk (Wien 1870) 154

50 a.a.O. 284

51 a.a.O. 362

52 a.a.O. 401

53 PL (wie Anm. 42) 16. Juni 1869 (154): Drainage-Genossenschaft in Langau

54 *P(eter) N(icolaus) Feuser* , An die p. t. Mitglieder der Genossenschaft zum Bezug von Zuchtschweinen der englischen Suffolkrace, in: PL (wie Anm. 42) 1. Oktober 1869 (240)

55 *C. Foltz*, Betriebsergebnisse der ersten oberösterreichischen Dampfdresch-Genossenschaft, in: Landwirthschaftliches Wochenblatt des k. k. Ackerbauministeriums (4. März 1870) 111

tung informierten. Dazu zählen eine Broschüre des preußischen Abgeordneten *Lette*[56], die dieser im Auftrag des Kongresses norddeutscher Landwirte erstellt hatte, und die Schrift von *Au*[57] über die Kreditgenossenschaften in ihrer Bedeutung für Stadt und Land. Die genannten Werke beschäftigten sich nur mit den Kreditgenossenschaften nach *Schulze-Delitzsch*, vor allem hingewiesen werden muß auf die Unterlage von *Au*, der sich besonders mit dem Stand der Kreditgenossenschaften in der preußischen Rheinprovinz befaßte.

1869 veröffentlichte der Bonner Universitätsprofessor *Adolf Held* erstmals eine umfassende wissenschaftliche Abhandlung über die Darlehenskassenvereine nach *Friedrich Wilhelm Raiffeisen*. Erschienen war sie im 13. Band der Jahrbücher für Nationalökonomie und Statistik, einer wissenschaftlichen Schriftenreihe, die auch von österreichischen Akademien und Universitäten bezogen wurde. Zum Inhalt:

Einleitend wird die Bedeutung der Landwirtschaft in den preußischen Rheinlanden beschrieben, die 1861 über einen Bevölkerungsanteil von rund 45 Prozent verfügte und über 60 Prozent des landwirtschaftlich genutzten Bodens bewirtschaftete. Die besondere Gefahr für den kleineren landwirtschaftlichen Besitz bestand in der zunehmenden Mechanisierung und Rationalisierung[58].

Die Vorteile des genossenschaftlichen Zusammenschlusses setzt *Held* im wesentlichen als bekannt voraus, stellt allerdings fest, daß zwischen städtischen und ländlichen Genossenschaften ein Unterschied bestehe. Im Vergleich zu städtischen Vorschußvereinen könne bei bäuerlichen Vorschußvereinen weniger darauf Rücksicht genommen werden, daß sie auch der Kapitalansammlung von Nichtbauern nützlich zu sein hätten. Ländliche Genossenschaften schlössen sich naturgemäß an den Gemeindeverband an, zweckmäßigerweise sollten Gemeindemitglieder auch Mitglieder bei den wichtigsten landwirtschaftlichen Genossenschaften sein. So könnten ländliche Genossenschaften erheblich zur Stabilität der landwirtschaftlichen Verhältnisse beitragen und letztlich auch mit ihnen rechnen[59].

---

56 *Lette*, Kreditwesen (wie Anm. 2)

57 *J. Au* , Die Creditgenossenschaften in ihrer Bedeutung für Stadt und Land (Heidelberg 1869)

58 *Adolf Held*, Die ländlichen Darlehenskassenvereine in der Rheinprovinz und ihre Beziehung zur Arbeiterfrage, in: Jahrbücher (wie Anm. 27) 13. Band (Jena 1869) 31. Das in diesem Beitrag genannte Buch Raiffeisens heißt: F(riedrich) W(ilhelm) Raiffeisen, Die Darlehenskassen-Vereine als Mittel zur Abhilfe der Noth der ländlichen Bevölkerung, sowie auch der städtischen Handwerker und Arbeiter (Neuwied 1866). Dieses Werk ist als Fasimiledruck wieder aufgelegt worden (Neuwied 1988).

59 a.a.O. 33/35

Trotzdem brauche das städtische und das ländliche Genossenschaftswesen nicht getrennt zu werden, beide könnten jeweils von den Erfahrungen des anderen profitieren. Zudem sei in kleineren Städten der Kleinlandwirt mit dem Handwerker oft ident, desgleichen sei der Fabriksarbeiter oft auch Haus- und Grundbesitzer. Allerdings gebe es dort Unterschiede, wo es sich um rein von Kleinbauern bewohnte ländliche Gegenden handle. Das begründe auch den eigenen Weg, den *Raiffeisen* mit seinen Genossenschaften beschritten habe.

Held schildert zudem den Werdegang *Friedrich Wilhelm Raiffeisens*, der sich zunächst mit Wohltätigkeitsvereinen beschäftigt hatte[60]. Durch den Zusammenschluß von 60 wohlhabenden Personen konnte in Flammersfeld im Westerwald ein Betrag von 5.000 Talern aufgebracht werden, die zugunsten der Geldgeber zu fünf Prozent verzinst wurden. Mit Hilfe dieser Mittel beschaffte der Flammersfelder Verein Vieh für unbemittelte Landwirte, die bei der Kreditaufnahme einen Bürgen stellen mußten und dann über einen Zeitraum von fünf Jahren ratenweise dem Verein das Geld zurückerstatteten. Bis zur endgültigen Bezahlung blieb das Vieh Eigentum des Vereines. Diese Vorgangsweise war umständlich, daher begann der Verein, dem Landwirt Geld vorzustrecken, so daß dieser selbst das Vieh besorgen konnte.

Die nächste Vereinsgründung fand 1854 in Heddesdorf bei Neuwied statt, 59 wohlhabende Bürger aus den 14 Gemeinden des Bezirks riefen einen Wohltätigkeitsverein ins Leben, der der Hebung der geistigen und leiblichen Wohlfahrt gewidmet war. Daher setzte der Wohltätigkeitsverein Aktivitäten im Zusammenhang mit der Fürsorge für verwahrloste Kinder, mit der Beschäftigung für Arbeitslose und entlassene Sträflinge, und der Beschaffung von Vieh für unbemittelte Landwirte und der Errichtung einer Kreditkasse. Für *Held* war die Gründung dieses Vereines ein Rückschritt im Vergleich zu Flammersfeld, weil Mittel nicht durch Anlehen, sondern nur durch Spenden aufgebracht wurden. Allerdings entwickelte sich mit dem Wohltätigkeitsverein eine Eigentümlichkeit bei *Raiffeisen*, die auch für die späteren Darlehenskassenvereine voll gültig war. Überschüsse aus der Vereinstätigkeit wurden nicht an die Vereinsmitglieder ausbezahlt, sondern dienten zur Schaffung eines Fonds bis zu 5.000 Taler, wobei dieses Kapital unantastbar sein sollte; auch der Generalversammlung stand es nicht zu, diese Satzungsbestimmung zu ändern. Für *Held* war diese Bestimmung juristisch unhaltbar.

---

60 a.a.O. 37 ff

Die Gründung des ersten *Raiffeisenschen* Darlehenskassenvereines fand 1862 in Anhausen statt, 1866 erschien *Raiffeisens* Buch über die Darlehenskassenvereine.

Mit seinen Vereinsgründungen hatte *Raiffeisen* selber erfahren müssen, daß mit Wohltätigkeit alleine keine dauerhafte Basis für die Vereinsarbeit zu begründen war. Vereine auf der Grundlage der Nächstenliebe erwiesen sich als nicht lebensfähig.

Professor *Held* führt weiter aus, daß sich für den Aufbau der Raiffeisenorganisation im Rheinland die Unterstützung des Landwirthschaftlichen Vereins für Rheinpreußen als ideal erwiesen habe, förderlich sei auch das Genossenschaftsgesetz des Jahres 1868 gewesen.

Dieses Gesetz hatte allerdings zu einem starken Anwachsen der Vereine geführt, so daß es punktuell zu Problemen mit der Kapitalausstattung gekommen war. Lösen sollte diese Frage eine Zentrale für die Vereine. Damit befaßte sich eine Tagung der Vorstände aller Vereine am 24. Mai 1868 in Neuwied, allerdings wurde dabei kein Ergebnis erzielt.

Ein weiterer Schwerpunkt in der Analyse *Helds* ist die Auseinandersetzung mit den Eigentümlichkeiten der Raiffeisenvereine, vor allem im Vergleich zu den Vorschußkassen nach *Schulze-Delitzsch*. Beiden Vereinen sei gemein, daß sie Institute zur Vermittlung des Kapitals darstellten[61], die dem Gläubiger genauso wie dem Schuldner Sicherheit böten. Der Gläubiger brauchte sich keine Mühe zu machen, einen sicheren Schuldner zu suchen, und der Schuldner komme billig und schnell zu Kredit. Das Vermittlungsgeschäft der Vereine werde nicht dazu benützt, Gewinn für eine Person zu erzielen, sondern zum Nutzen der Gesamtheit der Schuldner. Ähnlich verhalte es sich mit den alten Pfandbriefinstituten, hier aber seien große Besitzungen die Garantie für die Darlehen gewesen, bei den Vereinen aber sei es primär die Kraft der Person. Daher sei die solidarische Haftung der Vereinsmitglieder unerläßlich, denn diese bilde letztlich die Banksicherheit. Diese solidarische Haftung sei auch der Grund dafür, daß die genossenschaftlichen Unternehmungen mit großer Vorsicht ihr Geschäft betrieben. Die solidarische Haftung sei auch sichtbarer Ausdruck des genossenschaftlichen Grundsatzes "Alle für einen, einer für alle".

Die äußere Organisation der Vereine nach *Schulze-Delitzsch* und *Raiffeisen* ist gleich, nur daß die Geschäftsleitung bei *Raiffeisen* ehrenamtlich durchgeführt wird, bei *Schulze* sind der Direktor, der Kassier und der Kontrollor zu bezahlen. Die Ehrenamtlichkeit bei *Raiffeisen* ist auch eine der Ursachen für die Begrenzung der Vereine auf ein lokales

61 a.a.O. 43 ff

Gebiet. Die Raiffeisenvereine bauen auf patriarchalische Verhältnisse, sie setzen darauf, daß Männer, die überall Vertrauen genießen, also Pfarrer und Gemeindevorsteher, die Geschäftsleitung bilden. Aufgrund der Kleinheit verfügen die Raiffeisenvereine über eine sehr einfache Buchführung, die keine besonderen Kenntnisse verlangt.

Schulze-Delitzsch gibt mit seinen Vorschußkassenvereinen einen nach bankmäßigen Gesichtspunkten gewährten, kurzen, persönlichen Kredit, der dem Bedarf der Gewerbe und Kaufleute entspricht. *Raiffeisen* trägt dem Wunsch der Landwirtschaft nach langer Kreditgewährung Rechnung und gibt Darlehen auf fünf bis zehn Jahre gegen Bürgschaft. Die Verzinsung der in der Landwirtschaft aufgenommenen Kapitalien und somit deren Rückzahlung erfolgt so gemäß der landwirtschaftlichen Produktion.

Eigentümlich ist bei den Raiffeisenvereinen die Beschaffung ihres Betriebskapitals durch ein Anlehen von drei Monaten. Die Vereine könnten daher in größte Verlegenheit geraten, wenn ihnen plötzlich der größte Teil der zur Verfügung gestellten Kapitalien gekündigt werden würde. Daher haben die Raiffeisenvereine eine vierwöchige Kündigungszeit gegenüber den Schuldnern festgesetzt. So ist auch der Versuch *Raiffeisens* zu erklären, eine Zentralkasse zu gründen, um unkündbare Obligationen mit Verlosungsplänen, ähnlich den Pfandbriefinstituten, zur Kapitalbeschaffung ausgeben zu können. Bemühungen, Gelder aus toter Hand von den Sparkassen als Einlagen in die Darlehenskassenvereine zu bekommen, waren am Einspruch der Behörden gescheitert.

Schulze-Delitzsch verlangt von den Mitgliedern Geschäftsanteile, die einen Teil des Vereinsvermögens darstellen. *Raiffeisen* verlangt keine Geschäftsanteile, aber ein Eintrittsgeld. Dies hat sich als notwendig erwiesen, damit der Eintritt in die Raiffeisenvereine nicht leichtsinnig erfolgt.

In Summe urteilte *Held* äußerst positiv über die Raiffeisenvereine, sie waren für ihn ein Beweis, daß viel zu erreichen ist, wenn der Gemeinsinn in den Vordergrund der Handlung gestellt wird[62].

Held schließt seinen Beitrag mit der Veröffentlichung eines Musterstatutes für die Darlehenskassenvereine[63], das *Friedrich Wilhelm Raiffeisen* unter Beiziehung von Fachleuten entworfen hatte (Statuten im Anhang auf Seite 82) und das gegenüber dem in seinem Buch 1866 ver-

---

62 a.a.O. 67

63 a.a.O. 70

öffentlichten Statut kleinere Änderungen beinhaltet[64]. Im Paragraph zwei wird dabei als Vereinszweck angegeben, daß mit Hilfe der Kreditgewährung den Vereinsmitgliedern in jeder Beziehung zu einer Besserstellung verholfen werden solle. Diese Formulierung deutet auf eine weitere Eigentümlichkeit *Raiffeisens* hin, die er später wesentlich schärfer formulieren sollte, nämlich das Vereinsziel der sittlichen und materiellen Förderung.

Nach Abschluß der Kongresse lagen also in Österreich umfangreiche Informationen über Darlehenskassenvereine nach *Raiffeisen* vor. Sie zeigten auf, daß auch in Österreich ein Weg beschritten werden konnte, der geeignet war, die Landwirte vom privaten, oft wucherischen Geldverleih unabhängig zu machen. Was die Information der landwirtschaftlichen Bevölkerung selbst betraf, so war sie in Summe wohl gering, einzig *Peter Feuser* in Niederösterreich könnte eine gewisse, wenn auch lokale Breitenwirkung erzielt haben, weil er in seiner Eigenschaft als Wanderlehrer mit großer Wahrscheinlichkeit auch im Rahmen seiner Vortragstätigkeit[65] über das Genossenschaftswesen und damit über die Raiffeisenvereine erzählte, der Zeitungsbericht selbst fand wohl primär Leser im Bereich des Großgrundbesitzes. *Feuser*[66], der vor seiner Tätigkeit in Niederösterreich in Westfalen als Wanderlehrer wirkte, wußte sicherlich über die Entwicklung der Raiffeisenidee in den preußischen Rheinlanden Bescheid, da Westfalen eine preußische Provinz war. Primär die gebildeten Kreise der österreichischen Landwirtschaft wurden durch die Zusammenstellung von *Birnbaum* und vielleicht auch durch den Beitrag von *Held* in den "Jahrbüchern für Nationalökonomie und Statistik" angesprochen. In der gleichen Ausgabe wie *Held* veröffentlichte nämlich *Kleinwächter* einen umfangreichen Beitrag über die österreichische Grundsteuergesetzgebung[67], sicher ein Thema für den

---

64 *Raiffeisen* hat ständig unter Beiziehung von Fachleuten seine Statuten weiterentwikkelt. Die Änderungen gegenüber 1866 betreffen zum Beispiel die präzisere Formulierung des Zweckparagraphen (Paragraph 2), ferner eine Reihe von stilistischen Verbesserungen sowie die gänzliche Neufassung ganzer Abschnitte (vor allem Abschnitt III: Verwaltung des Vereins). Die Detailarbeit Raiffeisens bei der Statutenerarbeitung enthält: *Walter Koch*, F. W. Raiffeisen, Statuten, Dokumente und Schriftwechsel mit Behörden 1846 - 1888, unveröffentlichtes Manuskript (St. Wolfgang 1988) 136 ff

65 *Max Gautsch*, Erstes Auftreten des landw. Wanderlehrers P. N. Feuser in Niederösterreich, in: PL (wie Anm. 40) 1. April 1869 (90/91). - Nochmals sei daran erinnert, daß *Feuser* über *Raiffeisen* im Rahmen eines Vortrages in Laa sprach (siehe Anm. 47)

66 WrLZ (wie Anm. 5) 26. April 1873 (168) Peter Nicolaus Feuser

67 *Friedrich Kleinwächter*, Die österreichische Grundsteuergesetzgebung, in: Jahrbücher (wie Anm. 27), 13. Band (Jena 1869) 85 ff

Großgrundbesitzer. So ist es sehr wahrscheinlich, daß auch im universitären Bereich von *Raiffeisen* Notiz genommen wurde, denn die Erörterung der österreichischen Grundsteuergesetzgebung wurde sicher auch dort aufmerksam gelesen.

Allerdings brachte das Jahr 1869 nicht nur Positives über die Tätigkeit *Raiffeisens* nach Österreich. In diesem Jahr begannen nämlich Mitarbeiter von *Schulze-Delitzsch* sich kritisch mit der Raiffeisenidee auseinanderzusetzen. Dies geschah in den "Blättern für Genossenschaftswesen", die auch in Österreich ihre Bezieher und Leser hatten.

Es erhebt sich in diesem Zusammenhang die Frage, warum sich Vertreter der Vorschußkassenvereine in Deutschland erst jetzt mit *Raiffeisen* befaßten, da doch anzunehmen ist, daß die Idee der Darlehenskassenvereine auch bei Anhängern der Vorschußkassen-Idee bekannt geworden war.

Die Ursache lag in der Unterstützung des Landwirtschaftlichen Vereines für Rheinpreußen für die Raiffeisenvereine. Der Verein hatte sich bereits seit Anfang 1849 mit dem landwirtschaftlichen Kredit beschäftigt, und seit 1853 bestand in seiner volkswirtschaftlichen Sektion eine eigene Abteilung für Kreditangelegenheiten[68]. Diese Abteilung sorgte auch dafür, daß 1864 der Landwirtschaftliche Verein für Rheinpreußen den Beschluß faßte, Vorschußkassen nach *Schulze-Delitzsch* zu fördern und darüber hinaus überhaupt das Genossenschaftswesen zu unterstützen, wobei im einzelnen folgende Genossenschaften angeführt wurden:

Rohstoffvereine zum gemeinschaftlichen Bezug von Dünger, Kalk, Saatgut; Konsumvereine zur gemeinschaftlichen Beschaffung von Spezereiwaren, Brenn- und Leuchtmaterial; Produktivgenossenschaften zur gemeinschaftlichen Verwertung von Produkten des Pflanzenbaues und der Tierzucht sowie letztlich Betriebsgenossenschaften zur gemeinschaftlichen Benutzung von Geräten und Maschinen[69].

Dieser Aufruf des Landwirtschaftlichen Vereines hatte Erfolg, und so gründete der Bonner Kreditverein Filialvereine im Regierungsbezirk, die an Landwirte Vorschüsse mit einer Laufzeit von sechs Monaten und einem Zinssatz von acht Prozent gewährten. So positiv diese Entwicklung im Bonner Kreditverein einzuschätzen war, der Zinssatz war für die Bedürfnisse der Landwirtschaft zu hoch.

---

68 *(Gustav) Havenstein*, Der Landwirthschaftliche Verein für Rheinpreußen und seine Wirksamkeit. Festschrift zur Feier seines fünfzigjährigen Bestehens (Bonn 1883) 304/05

69 *A. Buchrucker*, Die Vor- und Frühgeschichte der Raiffeisenschen Darlehenskassen-Vereine. Zum Gedächtnis des 50. Todestages Vater Raiffeisens am 11. März 1938. Unveröffentlichtes, im Besitz des Deutschen Raiffeisenverbandes befindliches Manuskript (428)

Im Rahmen der Generalversammlung des Landwirtschaftlichen Vereines von 1865 kam es zum ersten Kontakt mit *Raiffeisen*, und zwar durch den Generalsekretär *Thilmany*[70], der sehr bald zur Überzeugung kam, daß das System Raiffeisen gegenüber dem System Schulze-Delitzsch für die landwirtschaftliche Bevölkerung das geeignetere war. *Thilmany* traf diese Entscheidung sicherlich aus fundiertem Wissen heraus, war er doch im Verwaltungsrat des Bonner Kreditvereines tätig[71].

1866 veröffentlichte Generalsekretär *Thilmany* in der Zeitschrift des Landwirtschaftlichen Vereines für Rheinpreußen eine Erklärung[72], in der er das bisherige Wirken der Schulzeschen Vorschußvereine lobte, gleichzeitig aber anmerkte, daß diese nur bedingt für die Landwirtschaft geeignet seien, da die Landwirtschaft Kredit mit mindestens einem Jahr Laufzeit benötige, bei manchen Investitionen, wie zum Beispiel Meliorationen oder Bauten, die Kreditdauer sogar fünf bis zehn Jahre betragen müßte. Besonders lobte *Thilmany* die Tätigkeit des Bonner Kreditvereines für die Landbewohner, aber es stünden jetzt Vereine zur Verfügung, die das landwirtschaftliche Kreditproblem wesentlich besser lösen könnten. *Thilmany* war eines Besseren belehrt worden, seitdem er die Schrift des Bürgermeisters außer Dienst, *Raiffeisen*, in Heddesdorf bei Neuwied studiert hatte, die die Entstehung und die Entwicklung von fünf ländlichen Darlehenskassen im Kreis Neuwied schilderte.

Der Landwirtschaftliche Verein für Rheinpreußen richtete daher an alle, namentlich die landwirtschaftlichen Vereine und Kasinos, die Pfarrer, Bürgermeister und Ortsvorsteher die inständigste Bitte, sich

---

70 a.a.O. 429

71 *Thilmany*, An Herrn L. P. auf Seite 16 dieser Blätter, in: Blätter für Genossenschaftswesen (fortan Blätter) Nr. 12/1869 (46)

72 *Thilmany*, Amtliches, Darlehns-Kassenvereine fürs platte Land, in: Zeitschrift des Landwirthschl. Vereins für Rheinpreußen (fortan ZVRh) Mai 1866 (145). - Da der Aufsatz nach *Müller* an Zeitungen versandt wurde, könnte es möglich sein, daß das "Amtliche" auch die anerkannteste landwirtschaftliche Zeitung Österreichs, die "Allgemeine Land- und Forstwirthschaftliche Zeitung" erhielt, damit wäre Raiffeisen in Österreich zumindest den Redakteuren der Zeitung schon 1866 bekannt geworden (*Friedrich Müller*, Die geschichtliche Entwicklung des landwirtschaftlichen Genossenschaftswesens in Deutschland von 1848/49 bis zur Gegenwart, Wirtschafts- und Verwaltungsstudien mit besonderer Berücksichtigung Bayerns, herausgegeben von Dr. Georg Schanz (Leipzig 1901) 39). - Die Zeitschrift des Vereins wurde allerdings von der k. k. Landwirtschaftsgesellschaft in Wien bezogen, so daß sicher von Anfang an Raiffeisen in der Gesellschaft bekannt gewesen sein muß. Die erstmalige Nennung des Bezuges erfolgte 1857, siehe: Verhandlungen der k. k. Landwirthschafts-Gesellschaft in Wien (10. Jänner 1857) 12, Verzeichnis der im Jahre 1856 der k. k. Landwirthschafts-Gesellschaft in Wien im Tauschwege zugesandten Gesellschafts-Verhandlungen und Zeitschriften.

ohne Verzug mit dem Schriftchen von *Raiffeisen* bekanntzumachen und nicht eher zu ruhen, bis jeder Pfarr- oder Bürgermeistereibezirk eine Darlehenskasse nach dem Vorbild des Westerwaldes seiner Landbevölkerung dienstbar gemacht habe.

Die Raiffeisenidee[73] und die Empfehlung *Thilmanys* stießen bei den Anhängern von Schulze-Delitzsch-Vereinen im Rheinland auf Kritik[74]. Vor allem dann, als 1868 der Landwirtschaftliche Verein über seine bisherigen Empfehlungen zugunsten Raiffeisens hinausging und die Einführung von Raiffeisenvereinen zur Vereinsangelegenheit machte[75] und dafür seine Wanderlehrer einsetzte[76].

Mit dieser Entwicklung konnte sich der Sekretär des Schulze-Delitzsch-Verbandes, *Ludolf Parisius*, nicht abfinden In den "Blättern für

---

73 Neue Landwirthschaftliche Zeitung, (fortan NLZ), XVI. Jahrgang 1867 (25). Die Creditfähigkeit der Darlehenskassen-Vereine. - Die "Neue Landwirthschaftliche Zeitung", ab dem 23. Jahrgang 1874 "Fühlings landwirthschaftliche Zeitung", wurde für die Bibliothek der 1872 gegründeten Hochschule für Bodenkultur angeschafft und dabei noch lieferbare alte Jahrgänge nachgekauft. Es muß aber angenommen werden, allerdings ohne definitiven Beweis, daß die Zeitung auch früher in Österreich gelesen wurde, denn unter ihren Autoren finden sich eine Reihe von österreichischen Fachleuten, die auch über österreichische Themen schrieben, so zum Beispiel Dr. J. Breitenlohner, Dozent an der k. k. Hochschule für Bodenkultur in Wien; K. Fischer, pensionierter Pfarrer in Kaaden in Böhmen; Prof. Dr. Th. v. Gohren, Direktor der landwirtschaftlichen Lehranstalt in Mödling bei Wien; Dr. F. Haberlandt, Prof. an der k. k. Hochschule für Bodenkultur in Wien; Dr. W. Ritter von Hamm, k. k. Ministerialrat im österreichischen Ackerbauministerium in Wien; Dr. Josef Hanamann, Leiter der Fürstlich Schwarzenbergischen chemischen Station in Lobositz, Böhmen; Dr. Otto Kohlrausch in Wien; Dr. Guido Krafft, Dozent an der k. k. technischen Hochschule in Wien; Dr. Emil Perels, Prof. an der Hochschule für Bodenkultur in Wien; Dr. M. Wilckens, Prof. an der Hochschule für Bodenkultur in Wien; Dr. Gustav Wilhelm, Prof. an der technischen Hochschule in Graz. Stimmt die Vermutung, daß die "Neue Landwirthschaftliche Zeitung" in Österreich ihre Leser hatte (Artikel aus ihr wurden von österreichischen landwirtschaftlichen Blättern nachgedruckt, genauso wie aus der Zeitschrift des Landwirtschaftlichen Vereines für Rheinpreußen), dann würde das bedeuten, daß Raiffeisens Wirken praktisch seit Erscheinen seines Buches auch in Österreich einem größeren Publikum bekannt war. Denn in der Zeitung erschienen 1866 die Beiträge: Seite 176, *F. W. Raiffeisen*, Die Geldnoth der ländlichen Bevölkerung und Seite 186, Die Darlehenskassen-Vereine.

74 ZVRh (wie Anm. 72) März 1867 (115) Die Creditfähigkeit der Darlehenskassen-Vereine. Laut *Hugo Zeidler* (Geschichte des deutschen Genossenschaftswesens der Neuzeit (Leipzig 1893), 265) waren im Vorstand des landwirtschaftlichen Vereines für Rheinpreußen auch Vertreter der Schulze-Vereine. Der Schluß liegt nahe, daß diese das Eintreten des Vereines für *Raiffeisen* als Konkurrenz ansahen und danach handelten.

75 ZVRh (wie Anm. 72) Nr. 1/2 1868 (23 ff): Soll die Gründung und Pflege der Darlehnskassenvereine nach dem System des Bürgermeisters a. D. *Raiffeisen* zu Heddesdorf bei Neuwied als eine Vereinsangelegenheit betrachtet, über das ganze Vereinsgebiet organisiert werden, und sollen demzufolge die Directionen der Loc.-Abtheilungen aufgefordert werden, diese Organisation auf alle Weise zu fördern und zur besonderen Aufgabe ihrer künftigen Thätigkeit zu machen? und NLZ (wie Anm. 73) XVII. Jahrgang (462), Über landwirthschaftliches Bildungs- und Genossenschaftswesen in der Rheinprovinz 1867/68

76 *Lerner*, Über die Darlehns-Kassen-Vereine, in: ZVRh (wie Anm. 72) Nr. 1/2 1869 (101)

Genossenschaftswesen" kritisierte er 1869[77] offen die Vorgangsweise von Generalsekretär *Thilmany*. Besonders beanstandete er die Leichtfertigkeit, mit der die Darlehenskassenvereine ihr Betriebskapital beschafften. Die Praxis der Vereine, Betriebskapital auf kurze Kündigungsfristen aufzunehmen und auf längere Fristen auszuleihen, sei wegen der Gefährlichkeit für den Bestand des Vereines bereits vielfach getadelt worden. Wenn trotzdem der Präsident des landwirtschaftlichen Vereines derartigen Schöpfungen seine Unterstützung angedeihen lasse, dann beweise er damit, daß er von Bankdingen nicht das Allergeringste verstehe.

Eine Stellungnahme dazu von *Thilmany* ließ nicht lange auf sich warten. Er veröffentlichte diese ebenfalls in den "Blättern für Genossenschaftswesen"[78]. Die Redaktion der Zeitschrift ermöglichte dies deshalb, weil dem Angegriffenen das Recht der Verteidigung zustehe. Allerdings, so die Redaktion, könne man die Ansichten *Thilmanys* nicht teilen.

Thilmany begründet sein Eintreten für die Raiffeisenvereine mit der Tatsache, daß die bisherige Tätigkeit von Vorschußkassenvereinen zu keiner Besserstellung der kreditsuchenden Landwirte geführt habe. Die notwendige lange Kreditdauer könnten die Vorschußkassenvereine nicht einräumen, da die Drei-Monats-Kredite zwanzig- bis vierzigmal verlängert werden müßten und das wäre für den Kreditnehmer und die Vereine gleichermaßen quälerisch. Das Auseinanderklaffen der Fristen bei Kapitalaufnahme durch den Verein und Krediteinräumung gegenüber den Schuldnern habe seit Bestehen der Vereine noch nie Probleme mit sich gebracht, und die Bedenken der Vertreter der Schulze-Vereine seien wohl eher theoretischer Natur.

Mit dieser Stellungnahme *Thilmanys* fand sich *Parisius* offenbar nicht ab, denn ein weiterer führender Mitarbeiter der Schulze-Organisation, Dr. *Friedrich Schneider*, veröffentlichte ebenfalls 1869 in den "Blättern für Genossenschaftswesen" eine Besprechung von *Raiffeisens* Buch "Die Darlehenskassenvereine als Mittel zur Abhilfe der Not". Der Beitrag *Schneiders*[79] steckt voller Polemik, er wirft *Raiffeisen* vor, die Ideen von *Schulze-Delitzsch* übernommen und in voller Unkenntnis des Genossenschaftsgesetzes verändert zu haben. Der Verbreitung der

---

77 *L(udolf) P(arisius)*, Der Rechenschaftsbericht des Präsidenten des landwirthschaftlichen Vereins für Rheinpreußen für 1868, in: Blätter (wie Anm. 71) Nr. 3 und 4/1869 (16)

78 *Thilmany*, An Herrn L. P., in Blätter (wie Anm. 71) Nr. 12/1869 (45/46)

79 *F(riedrich) S(chneider)*, Die Darlehnskassenvereine als Mittel zur Abhilfe der Noth der ländlichen Bevölkerung, sowie auch der städtischen Handwerker und Arbeiter, in: Blätter (wie Anm. 71) Nr. 19 und 20/1869 (73)

Raiffeisenvereine müsse daher im Interesse der Genossenschaftsbewegung der Rheinprovinz entschieden entgegengetreten werden. Die Aufbringung des Kapitals für Darlehenskassenvereine über Anlehen verstoße gegen das Prinzip der Selbsthilfe, denn nicht die kreditsuchenden Landwirte hätten über ihre Eigenleistung die Kreditfähigkeit verbessert, sondern 60 wohlhabende Einwohner stellten das notwendige Kapital zur Verfügung. Die Erfahrung *Raiffeisens*, daß die kurzfristige Aufnahme von Kapital und dessen langfristige Weitergabe noch nie zu Problemen geführt habe, bewertet *Schneider* als frommen Wunsch, der sich gegen jede vernünftige Bankpraxis richte. Die Praxis *Raiffeisens*, keine Geschäftsanteile in seinen Vereinen einzuführen, bewertet *Schneider* als Verstoß gegen das Genossenschaftsgesetz.

Später einmal wird man in der Veröffentlichung der genannten Beiträge den Beginn des sogenannten "Systemstreites" sehen[80], einer Polemik, die über viele Jahre andauern sollte.

Der Zeitraum 1869/70 brachte also eine Fülle von Informationen über Kreditgenossenschaften. Neben Berichten über die bereits bekannten und vor allem in Deutschland sehr erfolgreichen Vorschußkassen nach *Schulze-Delitzsch*[81] erfuhr man, daß der preußische Bürgermeister

---

80 *Stefan Richter*, Der landwirtschaftliche Credit und die Spar- und Darlehenskassen-Vereine nach F. W. Raiffeisen, im Vergleiche zu den Vorschuß- und Credit-Vereinen nach Schulze-Delitzsch, Eine Zeit- und Streitfrage auf dem Gebiete des landwirtschaftlichen Creditwesens (Prag 1888); *Otto Stöger*, Die Darlehnskassenvereine nach F. W. Raiffeisen, in: Jahrbuch für Gesetzgebung, Verwaltung und Volkswirtschaft im Deutschen Reich, Neue Folge, 15. Jahrgang (Leipzig 1891) 846; *Hugo Zeidler*, Geschichte des deutschen Genossenschaftswesens der Neuzeit, Staats- und socialwissenschaftliche Beiträge, herausgegeben von Dr. *August von Miaskowski*, Erster Band, drittes Heft (Leipzig 1893) 264 ff; *Friedrich Müller*, Die geschichtliche Entwicklung des landwirtschaftlichen Genossenschaftswesens in Deutschland von 1848/49 bis zur Gegenwart, Wirtschafts- und Verwaltungsstudien mit besonderer Berücksichtigung Bayerns, herausgegeben von Dr. *Georg Schanz* (Leipzig 1901) 54 ff; *Erich Seelmann*, Die Systeme im modernen Genossenschaftswesen, ihre geschichtliche Entwicklung und ihr gegenwärtiger Stand, Tübinger staatswissenschaftliche Abhandlungen, herausgegeben von *Carl Johannes Fuchs* (Berlin, Stuttgart, Leipzig 1917) 101 ff; *Heinrich Richter*, Friedrich Wilhelm Raiffeisen und die Entwicklung seiner Genossenschaftsidee, Diss. Univ. Erlangen-Nürnberg (München 1966) 36 ff; *Wolfgang Werner*, Raiffeisenbriefe erzählen Genossenschaftsgeschichte (Wien 1988) 90 ff

81 Standard-Werke zu Schulze-Delitzsch: *A. Bernstein*, Schulze-Delitzsch, Leben und Wirken (Berlin o. J.); *Hans Crüger*, Aus Vergangenheit und Gegenwart der deutschen Genossenschaften (o. O., o. J.); *Helmut Faust*, Schulze-Delitzsch und sein genossenschaftliches Werk, Veröffentlichung des Instituts für Genossenschaftswesen der Philipps-Universität Marburg an der Lahn (Köln 1949); *Friedrich Thorwart* (Hrsg.), Schulze-Delitzsch, Hermann, Schriften und Reden, 5 Bände (Berlin 1909 - 1913); Deutscher Genossenschaftsverband (Hrsg.), Schulze-Delitzsch, Ein Lebenswerk für Generationen (Wiesbaden 1987)

Friedrich Wilhelm Raiffeisen[82] ebenfalls Vorschußkassenvereine gegründet hatte. Unklar war jedoch, ob es sich bei den Kassen nach Raiffeisen um eine eigenständige Entwicklung oder um eine Adaptierung der Schulze-Vereine, speziell für den Bedarf der Landwirtschaft, handelte. Der Vorteil der Raiffeisenvereine, eine notwendige Kapitalausstattung ohne Geschäftsanteile vorzunehmen, wurde offenbar mit einem Verstoß gegen die eherne Bankregel erkauft, nämlich Kapital nicht länger auszuborgen als die Anlehensdauer betrug. Die Kapitalausstattung stieß mitunter auf Schwierigkeiten, und kein Geringerer als Professor *Held* hatte dies ausdrücklich angeführt. Also schienen Raiffeisenvereine nur deshalb zu funktionieren, weil der mächtige Landwirtschaftliche Verein für Rheinpreußen hinter ihnen stand. So hatte der XI. Vereinstag des Allgemeinen Verbandes am 22. August 1869 aus seiner Sicht vermutlich nicht ganz zu Unrecht die Idee der Darlehenskassen-Vereine verurteilt und vor ihnen gewarnt[83].

Bei der kritischen Wertung der vorliegenden Informationen über die Darlehenskassen-Vereine darf nicht unberücksichtigt bleiben, daß das Urteil von *Schulze-Delitzschs* Seite schwer wog. *Schulze* konnte 1869 bereits auf namhafte Erfolge seiner Arbeit verweisen, die selbstverständlich in Österreich bekannt waren, seine Schriften nahmen ja auch

---

[82] Empfehlenswerte neuere und Standard-Literatur: *Walter Koch*, Friedrich Wilhelm Raiffeisen. Herkunft, Leben und Wirken und seine Bedeutung für den Westerwald, dargestellt an Hand von Briefen und Dokumenten (Altenkirchen 1988); derselbe: Der Genossenschaftsgedanke F. W. Raiffeisens als Kooperationsmodell in der modernen Industriegesellschaft (Paderborn-Würzburg 1991); *Willy Krebs*, Aus dem Leben F. W. Raiffeisens, 2. Auflage (Neuwied 1925); *Friedrich Wilhelm Raiffeisen*, Die Darlehenskassen-Vereine in Verbindung mit Consum-, Verkaufs-, Winzer-, Molkerei-, Viehversicherungs- etc. -Genossenschaften sowie den dazu gehörigen Instruktionen als Mittel zur Abhülfe der Noth der ländlichen Bevölkerung, Erster Theil: Die Darlehenskassen-Vereine und sonstige ländliche Genossenschaften. Fünfte, theilwiese umgearbeitete und verbesserte Auflage, Neuwied 1887, (Neuauflage unter: Österreichischer Raiffeisenverband (Hrsg.): Raiffeisen und sein Werk in Österreich, Wien 1986); *Heinrich Richter*, Friedrich Wilhelm Raiffeisen und die Entwicklung seiner Genossenschaftsidee, Diss. Univ. Erlangen-Nürnberg 1965 (München 1966); *Erich Lothar Seelmann-Eggebert*, F. W. Raiffeisen, sein Lebensgang und sein genossenschaftliches Werk (Stuttgart 1928) - Zur Beziehung Raiffeisen-Schulze: *Werner Engelhardt*, Zum Verhältnis der Genossenschaftspioniere Wilhelm Raiffeisen und Hermann Schulze-Delitzsch, in: Zeitschrift für das gesamte Genossenschaftswesen, Band 38 (Göttingen 1988) 31 ff

[83] Blätter (wie Anm. 71) Nr. 36/1869 (139/40), Die Protokolle des XI. Vereinstages des Allgemeinen Verbandes der auf Selbsthülfe beruhenden Deutschen Erwerbs- und Wirthschaftsgenossenschaften

auf die genossenschaftliche Entwicklung in Österreich Bezug[84]. Weiters war bekannt, daß *Schulze* seit langem Abgeordneter im preußischen, später im norddeutschen Landtag war und in dieser Eigenschaft ab dem Jahre 1863 für eine gesetzliche Regelung des Genossenschaftswesens eingetreten war[85]. 1867 trat dann in Preußen das Gesetz über die privatrechtliche Stellung der Erwerbs- und Wirtschaftsgenossenschaften in Kraft[86], mit geringfügigen Ergänzungen 1868 als norddeutsches Bundesgesetz[87]. *Schulze* war ferner Initiator der 1864 gegründeten Deutschen Genossenschaftsbank und des 1865 ins Leben gerufenen Giroverbandes der Deutschen Genossenschaften, Unternehmen für die Kapitalbeschaffung und für den Geldausgleich[88]. Seit der Gründung im Jahre 1864 war er Anwalt des Allgemeinen Verbandes der auf Selbsthilfe beruhenden deutschen Erwerbs- und Wirtschaftsgenossenschaften, der 1869 bereits 1243 Kreditgenossenschaften in sich vereinigen konnte[89]. *Schulze-Delitzsch* war die anerkannte Größe im deutschen Genossenschaftswesen, sein oder seiner Mitarbeiter Urteil hatte enormes Gewicht. *Raiffeisen* hingegen war in Österreich kaum bekannt.

---

84 So finden sich in der Wiener Universitätsbibliothek schon die ersten Schriften, "Mittheilungen über gewerbliche und Arbeiter-Associationen (Leipzig 1850)", "Associationsbuch für deutsche Handwerker und Arbeiter (Leipzig 1853)", "Die arbeitenden Klassen und das Associationswesen in Deutschland als Programm zu einem deutschen Congreß (Leipzig 1863)" sowie "Vorschuß- und Creditvereine als Volksbanken, praktische Anweisung zu deren Gründung und Errichtung (diverse Auflagen, Leipzig 1862 ff)". Auch Schulzes "Jahresberichte für die auf Selbsthilfe gegründeten Erwerbs- und Wirthschaftsgenossenschaften" sind ab dem Jahre 1860 vorhanden. Diese enthielten bis 1876 auch Daten über die Entwicklung in Österreich. - Allerdings Erscheinungsjahr muß nicht unbedingt Anschaffungsjahr bedeuten, so ist das zuerst genannte Buch erst 1881 in die Universitätsbibliothek gekommen.

85 *W(ilhelm) Endemann*, Gesetzentwurf über die privatrechtliche Stellung der auf Selbsthülfe beruhenden Erwerbs- und Wirthschaftsgenossenschaften, in: Jahrbücher (wie Anm. 27) 1. Band (Jena 1863) 489 ff und Jahrbücher (wie Anm. 27) 8. Band (Jena 1867) 47: Gesetzentwurf, die privatrechtliche Stellung der Erwerbs- und Wirthschafts-Genossenschaften in Preußen betreffend

86 Zeitschrift für die gesamte Staatswissenschaft 23. Band (Tübingen 1867) 662, Gesetz vom 27. März 1867 über die privatrechtliche Stellung der Erwerbs- und Wirthschafts-Genossenschaften in Preussen

87 Jahrbücher (wie Anm. 27) 11. Band (Jena 1868) 52, Gesetz, betreffend die privatrechtliche Stellung der Erwerbs und Wirthschafts-Genossenschaften

88 *Reinhold Henzler*, Genossenschaftliche Zeittafel, 4. Auflage (Hamburg 1963) und *Helmut Faust*, Schulze-Delitzsch und sein genossenschaftliches Werk, Veröffentlichung des Institutes für Genossenschaftswesen an der Philipps-Universität Marburg/Lahn (Marburg/Lahn 1949) 55

89 *Albert Knittel*, Beiträge zur Geschichte des deutschen Genossenschaftswesens (Freiburg, Leipzig 1895) Anhang

Als hinderlich für die Verwirklichung genossenschaftlicher Ideen erwies sich ferner der geringe Bildungsstand der Landwirte[90]. Es war wohl seit langem unbestritten, daß im Interesse des Fortschrittes der Landwirtschaft[91] dem Unterricht der bäuerlichen Jugend größtes Augenmerk zuzuwenden war[92], aber allein die Volksschule stand als Bildungsangebot fast allen bäuerlichen Jugendlichen[93] zur Verfügung. Es wurden daher Maßnahmen ergriffen, im Wege des Elementarunterrichtes schon bei Zwölfjährigen landwirtschaftliches Wissen zu vermitteln, wenngleich den Pädagogen bekannt war, daß in diesem Alter Jugendliche ein derartiges Angebot nicht aufnehmen konnten[94]. So sollte wenigstens der an und für sich obligate Wiederholungsunterricht, der vor Erlassung des Reichsvolksschulgesetzes des Jahres 1869[95] für alle Zwölf- bis Fünfzehnjährigen verbindlich vorgeschrieben war[96], landwirtschaftliches Wissen vertiefen[97]. Allein, dafür die Bauern in eine Schule zu bringen war schwer[98], so daß sich durch diese mentale Prägung die vorhandene bildungsmäßige Benachteiligung des Bauernstandes[99] noch verstärkte.

---

90 *Feuser*, Genossenschaftswesen (wie Anm. 47) 293

91 *Josef Langer*, Welche Art Schulbildung bedarf der Wirthschaftsmann, um seine Wirthschaft mit Umsicht und Vortheil zu betreiben? in: PL (wie Anm. 42) 1. April 1864 (54/55)

92 *Gustav Strakosch-Graßmann*, Geschichte des österreichischen Unterrichtswesens (Wien 1905) 133

93 *Adolf Ficker*, Volks- und Mittelschule in Österreich, Geschichte, Bestand, Erfolg. In: *Schmid* (Hrsg.), Encyklopädie des Erziehungs- und Unterrichtswesens, Band V (Gotha 1865) 243 ff. - Auf Seite 345 des genannten Werkes werden die Prozentsätze des Volksschulbesuches angegeben. Sie reichen von rund 100 Prozent in Niederösterreich bis kaum 10 Prozent in der Bukowina.

94 *(Wilhelm) Pabst*, Erfordernis und Mittel zur Hebung der landwirthschaftlichen Intelligenz in Österreich, in: Oesterreichische Revue 1863, Dritter Band (Wien o. J.) 136

95 Gesetz vom 14. Mai 1869, R. G. Bl. Nr. 62/1869, durch welches die Grundsätze des Unterrichtswesens bezüglich der Volksschulen festgestellt werden (Reichsvolksschulgesetz).

96 *Anton Ritter von Schmerling*, Bericht über die Ausstellung von Schul- und Unterrichtsgegenständen in Wien (Wien 1862) 32

97 *J. Wodrich*, Naturgeschichte und Landwirthschaft, in: Bericht über österreichisches Unterrichtswesen. Aus Anlass der Weltausstellung 1873 herausgegeben von der Commission für die Collectiv-Ausstellung des österreichischen Unterrichts-Ministeriums, Theil II (Wien 1873) 104

98 *Pabst*, Erfordernis (wie Anm. 94) 137

99 *Karl Dinklage*, Die landwirtschaftliche Entwicklung, in: *Alois Brusatti* und *Peter Urbanitsch* (Hrsg.) Die Habsburgermonarchie 1848 - 1918, Band 1, Die wirtschaftliche Entwicklung (Wien 1973) 456

Das Bildungsangebot über spezielle landwirtschaftliche Schulen steckte noch in den Anfängen[100] und die wenigen Bemühungen der landwirtschaftlichen Vereine[101], über den Fortbildungsunterricht Wissen zu verbreiten, scheiterten vielfach an den nicht vorhandenen Lehrern[102], so daß sich auch die Idee des Wanderunterrichtes[103] nur in Ansätzen verwirklichen ließ. So fehlten den Bauern oft die Kenntnisse, um mit neuen Verhältnissen fertig werden zu können[104]. Der Kritik unterzogen wurde aber auch der mangelnde Gemeinsinn der Bauern[105], und der war für genossenschaftliches Wirken die Voraussetzung.

---

100 Eine Übersicht bietet: Landwirthschaftliches Wochenblatt des k. k. Ackerbauministeriums (29. Oktober 1869) 54: Der landwirthschaftliche Fortbildungsunterricht in Österreich und (26. November 1869) 165, Die österreichischen Lehranstalten für Bodencultur

101 WrLZ (wie Anm. 5) 28. Februar 1868 (69) Ein Wort für die Lebensfähigkeit landwirthschaftlicher Vereine und *P(eter) N(icolaus) Feuser*, Das landwirthschaftliche Fortbildungswesen, in WrLZ (wie Anm. 5) 2. Oktober 1869 (369)

102 *W(ilhelm) Pabst* Ueber landwirthschaftliche Fortbildungsschulen und Wanderlehrer sowie über die Mittel zur Bildung und Belehrung des Bauernstandes überhaupt (Wien 1867) 42

103 *Hermann Kallbrunner*, Der Väter Saat. Die österreichische Landwirtschafts-Gesellschaft von 1807 bis 1938 (Wien o. J.) 62

104 *Friedrich Ritschel*, Die Volksbildung, in: AllgZ (wie Anm. 4), 26. Juli 1867 (738)

105 *Podstatsky-Tonsern*, Die Ursachen (wie Anm. 9) 85

2. Kapitel

Genossenschaftsgesetz für Österreich

In den Jahren 1868 und 1869, als sich die 26. Versammlung der deutschen Land- und Forstwirte, der agrarische Kongreß sowie der 1. und 2. Kongreß norddeutscher Landwirte mit dem Genossenschaftswesen befaßten, beschäftigte sich der österreichische Reichsrat mit der gesetzlichen Ordnung der wirtschaftlichen Zwecken dienenden Vereine. Für sie galt das Vereinsgesetz vom 26. November 1852, das die Bildung von Vereinen dem Konzessionssystem unterwarf[1], das heißt, Vereine konnten nur mit behördlicher Bewilligung gebildet werden. Das Vereinsgesetz vom 15. November 1867 ersetzte das Konzessionssystem durch das Anmeldesystem[2]. Nach der Anmeldung des Vereines hatte die Behörde die Möglichkeit, die Vereinsbildung innerhalb einer bestimmten Frist aus bestimmten, im Gesetz genannten Gründen zu untersagen. Diesem Vereinsgesetz unterstanden allerdings nur die ideellen Vereine, ausgenommen waren daher insbesondere die auf wirtschaftliche Aktivitäten orientierten Vereine, für die daher weiterhin das Vereinspatent von 1852 galt[3].

Die Bemühungen zur Regelung von handelsrechtlichen Vorschriften setzten noch zur Zeit des Deutschen Bundes ein. Nach langjähriger Beratung beschloß 1861 die Bundesversammlung in Frankfurt ein Handelsgesetzbuch. Österreich führte bereits ein Jahr später, in Übereinstimmung mit einer entsprechenden Empfehlung der Bundesversammlung, diesen Bundesentwurf als Landesgesetz ein[4]. Das "Allgemeine Handelsgesetzbuch (AHGB)" trat am 1. Juli 1863 im österreichischen Kaiserreich in Kraft[5]. Um die weitere Entwicklung von bestimmten

---

[1] Paragraph 1 des Kaiserlichen Patentes vom 26. November 1852, wodurch neue gesetzliche Bestimmungen über Vereine (Vereinsgesetz) angeordnet werden R.G.Bl. Nr. 253/1852

[2] Paragraph 4 des Gesetzes vom 15. November 1867 über das Vereinsrecht, ausgegeben am 24. November 1867, R.G.Bl. Nr. 135/1867

[3] *Karin Schauer*, Die historische Entwicklung des Vereinswesens in Österreich, Diss. Univ. Wien (Wien 1969) 24 sowie *Willibald Liehr* und *Bernhard Stöberl*, Der Verein, 2. überarbeitete und ergänzte Auflage, Orac - Musterverträge, Herausgegeben von Univ.Prof. Dr. *Josef Kühne* und Univ.-Prof. Dr. *Manfred Straube* (Wien 1988) 13

[4] *Werner Ogris*, Die Rechtsentwicklung in Cisleithanien 1848 - 1918, in: *Adam Wandruszka* und *Peter Urbanitsch* (Hrsg.) Die Habsburgermonarchie 1848 - 1918, Bd. II, Verwaltung und Rechtswesen (Wien 1975) 605

[5] Gesetz vom 17. Dezember 1862 zur Einführung eines Handelsgesetzbuches, ausgegeben am 3. Jänner 1863 R.G.Bl. Nr. 1/1863

Handelsgesellschaften, den Aktiengesellschaften und den Kommanditgesellschaften auf Aktien zu fördern, wurde in der Reichsratssession 1868/69 ein diesbezüglicher Referentenentwurf vom Innenminister eingebracht[6]. Beigefügt war ein Gesetzentwurf über Erwerbs- und Wirtschaftsgenossenschaften, die sich von den Handelsgesellschaften dadurch unterscheiden, daß sie nicht die Erzielung eines Gewinnes durch gemeinsamen Handelsbetrieb, sondern die gegenseitige wirtschaftliche Unterstützung und Förderung ihrer Mitglieder zum Zwecke haben. Ein Gesetz wurde als notwendig empfunden, denn weder das Allgemeine Handelsgesetzbuch, noch die Gewerbeordnung, noch das Vereinsgesetz nahmen auf die Erwerbs- und Wirtschaftsgenossenschaften Rücksicht[7].

Der österreichische Gesetzentwurf enthielt im wesentlichen den Gesetzestext, der für Preußen am 27. März 1867[8] erlassen worden war. Ein Punkt wurde dem englischen Genossenschaftsgesetz entnommen, demzufolge mindestens sieben Mitglieder bei der Gründung einer Genossenschaft vorhanden sein müssen. Außerdem ließ der österreichische Gesetzentwurf Genossenschaften mit beschränkter und unbeschränkter Haftung zu[9].

Der Gesetzentwurf, der am 20. Juli 1868[10] vom Innenminister dem Abgeordnetenhaus zugestellt wurde, kam am 19. Jänner 1869[11] in abgeänderter Form nochmals ins Abgeordnetenhaus, das es am 23. Februar 1869[12] zur weiteren Behandlung an den volkswirtschaftlichen

---

6 Durch den Brand des Justizpalastes vom Jahre 1927 sind ein Großteil der Akten des k. k. Ministeriums des Inneren vernichtet worden, leider auch die Unterlagen zum Referentenentwurf.

7 *Georg Ruppe*, Das Genossenschaftswesen in Österreich. Veröffentlichungen der Deutschen Genossenschaftskasse, Zentralbank der Genossenschaften, Band 7 (Frankfurt/Main 1970) 20

8 Abgedruckt in: *Schulze-Delitzsch*, Vollständige Anweisung für Vorschuß- und Creditvereine, welche sich unter das Preuß. Genossenschaftsgesetz stellen wollen, nebst Musterstatut (in der Schluß-Redaction) Motiven als Nachtrag zur IV. Auflage des Buches: Vorschuß- und Creditvereine als Volksbanken (Leipzig 1868) 85. Bezüglich des Gesetzentwurfes siehe: Jahrbücher für Nationalökonomie und Statistik, 8. Band (Jena 1867) 47, Gesetzentwurf, die privatrechtliche Stellung der Erwerbs- und Wirthschafts-Genossenschaften in Preußen betreffend

9 Österreichisches Parlamentsarchiv, Akte Volkswirthschaftlicher Ausschuß ex 1869, Entwurf eines Gesetzes vom über Actiengesellschaften und Commanditgesellschaften auf Actien, dann über Erwerbs- und Wirthschaftsgenossenschaften, Paragraph 77

10 Stenographische Protokolle über die Sitzungen des Hauses der Abgeordneten des Reichsrathes, 135. Sitzung der 1. Session am 17. October 1868 (4182)

11 a.a.O. 156. Sitzung der 1. Session am 19. Jänner 1869 (4777)

12 a.a.O. 157. Sitzung der 1. Session am 22. Jänner 1869 (4816)

Ausschuß überwies. In weiterer Folge fand keine gesetzmäßige Behandlung dieser Materie mehr statt[13].

Der Gesetzentwurf wurde von *Schulze-Delitzsch* und von der österreichischen Fachpresse nicht positiv aufgenommen. *Schulze* kritisierte die Nichtübereinstimmung mit dem Gesetz für den Norddeutschen Bund vom 4. Juli 1868[14], und in die gleiche Kerbe schlug der "Oesterreichische Oekonomist", der im Jänner 1869 den Entwurf einer ausführlichen Besprechung unterzog. Der "Oekonomist" stellte vor allem fest, daß im Interesse einer Rechtsgleichheit das norddeutsche Genossenschaftsgesetz einfach zur Annahme im Parlament vorgeschlagen werden müsse, um es ebenso zu halten wie seinerzeit bei der Wechselordnung und beim Allgemeinen Handelsgesetzbuch[15]. Dieser Rat kam nicht von ungefähr, trugen doch zahlreiche österreichische Gesetze ab 1848 unverkennbar die Züge der deutschen Vorbilder. Unberührt von der österreichischen Niederlage 1866 hielten Österreichs und Deutschlands Juristen einen engen wissenschaftlichen Kontakt und einen regen Erfahrungsaustausch auch in Fragen der Rechtspraxis[16].

Die weitere positive Entwicklung der Erwerbs- und Wirtschaftsgenossenschaften in Österreich und die Frage der Besteuerung der Genossenschaften waren schließlich die Ursache, daß in der Sitzung des Abgeordnetenhauses vom 13. Juni 1872 erneut ein Gesetzentwurf über die Erwerbs- und Wirtschaftsgenossenschaften eingebracht wurde und dieser nach längerer Verhandlung in zweiter und dritter Lesung am 8. März 1873 (Gesetz im Anhang auf Seite 93) verabschiedet[17] wurde.

Als Vorbild diente das norddeutsche Bundesgesetz von 1868 betreffend die privatrechtliche Stellung der Erwerbs- und Wirthschafts-Genossenschaften[18]. Zum Unterschied zu diesem ließ das österreichische

---

13 *Ernst Piller*, Kreditgenossenschaften in Österreich, Wiener Studien des Forschungsinstituts für Genossenschaftswesen an der Universität Wien, Neue Folge, Band 2 (Göttingen 1970) 24

14 *Schulze-Delitzsch*, Die Gesetzgebung über die privatrechtliche Stellung der Erwerbs- und Wirthschaftsgenossenschaften mit besonderer Rücksicht auf die Haftpflicht bei kommerziellen Gesellschaften (Berlin 1869) 26

15 Oesterreichischer Oekonomist (12. Jänner 1869) 32, Der Regierungs-Entwurf eines Genossenschafts-Gesetzes für Österreich I

16 *Ogris*, Rechtsentwicklung (wie Anm. 4) 660

17 Sämtliche Materialien enthält: *Josef Kaserer*, Das Gesetz vom 9. April 1873 über Erwerbs- und Wirthschaftsgenossenschaften mit Materialien, Oesterreichische Gesetze mit Materialien nach amtlichen Quellen, Band VI (Wien 1873)

18 Abgedruckt in: Jahrbücher für Nationalökonomie und Statistik, 11. Band (Jena 1868) 52 ff. Ausführlich kommentiert in: *Ludolf Parisius*, Die Genossenschaftsgesetze im Deutschen Reiche (Berlin 1876)

Gesetz jedoch die beschränkte Haftung zu, es war aber auch für Erwerbs- und Wirtschaftsgenossenschaften obligatorisch. Die Möglichkeit der beschränkten Haftung war die Hauptursache der Ablehnung durch einige Abgeordnete, wobei immer auf das Vorbild *Schulzes* verwiesen wurde. Demgegenüber stellten die Befürworter des Antrages fest, daß durch die Einräumung der beschränkten Haftung die Bildung von Genossenschaften erleichtert werde. Die Einsprüche des Herrenhauses galten dem Paragraphen 37 des Gesetzentwurfes, der die Auflösung einer Genossenschaft durch die Verwaltungsbehörde in bestimmten Fällen vorsah. Demgegenüber vertrat das Herrenhaus die Meinung, daß der Kredit einer Genossenschaft im höchsten Maß gefährdet wäre, wenn über ihr fortwährend das Damoklesschwert des Auflösungsdekretes hinge. Am 26. März 1873 verabschiedete dann das Herrenhaus das Gesetz in zweiter und dritter Lesung und trat somit dem Beschluß des Abgeordnetenhauses bei.

Das Genossenschaftsgesetz definiert in Paragraph eins Genossenschaften als Vereine von nicht geschlossener Mitgliederzahl, welche die Förderung des Erwerbes oder der Wirtschaft ihrer Mitglieder mittels gemeinschaftlichen Geschäftsbetriebes oder mittels Kreditgewährung bezwecken. Durch den Erlaß des Ministeriums des Inneren vom 27. September 1873 (Erlaß im Anhang auf Seite 116) wurde für die vereinsmäßige Verfolgung der im Genossenschaftsgesetz genannten Ziele die Genossenschaftsform als die ausschließlich zulässige Vereinsform festgesetzt.

Somit hatte für Vorschuß- und Kreditvereine, Rohstoff- und Magazinvereine, Produktivgenossenschaften, Konsumvereine und Wohnungsgenossenschaften und ähnliche Vereinigungen das Genossenschaftsgesetz Anwendung zu finden.

Das Genossenschaftsgesetz[19] selbst zerfällt in fünf Hauptstücke. Das erste Hauptstück nennt allgemeine Bestimmungen, so handelt der erste Abschnitt von der Errichtung der Genossenschaften und dem Rechtsver-

---

[19] Literatur zum Gesetz über Erwerbs- und Wirtschaftsgenossenschaften: *C(arl) S(amuel) Grünhut*, Die österreichische Regierungsvorlage vom Jahre 1872 über Erwerbs- und Wirthschaftsgenossenschaften, in: Allgemeine österreichische Gerichts-Zeitung Nr. 30 - 32/1872; *(Antonin) Randa*, Über einige zweifelhafte Fragen des Genossenschaftsgesetzes vom 9. April 1873, Z. 70 R. G. Bl. nebst einem Anhang über die Gebührenfrage (Wien 1874); *Em(anuel) Stroß*, Das österreichische Genossenschaftsrecht. Erwerbs- und Wirthschaftsgenossenschaften mit unbeschränkter und beschränkter Haftung. Systematische Darstellung des in Österreich geltenden Genossenschaftsrechtes unter Berücksichtigung der ausländischen Gesetzgebung (Wien 1887); *Herm(ann) Ziller*, Das Genossenschaftsgesetz und die Organisation der Vorschußvereine (Wien 1873); Oesterreichischer Oekonomist, Nr. 12 - 15/ 1872: Das Gesetz über Erwerbs- und Wirthschafts-Genossenschaften

hältnisse ihrer Mitglieder, der zweite Abschnitt von dem Vorstande, dem Aufsichtsrate und der Generalversammlung, der dritte Abschnitt von der Auflösung der Genossenschaft, der vierte Abschnitt von der Liquidation der Genossenschaft. Das zweite Hauptstück enthält besondere Bestimmungen für Genossenschaften mit unbeschränkter Haftung, das dritte Hauptstück besondere Bestimmungen für Genossenschaften mit beschränkter Haftung, das vierte Hauptstück enthält Strafbestimmungen und das fünfte Hauptstück enthält die Abgrenzungen zur Vereinsgesetzgebung.

Für die laut Gesetz für die einzelnen Erwerbs- und Wirtschaftsgenossenschaften zu erlassenden Satzungen enthält das Genossenschaftsgesetz nur allgemeine Bestimmungen. Der Genossenschaftsvertrag, das Statut oder die Satzung muß sich wohl an den Vorschriften des Gesetzes orientieren, dabei kann die Satzung in denjenigen Punkten variieren, in welchen dies ausdrücklich zulässig ist[20]:

1. die Form der Haftung (Paragraph 2);
2. der Betrag und die Art der Bildung der Geschäftsanteile (Paragraph 5, Abs. 5);
3. die Verteilung von Gewinn und Verlust (Paragraph 5, Abs. 6);
4. die Verteilung des etwaigen Defizits und des etwaigen Überschusses bei der Liquidation der Genossenschaft (Paragraph 48, Abs. 2 und 3);
5. die Zahl der Vorstandsmitglieder (Paragraph 15);
6. die Besoldung der Vorstandsmitglieder (Paragraph 15);
7. die Formen für die Legitimation der Mitglieder des Vorstandes sowie der Stellvertreter derselben (Paragraph 5, Abs. 7);
8. die Zeichnung des Vorstandes für die Genossenschaft (Paragraph 17);
9. die Beschränkung des Vorstandes in der Befugnis, die Genossenschaft zu vertreten (Paragraph 19);
10. die Bestellung eines Aufsichtsrates (Paragraph 24);
11. die Aufstellung von Beamten und Bevollmächtigten und Festsetzung der Befugnisse derselben (Paragraph 26);
12. die Formen der Legitimation der Beamten (Paragraph 5, Abs. 7);

[20] *Ziller*, Genossenschaftsgesetz (wie Anm. 19) 103/04

13. das Stimmrecht des einzelnen Genossenschafters (Paragraph 27);
14. die Berufung der Generalversammlung (Paragraph 28);
15. die Anzahl der Genossenschafter, welche die Berufung einer Generalversammlung verlangen können (Paragraph 29);
16. die Art und Weise, in welcher die Berufung der Generalversammlung zu erfolgen hat (Paragraph 30);
17. Beschlußfähigkeit der Generalversammlung (Paragraph 31);
18. Berufung und Beschlußfähigkeit einer zweiten Versammlung, im Falle der Beschlußunfähigkeit einer Generalversammlung (Paragraph 32);
19. Beschlußfassung der Generalversammlung (Paragraph 33, Abs. l);
20. Beschlußfassung der Generalversammlung über Abänderung des Genossenschaftsvertrags und Auflösung der Genossenschaft (Paragraph 33, Abs. 2);
21. die Art und Weise, in welcher die Bekanntmachungen der Genossenschaft zu erfolgen haben (Paragraph 5, Abs. 11);
22. Bestellung von Liquidatoren (Paragraph 41);
23. gemeinsame Vertretungsbefugnis mehrerer Liquidatoren (Paragraph 43);
24. die öffentliche Versteigerung unbeweglicher Sachen durch die Liquidatoren (Paragraph 44);
25. Beschränkung der Geschäftsbefugnisse der Liquidatoren (Paragraph 45);

ferner in Genossenschaften mit unbeschränker Haftung:

26. Haftung des Genossenschafters für die vor seinem Eintritte eingegangenen Verbindlichkeiten (Paragraph 53);
27. Kündigungsfrist und Zeitpunkt des Austrittes eines Genossenschafters (Paragraph 54, Abs. 2);
28. Erlöschung der Mitgliedschaft durch den Tod (Paragraph 54, Abs. 2);

29. Anspruch der ausgeschiedenen Genossenschafter und ihrer Erben an den Reservefonds und das sonstige Vermögen der Genossenschaft (Paragraph 55);

endlich in Genossenschaften mit beschränkter Haftung:

30. Erhöhung des Haftungsbetrags über das gesetzliche Maß hinaus (Paragraph 76);

31. Verlängerung der Haftpflicht über die vorgeschriebene Dauer (Paragraph 78);

32. Anspruch der ausgeschiedenen Mitglieder an den Reservefonds und das sonstige Vermögen der Genossenschaft (Paragraph 79);

33. Übertragbarkeit der Geschäftsanteile (Paragraph 83).

Nicht nur die ersten Bemühungen zur Schaffung einer gesetzlichen Grundlage für die österreichischen Genossenschaften gehen auf das Jahr 1869 zurück, zum selben Zeitpunkt begann mit der Bildung des "Comitees der vereinigten Wiener Erwerbs- und Wirthschafts-Genossenschaften" die Organisation des genossenschaftlichen Zusammenschlusses, der am 4. August 1872 durch die Konstituierung des "Allgemeinen Verbandes der österreichischen Erwerbs- und Wirthschafts-Genossenschaften" seinen Abschluß fand[21]. Ab September gab dann der ganz nach *Schulzes* Vorbild gegründete Verband die Zeitschrift "Die Genossenschaft" heraus, und bereits im ersten Jahrgang findet sich ein warnender Hinweis auf *Raiffeisen*[22], es sollte auf Jahre hinaus nicht die einzige negative Stellungnahme in dieser Zeitschrift bleiben.

---

[21] Die Genossenschaft (7. September 1872) 1, Der Allgemeine Verband der österreichischen Erwerbs- und Wirthschaftsgenossenschaften

[22] Die Genossenschaft (21. Dezember 1872) 76, System Raiffeisen

3. Kapitel

Offizielle Empfehlung der Raiffeisenidee

Im November 1871 ernannte *Kaiser Franz Joseph I.* einen neuen Ackerbauminister, *Johann Freiherr von Chlumecky*. Bald nach dessen Amtsantritt kam es zu einer beträchtlichen Ausweitung des Wirkungsbereiches des Ackerbauministeriums. Im Jänner 1872 wurden die oberste Verwaltung der Staatsforste, Staatsdomänen und Montanwerke (ohne Salinen), weiters die Verwaltung der Religions- und Studienfondsgüter aus dem Finanzministerium ausgeschieden und dem Ackerbauressort zugeteilt[1]. Durch diesen Aufgabenzuwachs des Ministeriums bedingt, erschien es zweckmäßig, in Erinnerung zu rufen, was aus den Beschlüssen des agrarischen Kongresses des Jahres 1868 geworden war. Minister *Chlumecky* trug sich mit dem Gedanken, einen weiteren agrarischen Kongreß im Spätherbst 1872 abzuhalten[2] und beauftragte im Jänner 1872 Beamte des Ministeriums, einen Programmvorschlag zu erstellen, wobei diverse Wünsche von Landwirtschaftsgesellschaften zu berücksichtigen waren. Der Vorschlag erging dann im Wege eines Rundschreibens an alle Universitäten, Akademien und Landwirtschaftsgesellschaften, mit der Bitte um Stellungnahme[3]. Nach deren Einlangen, die vielfach Hinweise auf die Kreditsituation enthielten[4], erfolgte dann die endgültige Fixierung und Veröffentlichung der zu behandelnden Themen[5]. Die Frage sieben, die der Kongreß erörtern

---

1 Bundesministerium für Land- und Forstwirtschaft (Hrsg.), 100 Jahre Landwirtschaftsministerium (Wien 1967) 65

2 Österreichisches Staatsarchiv, Allgemeines Verwaltungsarchiv, Akte k. k. Ackerbauministerium (fortan AVAM), Präsidiale ex 1872 Agrarischer Congress, PZ 963/42 Denkschrift Dep. I vom 27. 1. 1872. - Bereits für November 1871 war ein neuer agrarischer Kongreß geplant, ein diesbezüglicher Referentenentwurf trägt das Datum 22. März 1871. Ackerbauminister war damals Albert Schäffle, der zugleich auch die Funktion des Handelsministers ausübte. Der Programmvorschlag enthält als Thema fünf die Einführung des landwirtschaftlichen Genossenschaftswesens und als Thema sechs Förderung des bäuerlichen Kredites durch die Gründung ländlicher Sparkassen (AVAM, Dep. Nr. I ex 1871, Prot. Nr. 4615/211, Zusammenrufung eines agrarischen Congresses nach Wien auf das Jahr 1871)

3 AVAM (wie Anm. 2) Erlaß vom 17. 2. 1872. Dieser Erlaß ist wiedergegeben in: Landwirthschaftliche Zeitschrift von und für Oberösterreich (1. März 1872) 33/34, Der 2. Agrar-Congress in Wien und Der steirische Landbote (28. März 1872) 70, Der agrarische Kongreß

4 AVAM (wie Anm. 2), Präsidiale ex 1872, Agrarischer Congress, PZ 963/42, Beilage 2752/154

5 Mittheilungen des kaiserl. königl. Ackerbau-Ministeriums, 11. Heft 1872 (9) Verhandlungs-Gegenstände für den agrarischen Congreß, welcher am 9. Jänner 1873 zusammentritt

sollte, setzte sich mit dem landwirtschaftlichen Genossenschaftswesen auseinander, es sollte geprüft werden, ob die Förderung der Genossenschaften eine wirksame Maßnahme zur Hebung der landwirtschaftlichen Produktion darstellen könnte. Die Frage acht griff das Thema des landwirtschaftlichen Kredites auf und stellte die Frage, welche Maßnahmen zu dessen Förderung zu ergreifen wären.

Schwierigkeiten stellten sich dem Kongreßbüro entgegen, als es galt, geeignete Fachkräfte für die thematische Einführung zu den einzelnen Fragen zu finden[6]. Vor allem für die Besetzung der Referate für die Fragen sieben und acht suchte man nach geeigneten Personen. In die engere Auswahl kamen dann die bekannten Fachleute *A. E. Komers* aus Prag[7], Univ.-Prof. Dr. *Franz Neumann* aus Wien[8] und der junge Honorardozent der Forstakademie Maria Brunn, Dr. *Gustav Marchet*. Dieser hatte ein Schreiben an den Ackerbauminister gerichtet, das die Bitte um Verwendung als Referent beim Agrarkongreß enthielt[9]. *Marchet* führte seine besonderen Kenntnisse im Kreditwesen an und legte zum Beweis seinen kürzlich veröffentlichten Aufsatz über die Purkersdorfer Volksbank bei[10].

Nach Beratungen entschied das Kongreßbüro jedoch, daß die Behandlung des landwirtschaftlichen Kreditthemas dem Wiener Universitätsprofessor Dr. *Franz Neumann* zukommen sollte, der bereits ein Reihe von Arbeiten veröffentlicht hatte, besonders lobend erwähnte man den

---

6 AVAM (wie Anm. 2), Signatur L 4 ex 1872 PZ 2237/101

7 *Anton Emanuel Komers*, Herausgeber des Jahrbuches für österreichische Landwirte, war 1872 Domänenrat und Direktor der Landeslehranstalt Tetschen-Liebwerd sowie 2. Vizepräsident der k. k. patriotisch-ökonomischen Gesellschaft in Böhmen. *Komers* hatte im Klub der Landwirte in Prag Vorträge zur Kreditsituation der Landwirte gehalten.

8 *Franz Xaver Neumann v. Spallart* war 1872 ordentlicher Professor an der Hochschule für Bodenkultur für Nationalökonomie und Statistik, Prof. für Nationalökonomie an der Kriegsschule und Prof. an der Universität Wien. Er hatte schon zahlreiche Publikationen veröffentlicht, darunter Arbeiten über den agrarischen Kredit in der österreichischen Revue 1864, in der Festgabe anläßlich des XXVI. Kongresses deutscher Land- und Forstwirte 1866 sowie Beiträge über Produktion, Welthandel und Verkehrsmittel in Behms Geographischen Jahrbüchern 1870 und 1872.

9 AVAM (wie Anm. 2), Signatur L 4 ex 1872 Schreiben Marchets vom 26. März 1872

10 *Gustav Marchet*, Über Vorschuß- und Sparvereine (Volksbanken) in: Verhandlungen und Mittheilungen der k. k. Landwirthschaftsgesellschaft in Wien (18. März 1872) 185 ff. - Die Statuten dieses Vereines waren schon in der genannten Zeitschrift am 8. März auf Seite 170 ff veröffentlicht worden.

Außerdem hatte *Marchet* in der Wiener Landwirtschaftlichen Zeitung in einer mehrteiligen Folge ab dem 23. Jänner 1869 die Zusammenstellung der Landtagsverhandlungen der österreichischen Reichshälfte zu landwirtschaftlichen Fragen unter dem Titel "Die Landtage und die Landwirtschaft" veröffentlicht, die auch als eigene Publikation erschien (Wien 1869).

Aufsatz über den Welthandel in *Behms* geographischen Jahrbüchern des Jahres 1872[11]. *Marchet* wurde aber mit dem Einleitungsreferat über das landwirtschaftliche Genossenschaftswesen betraut.

Die Informationen, die *Marchet* zu seiner Vorbereitung einholte, beinhalteten natürlich auch jenes Wissen, das damals über genossenschaftliche Bemühungen um die Lösung der landwirtschaftlichen Kreditfrage vorhanden war[12]. Dieser Punkt scheint *Marchet* besonders interessiert zu haben, denn er hatte bereits vor seiner Bestellung zum Kongreßreferenten die Genehmigung des Ackerbauministers zu einer Studienreise zu *Friedrich Wilhelm Raiffeisen* nach Deutschland erhalten, um die Idee der Darlehenskassenvereine an Ort und Stelle kennenzulernen. *Marchet* reiste im September 1872[13] nach Heddesdorf und berichtete über seine Reiseeindrücke im Dezember 1872 in der "Neuen Freien Presse"[14] und im Jänner 1873 in der "Wiener Landwirthschaftlichen Zeitung"[15]. Außerdem hielt er im Rahmen einer Veranstaltung der Landwirthschafts-Gesellschaft Wien über die Darlehenskassenvereine nach *Raiffeisen* im März 1873 einen Vortrag[16].

---

11 *(Franz) X(aver v.) Neumann(-Spallart)*, Übersichten über Produktion, Welthandel und Verkehrsmittel, in: *E. Behm* (Hrsg.) Geographisches Jahrbuch, IV. Band, 1872 (Gotha 1872) 451 ff

12 Interessant in diesem Zusammenhang ist der diesbezügliche Literaturbestand an der Forstakademie Maria Brunn. Neben den in Kapitel I bereits erwähnten Jahrbüchern für Nationalökonomie und Statistik waren vorhanden: *Lette*, Das landwirthschaftliche Kredit- und Hypothekenwesen (Berlin 1868) und *J. Au*, Die Creditgenossenschaften in ihrer Bedeutung für Stadt und Land und in ihren Beziehungen zur socialen Frage (Heidelberg 1869). Die ersten Informationen über Kreditgenossenschaften vermittelte Marchet aber sicher sein Studium (vgl. *Gertrud Bittner*, Dr. Gustav Marchet, Diss. Univ. Wien (Wien 1950) 28) und ein Vortrag über Vorschußkassen im niederösterreichischen Gewerbeverein 1870 (vgl. *Gustav Leonhardt*, Antrag der Abtheilung für Handel und Volkswirthschaft auf Ausschreibung von Preisen für Verdienste bei der Gründung von Vorschußvereinen in Niederösterreich. In: Verhandlungen und Mittheilungen des niederösterreichischen Gewerbe-Vereines (10. April 1870) 212 ff). *Marchet* selber hielt ebendort am 24. Februar 1870 einen Vortrag über Lohnverhältnisse (vgl. Verhandlungen und Mittheilungen des niederösterreichischen Gewerbe-Vereines (20. Februar 1870) 113: Vereins-Anzeigen).

13 *Wolfgang Werner*, Raiffeisenbriefe erzählen Genossenschaftsgeschichte (Wien 1988) 36

14 *Gustav Marchet*, Zum landwirthschaftlichen Genossenschaftswesen, in: Neue Freie Presse (23. Dezember 1872) 6 und (30. Dezember 1872) 6

15 *Gustav Marchet*, Zur Organisation des landwirthschaftlichen Credites in Österreich, in: Wiener Landwirthschaftliche Zeitung (11. Jänner 1873) 11, (18. Jänner 1873) 19 und (25. Jänner 1873) 31. - Die drei Beiträge sind auch als Sonderdruck erschienen.

16 *Gustav Marchet*, Über ländliche Creditgenossenschaften, in: Verhandlungen und Mittheilungen der k. k. Landwirthschafts-Gesellschaft in Wien (22. April 1873) 143

Der agrarische Kongreß fand nicht, wie ursprünglich geplant, im November 1872 statt, sondern trat vom 9. bis 16. Jänner 1873 zusammen[17]. Bei der Behandlung der Kreditfrage am 14. Jänner 1873 wurde dann eine Resolution verabschiedet[18], die als Mittel zur Förderung des landwirtschaftlichen Personal- und Mobiliarkredites landwirtschaftliche Kreditvereine empfahl, die sich auf Selbsthilfe und Solidarbürgschaft begründeten. Ausdrücklich verwies der Kongreß dabei auf Darlehenskassenvereine nach dem Grundgedanken *Raiffeisens*, wie sie am Rhein in größerer Anzahl bestünden. Es muß daher bei der Vorbereitung dieses Kongreßthemas *Neumann* als Berichterstatter zum Kreditthema von *Marchet* über seine Reiseeindrücke informiert worden sein.

Wie schon erwähnt, berichtete *Marchet* ausführlich über seine Studienreise. Ausgehend von der Würdigung der Person *Raiffeisens* und der Nennung seines Buches über Darlehenskassenvereine (Statuten im Anhang auf Seite 116), das im Herbst 1872 in zweiter Auflage erschienen war[19], schälte er den Unterschied zwischen den Vorschußkassenvereinen nach *Schulze-Delitzsch* und den Darlehenskassenvereinen nach *Raiffeisen* heraus. Ausführlich behandelte *Marchet* dabei das Fehlen des Geschäftsanteils bei *Raiffeisen* und führte dies als positiv an. Er begründete dies damit, daß als Anreiz zum Beitritt bei einem Vorschußverein oft die Aussicht auf eine gute Dividende wäre. Fehle der Geschäftsanteil, so entfalle auch die Notwendigkeit zur Zahlung einer Dividende, so daß der Kredit günstiger zur Verfügung gestellt werden könne. So verrechneten die Volksbanken im Rheinland im Durchschnitt 8 % Zinsen für Ausleihungen, während bei den Raiffeisen-Vereinen mit 5 3/4 % das Auslangen gefunden werden könne[20]. Besonders positiv empfand *Marchet* die Erstreckung der Raiffeisen-Vereine auf ein kleines Gebiet, da dadurch die Mitglieder des Vereines sich genau kannten und über die Verhältnisse gegenseitig genau Bescheid wußten. Vorbildlich sei auch die Zusammenarbeit mit den landwirtschaftlichen Organisationen, die ihre Tätigkeit ebenfalls auf ein kleines Gebiet beschränkten[21]. Ein besonderer Vorteil der Vereine bestehe darin, daß sie das Entstehen weiterer Genos-

---

17 Verhandlungen des agrarischen Congresses in Wien 1873 (Wien 1873) 13

18 a.a.O. 119/20

19 Besprechungen des Buches veröffentlichte *Marchet* im Rahmen seiner Artikelserie in der "Wiener Landwirthschaftlichen Zeitung" und in der "Neuen Freien Presse" vom 25. November 1872 auf Seite 6 unter dem Titel "Zum landwirthschaftlichen Genossenschaftswesen".

20 *Marchet*, Zur Organisation (wie Anm. 15) 18. Jänner 1873 (19)

21 a.a.O. (20)

senschaften erleichterten, Untergenossenschaften bildeten, die beispielsweise den gemeinsamen Bezug landwirtschaftlicher Betriebsmittel und Konsumartikel pflegten. Der Hauptvorzug der Darlehenskassenvereine gegenüber den Volksbanken sei aber darin gelegen, daß diese nicht bloß auf drei Monate mit allenfalls möglicher Verlängerung Gelder verliehen, sondern daß sie bis zu zehn Jahren Kredite einräumten. Damit kamen die Raiffeisen-Vereine den Bedürfnissen der Landwirte entgegen, die oft über lange Zeit Kapital aufnehmen mußten, zum Beispiel wenn sie ein Grundstück erwerben wollten. In der Finanzierung der Raiffeisen-Vereine durch kurzfristig aufgenommene Anlehen sah *Marchet* keine Schwierigkeiten, da ihm in vielen Gesprächen von Vorstandsmitgliedern verschiedenster Vereine bestätigt worden war, daß in der Praxis die "Fristenkongruenz" keinerlei Schwierigkeiten verursache[22].

Die Berichterstattung *Marchets* über die Studienreise zu *Friedrich Wilhelm Raiffeisen* beeindruckte *Raiffeisen* so sehr, daß er mit Professor *Marchet* einen Briefwechsel begann, der bis zum Tode *Raiffeisens* anhalten sollte[23]. Es entstand zwischen den beiden Persönlichkeiten eine Freundschaft. *Raiffeisen* bezeichnete *Marchet* als einen Mann der Wissenschaft, der, unbeeinflußt von den Auseinandersetzungen des Systemstreites, objektiv für die Darlehenskassenvereine eintreten könne. *Marchet* tat dies und der erste Anlaß dazu war die Wiener Weltausstellung des Jahres 1873[24]. Auf Empfehlung *Raiffeisens* kam es dabei zu einer Zusammenkunft zwischen dem deutschen Kronprinzen *Friedrich Wilhelm* und *Marchet*, der im Auftrage *Raiffeisens* den Kronprinzen über die damals in Diskussion befindliche Idee einer zentralen Geldausgleichsstelle informierte. Die Person *Marchets* muß auch beim deutschen Kronprinzen Eindruck gemacht haben, denn es blieb nicht nur bei der Zusammenkunft im Rahmen der Wiener Weltausstellung.

---

22 *Gustav Marchet*, Zur Organisation (wie Anm. 15) 25. Jänner 1873 (31)

23 Nähere Informationen zu der Freundschaft zwischen *Raiffeisen* und *Marchet* enthält: *Wolfgang Werner*, Raiffeisenbriefe (wie Anm. 13). Hier insbesondere Seite 31 ff. - Marchets genossenschaftliches Wirken beschreibt derselbe Autor in: Professor Dr. Gustav Marchet. Ein Raiffeisenpionier aus Niederösterreich. In: Unsere Heimat, Jahrgang 1989 (275 ff)

24 Eine Information bietet: *Jutta Pemsel*, Die Wiener Weltausstellung von 1873 (Wien 1989) sowie die Dissertation der genannten Autorin: Die Wiener Weltausstellung vom Jahre 1873 und ihre Bedeutung für die Entfaltung des Wiener Kulturlebens in der franzisco-josephinischen Epoche. Eine historische Studie, Diss. Univ. Wien (Wien 1983). Über die Landwirtschaft informiert: k. k. Ackerbauministerium (Hrsg.), Die Bodencultur auf der Wiener Weltausstellung 1873, 3 Bände (Wien 1874)

Die Zusammenarbeit von *Raiffeisen* und *Marchet* führte auch dazu, daß Raiffeisen Professor *Marchet* um eine Stellungnahme zum Systemstreit ersuchte, die *Marchet* 1874 in *Komers* "Jahrbuch für österreichische Landwirte" veröffentlichte[25]. Alle diese Aktivitäten waren Anlaß, daß *Marchet*, der inzwischen auch Dozent an der Hochschule für Bodenkultur geworden war, vom Ackerbauminister zum Referenten für das landwirtschaftliche Kreditwesen 1873 ernannt worden war[26].

Die Empfehlungen des agrarischen Kongresses, die unter anderem auch die wichtige Frage des landwirtschaftlichen Unterrichtes beinhalteten, fanden ein reges Presseecho, sogar in nichtlandwirtschaftlichen Zeitungen, in mehreren Fällen wurde sogar der Name *Raiffeisen* genannt[27]. Weiters veranlaßte das Ackerbauministerium, daß die Ergebnisse des Kongresses allen Landwirtschaftsgesellschaften und Landesregierungen der österreichischen Reichshälfte zugestellt wurden. Einzig der niederösterreichische Landtag nahm die Idee der Darlehenskassenvereine auf, vertagte allerdings das Thema auf die dritte Session 1874, um es allerdings dann nicht zu behandeln[28].

Dabei ist nicht zu vergessen, daß viele der Streitschriften des Systemstreites auch nach Österreich gelangten; vor allem die, die in Publikationen abgedruckt waren, die auch in Österreich ihre Bezieher und Leser hatten, wie dies bereits erwähnt wurde. Dies gilt auch für die Broschüre "Die ländlichen Darlehenskassenvereine in der Rheinprovinz (Sogenanntes System Raiffeisen)", die sogar in der "Wiener Landwirthschaft-

---

25 *Gustav Marchet*, Über landwirthschaftlichen Credit, in: Jahrbuch für österreichische Landwirthe, Jahrgang 1874 (267 ff), dieser Beitrag erschien auch als Sonderdruck.

26 Deutschfortschrittlicher Verein Baden bei Wien (Hrsg.) Dr. Gustav Marchet zu seinem sechzigsten Geburtstagsfeste (Baden 1906) 15. Die hier angegebene Jahreszahl ist falsch, *Marchet* war seit 1873 Beirat im Ackerbauministerium.

27 Obwohl nach der Wiener Landwirthschaftlichen Zeitung das Publikumsinteresse am Kongreß sehr gering war (Wiener Landwirthschaftliche Zeitung (25. 1. 1873) 29, Vom dritten Agrarcongresse I), brachten doch eine Reihe von Zeitungen und Zeitschriften teilweise sehr ausführliche Berichte, wobei überwiegend auch der Name Raiffeisen aufschien, so Wiener Landwirthschaftliche Zeitung (1. März 1873) 79, Vom dritten Agrarcongresse VI; Landwirthschaftliche Zeitung von und für Ober-Österreich (15. Februar 1873) 27, Der zweite Agrarcongress in Wien II; Monats-Blatt der k. k. Landwirthschafts-Gesellschaft in Salzburg (April 1873) 25, Anträge des agrarischen Congresses 1873; Mittheilungen über Gegenstände der Land-, Forst- und Hauswirthschaft (15) Februar 1873) 29, Der II. agrarische Congreß; Der steirische Landbote (6. Februar 1873) 21, Der dritte Agrar-Kongreß (ohne Nennung Raiffeisens); Der Oesterreichische Oekonomist (15. Februar 1873) 51, Der dritte österreichische Agrar-Congress. - Demgegenüber: Neue Freie Presse (18. Jänner 1873) 9, Resultate des Agrarcongresses (Offenbar soll das deutsche Genossenschaftswesen in Österreich kopiert werden).

28 Stenographische Protokolle des niederösterreichischen Landtages, IV. Wahlperiode, III. Session, 15. Sitzung, 17. Jänner 1874 (384)

lichen Zeitung" angekündigt wurde[29], allerdings mit kritischem Zusatz. Die *Schulze*-Anhänger verwiesen sicher auf diese negativen Stellungnahmen.

Auf fruchtbareren Boden fiel die Empfehlung des Agrarkongresses bei der Landwirtschaftsgesellschaft Wien. Noch 1873 wurde der Beschluß gefaßt, Vorschußkassen gemäß den Bedürfnissen der Landwirtschaft einzurichten[30]. Im Jänner 1874 begannen die Beratungen unter Zuhilfenahme von Vorschlägen, die *Marchet* erstattet hatte[31]. Ausdrücklich sah das zu erstellende Musterstatut das Fehlen der Geschäftsanteile und die Verbindung mit einer Sparkasse vor[32]. Im Juli beendete das Komitee die Arbeit und veröffentlichte die Statuten (Statuten im Anhang auf Seite 128) in der Zeitschrift der Gesellschaft[33].

Gleichzeitig übersandte die Gesellschaft die Statuten dem Innen- und Handelsministerium zur Genehmigung. Während das Handelsministerium keinen Einwand erhob[34], kritisierte das Innenministerium die Verbindung einer Kreditgenossenschaft mit einer Sparkasse, da für die Sparkassen einzig das Sparkassenregulativ aus dem Jahre 1844[35] anzuwenden sei. Aber auch die Bestimmungen des Genossenschaftsgesetzes verletze der Entwurf, da zum Beispiel die laut Gesetz verbindlich vorgeschriebenen Geschäftsanteile nicht vorgesehen waren[36]. Das Komitee der Landwirtschaftsgesellschaft überarbeitete die Statuten

---

[29] Wiener Landwirthschaftliche Zeitung (9. August 1873) 310 Die ländlichen Darlehenskassenvereine in der Rheinprovinz (Sogenanntes System Raiffeisen). Einige kritische Bemerkungen von F. Nöll. - Bei der genannten Broschüre handelte es sich um einen Sonderdruck aus dem 11. Jahrgang der Zeitschrift "Der Arbeiterfreund" (Berlin 1873), dem Organ des Centralvereines für das Wohl der arbeitenden Klassen, die auch in Österreich verbreitet war.

[30] Österreichisches Staatsarchiv, Allgemeines Verwaltungsarchiv, k. k. Landwirthschaftsgesellschaft Wien (fortan abgek. AVAG) Zentralausschuß ex 1874, Verhandlungsprotokoll vom 2. Jänner 1874, Nr. 1452

[31] AVAG (wie Anm. 30), Zentralausschuß ex 1874 , Verhandlungsprotokoll vom 14. Jänner 1874, Nr. 1451

[32] AVAG (wie Anm. 30), Zentralausschuß ex 1874 , Verhandlungsprotokoll vom 18. Jänner 1874, Nr. 1453

[33] Verhandlungen und Mittheilungen der k. k. Landwirthschafts-Gesellschaft in Wien (28. Juli 1874) 57, Statuten der Darlehens- und Sparcassa

[34] AVAG (wie Anm. 30), Zentralausschuß ex 1874, Abschrift der Stellungnahme des k. k. Handelsministeriums PZ 10284/1200, Nr. 23760 vom 20. August 1874

[35] Regulativ enthalten in: Hauptverband der österreichischen Sparkassen (Hrsg.) 150 Jahre Sparkassen in Österreich, Band 1 Geschichte (Wien 1972) 260

[36] AVAG (wie Anm. 30), Zentralausschuß ex 1874 , Brief der k. k. Statthalterei Niederösterreich vom 18. Oktober 1874. Dieses Schreiben enthält auch die Inhalte des Erlasses des k. k. Ministeriums des Inneren Z 12176 vom 14. Oktober 1874

(Änderungen im Anhang auf Seite 139) unter der Leitung *Marchets*[37], um die Satzungen dann der niederösterreichischen Statthalterei und dem Innenministerium erneut vorzulegen. Auch das Ackerbauministerium schaltete man mit dem Ersuchen ein, für die Verbreitung der Statuten mit Hilfe der Bezirkshauptmannschaften zu sorgen, die auch bei der Errichtung der Vereine helfen sollten[38]. Die Unterstützung des Ministeriums erfolgte aber offenbar nicht, obwohl es 1874 und 1875 *Raiffeisens* Buch den landwirtschaftlichen Lehrkräften und gebildeten Lesern offiziell empfohlen hatte[39]. Und das Justizministerium lehnte erneut die Statuten ab und berief sich dabei auf das Genossenschaftsgesetz, das einzig die Genehmigung der Statuten den Gerichten zuwies[40].

Daher richtete der Zentralausschuß der Landwirtschaftsgesellschaft am 13. Juni 1876 erneut die Bitte an das Ackerbauministerium, seine guten Dienste einzusetzen, um mit Hilfe der Bezirkshauptmannschaften für die Verbreitung der Satzungen zu sorgen[41].

Das Ackerbauministerium selbst nahm jedoch im Sommer 1875 Beratungen zur Lösung des landwirtschaftlichen Kreditproblems auf. Ein von *Marchet* erstellter Vorschlag wurde mit einigen Änderungen angenommen, er sah die Einführung von landwirtschaftlichen Darlehens- und Sparvereinen nach dem Muster *Raiffeisen* vor. Da *Marchet* an der Erstellung der Statuten sowohl bei der Landwirthschafts-Gesellschaft Wien wie auch im Ackerbauministerium maßgeblich mitgearbeitet hatte, faßte er alle Entwürfe zusammen und veröffentlichte Anfang 1876

---

37 AVAG (wie Anm. 30), Präsidiale ex 1874 , Aktennotiz vom 30. 10. 1874

38 AVAG (wie Anm. 30), Präsidiale ex 1874 Nr. 1179 vom 15. 11. 1874

39 Steirischer Landbote (8. Jänner 1874) 2, Verzeichnis der Werke für landwirthschaftliche Fortbildungsschulen; Verhandlungen und Mittheilungen der k. k. Landwirthschafts-Gesellschaft in Wien (17. März 1874) 21, Mittheilungen an die landwirthschaftlichen Bezirksvereine; Mittheilungen des k. k. Ackerbauministeriums, 6. Heft 1875 (8/9), Verzeichnis der Werke für landwirthschaftliche Fortbildungsschulen

40 AVAM (wie Anm. 2) Signatur L 4 ex 1876, Schreiben des Centralausschusses der k. k. Landwirthschaftsgesellschaft Wien vom 13. Juni 1876

41 a.a.O. - Die Gesellschaft legte auch 50 Stück der überarbeiteten Statuten der Darlehens- und Spargenossenschaft zur Verteilung über die Bezirkshauptmannschaften bei. - Die k. k. Landwirtschaftsgesellschaft in Wien brachte ab 1875 wieder eine eigene, für Landwirte gedachte Zeitschrift heraus, die "Landwirthschaftliche Zeitschrift für Österreich unter der Enns". Im Inhaltsverzeichnis des Jahrganges 1876 scheint auf, daß in der Beilage Nr. 11 der Ausgabe vom 1. Juni 1876 auf Seite 88 ein Musterstatut für "Darlehen- und Sparcassen" enthalten war. Diese Angabe ist nicht zu verifizieren, da die Exemplare dieser Zeitschrift, die in der Wiener Universitätsbibliothek, in der Österreichischen Nationalbibliothek und in der Bodenkultur-Bibliothek aufliegen, die Beilagen nur zum Teil enthalten. Die Angabe "Sparcassen" dürfte ein Fehler sein, da ja die revidierte Fassung im Titel die Angabe "Spargenossenschaft" trug.

eine eigene Publikation (Statuten im Anhang auf Seite 142) zum Thema Kreditvereine[42]. Die Vorschläge gingen über die Gründung von Ortsgenossenschaften hinaus, es waren auch Zentralgenossenschaften in den Kronländern vorgesehen, die Angelpunkte für die zu schaffenden Vereine sein sollten[43]. Lob zollte der "Oesterreichische Oeconomist" *Marchets* Vorschlägen, der die Einführung der Raiffeisenvereine in Österreich als sinnvoll ansah[44]. Staat und Gesellschaft müßten ein Interesse daran haben, daß der Kampf zwischen Groß- und Kleinbesitz nicht in eine Auseinandersetzung ausarte, die die Gesellschaft und damit den Staat zerstöre.

Marchets Zusammenfassung muß die offizielle Billigung des Ministeriums gefunden haben, denn sie sollte wenig später Basis von Versuchen sein, mit Hilfe des Ackerbauressorts die Idee der Darlehenskassenvereine in Galizien und Schlesien zu realisieren.

Diese eigenen Aktivitäten des Ministeriums waren aber die Ursache, daß das Ansuchen der k. k. Landwirthschafts-Gesellschaft Wien, für eine Verbreitung ihrer revidierten Statuten zu sorgen, ablehnend beschieden wurde[45].

Angeführt werden muß bei der Besprechung der Aktivitäten, die im Zuge des Agrarkongresses 1873 ins Rollen kamen, auch die weitere Information in Sachen *Raiffeisen* und Kreditgenossenschaften, die 1875 in der neugegründeten Zeitschrift "Oesterreichisches Landwirthschaftliches Wochenblatt" erfolgte. Die Beiträge befaßten sich mit der Zukunft des landwirtschaftlichen Genossenschaftswesens an sich[46], mit den Voraussetzungen der Kreditgenossenschaften[47] und deren Möglichkeit zur Lösung der Kreditfrage[48], mit Aspekten des Systemstreits[49] und mit dem Universalcharakter der deutschen Raiffeisenvereine und deren

---

[42] *Gustav Marchet*, Zur Organisation des landwirthschaftlichen Credites in Österreich (Wien 1876) III/IV

[43] a.a.O. (82 ff)

[44] Oesterreichischer Oekonomist (2. Jänner 1876) 6, Literatur

[45] AVAM (wie Anm. 2), Signatur L 4 ex 1876, PZ 7084/355 vom 16. Juni 1876

[46] *Gustav Marchet*, Die Zukunft des landwirthschaftlichen Genossenschaftswesens in Österreich I, in: Oesterreichisches Landwirthschaftliches Wochenblatt (fortan ÖLW) 15. Mai 1875 (231)

[47] *Gustav Marchet*, Die Zukunft des landwirthschaftlichen Genossenschaftswesens in Österreich II, in: ÖLW (wie Anm. 46) 26. Juni 1875 (303)

[48] *Friedrich Müller*, Ein Beitrag zur Lösung der landwirthschftlichen Credit-Frage, in: ÖLW (wie Anm. 46) 19. Juni 1875 (291)

[49] *Gustav Marchet*, Zur Bewegung in der Frage der Credit-Genossenschaften, in: ÖLW (wie Anm. 46) 23. October 1875 (508)

Wert für die Schaffung weiterer landwirtschaftlicher Genossenschaften, so der bäuerlichen Konsumvereine[50].

Eine kritische, wenn auch wohlwollende Wertung der Raiffeisenvereine veröffentlichte zudem das "Jahrbuch für österreichische Landwirthe" im Jahre 1876[51]. Angemerkt wird zum Beispiel, daß die finanzielle Fundierung der Vereine von Staats wegen erfolge, ihre Rückziehung könnte den Bestand der Organisation gefährden und für Kreditnehmer außerdem zu einer ungelegenen Zeit erfolgen. Diese Meinung stand allerdings im Gegensatz zu allen anderen Informationen über die Raiffeisenvereine, die den Aspekt einer "Staatsunterstützung" nicht erwähnten[52].

Es ist ohne weiteres daher der Schluß zulässig, daß nach dem agrarischen Kongreß 1873 durch die umfangreiche Berichterstattung in Österreichs Medien in den gebildeteren landwirtschaftlichen Kreisen das Wissen über *Friedrich Wilhelm Raiffeisen* und dessen Schöpfung sicherlich vorhanden war.

---

50 *R(udolf) Weidenhammer*, Die Entwicklung und Wirkung der landwirthschaftlichen Consumvereine II, in: ÖLW (wie Anm. 46) 29. Januar 1876 (49). Dieser Beitrag erschien auch in: Monats-Blatt der k. k. Landwirthschafts-Gesellschaft in Salzburg (April 1876) 25 f f

51 *F. Lirsch*, Das landwirthschaftliche Creditwesen, in: Jahrbuch für österreichische Landwirthe, Jahrgang 1876 (176)

52 *Otto Beck*, Die ländliche Kreditnoth und die Darlehenskassen im Regierungsbezirk Trier (Trier 1875) und *Theodor Kraus*, Die Raiffeisenschen Darlehenskassenvereine in der Rheinprovinz, 1. Heft (Bonn 1876), 2. Heft (Bonn 1877). Beide Werke enthalten weitere Literaturangaben.

4. Kapitel

Realisierungsversuche in Galizien und Schlesien

Eine Mißernte[1] führte im Spätherbst 1875 und Winter 1875/76 in Galizien zu einer außerordentlichen Notstandssituation[2], die Anlaß zu einem Hilfegesuch an die Regierung war[3]. Die Interpellation war Ursache dafür, daß am 15. März 1876 ein Gesetz erlassen wurde, das die Gewährung von Unterstützungen und Vorschüssen aus Staatsmitteln für die durch den Notstand heimgesuchten Gegenden des Königreiches Galizien vorsah[4]. Diese Situation wurde vom Ackerbauministerium zum Anlaß genommen, sich grundsätzlich mit der wirtschaftlichen Lage der unterentwickelten galizischen Landwirtschaft und des bäuerlichen Grundbesitzes auseinanderzusetzen und Verbesserungsvorschläge zu erstatten. Nach eingehender Diskussion der im steten Zunehmen begriffenen Exekutionen bei mittleren und kleineren Landwirten erkannte man als Hauptursache das Fehlen von den bäuerlichen Bedürfnissen angepaßten Krediten. So wertvoll man die ins Auge gefaßte Hilfe der Regierung ansah, so schwierig erschien eine daraus ableitbare grundsätzliche Besserstellung der Bauernschaft[5].

Ackerbauminister *Hieronymus Graf von Mannsfeld* akzeptierte daher den Vorschlag von *Marchet*, in Galizien die Einführung von Darlehenskassenvereinen zur Linderung der Kreditnot ins Auge zu fassen[6]. Damit sollte ein Ansatzpunkt zu einer günstigen Entwicklung des Kleingrundbesitzes geschaffen werden, da dann für die Beschaffung notwendiger Betriebsmittel, für den Ankauf von Vieh und Maschinen sowie für die Erwerbung von notwendigen Haushaltungsgegenständen eine Kapital-

---

1 *Josef Dumek*, Saatenstand- und Ernteberichte aus Österreich-Ungarn, in: Wiener Landwirthschaftliche Zeitung (fortan WrLZ), 7. August 1875 (328) und *Cornelius Suchodolski*, Saatenstand- und Ernteberichte aus Österreich-Ungarn, in: WrLZ, 11. September 1875 (379)

2 WrLZ (wie Anm. 1) 12. Februar 1876 (67) Die Nothlage in Galizien

3 Stenographische Protokolle über die Sitzungen des Hauses der Abgeordneten des österreichischen Reichsrathes, VIII. Session, 165. Sitzung vom 15. December 1875 (5762)

4 RGBl. Nr. 30/1876, Gesetz vom 15. März 1876 betreffend die Gewährung von Unterstützungen und Vorschüssen aus Staatsmitteln für die durch den Nothstand heimgesuchten Gegenden des Königreiches Galizien

5 Österreichisches Staatsarchiv, Allgemeines Verwaltungsarchiv, k. k. Ackerbauministerium (fortan AVAM) Signatur L 4 ex 1876, PZ 4587/226 vom April 1876

6 *Gustav Marchet*, Der Nothstand in Galizien, in: WrLZ (wie Anm. 1) 4. März 1876 (97/98)

quelle zur Verfügung stünde. So würde sich Staatshilfe und Selbsthilfe ergänzen[7].

In einem Schreiben an den Statthalter kündigte Ackerbauminister *Mannsfeld* die Entsendung von *Marchet* nach Lemberg an, damit dieser die Situation der Landbevölkerung an Ort und Stelle studiere und Vorschläge zur Einführung von Kreditgenossenschaften erstatte[8].

Im Mai 1876 führte dann *Marchet* seinen Auftrag durch und berichtete sodann dem Ackerbauminister über seine Vorschläge[9], die er einem Komitee erstattet hatte, das unter Vorsitz des Landmarschalls Graf *Dzieduszycki* zusammengetreten war. Diesem Komitee gehörten hochrangige Vertreter der Landwirtschaftsgesellschaft Lemberg, des galizischen Bodenkreditvereines, der Vorschußvereine für Großgrundbesitzer sowie Abgeordnete zum Landtag und zum Reichsrat und Beamte der galizischen Landesregierung an. Es wurde grundsätzlich die Meinung *Marchets* bestätigt, daß die Kreditbedürfnisse kleinerer und mittlerer Landwirte nicht ausreichend befriedigt werden konnten. Jedoch wurden die Leistungen der bestehenden Vorschußvereine nach *Schulze-Delitzsch* auch als Hilfseinrichtungen für die Landwirtschaft betont. Das Komitee konnte sich nicht für die von Ackerbauminister *Mannsfeld* gewünschte neue Organisation für den bäuerlichen Kredit entschließen und regte an, daß die österreichische Nationalbank Mittel zur Verfügung stellen sollte, damit die Sparkassen, die Rustikalkreditanstalt in Lemberg und die galizische Bodenkreditanstalt in Krakau mehr Mittel für bäuerliche Kredite zur Verfügung hätten. Man kam allerdings überein, aus Vertretern der galizischen Landesregierung und den landwirtschaftlichen Gesellschaften in Lemberg und Krakau ein Komitee einzurichten, das das landwirtschaftliche Kreditwesen prüfen sollte, das nach Meinung der Fachleute zum überwiegenden Teil durch das in Galizien vorhandene Wucherunwesen bedingt war.

Eine ähnliche Aktivität entfaltete *Marchet*, ebenfalls im Auftrag des Ackerbauministeriums, in Schlesien[10]. Auch in diesem Kronland war die Ernte 1875 schlecht ausgefallen[11], die Landwirtschaft war zudem vor allem bei der Tierhaltung unterentwickelt[12]. Wiederum fand eine En-

---

7 AVAM (wie Anm. 5) Signatur L 4 ex 1876, PZ 4587/226 vom April 1876

8 a.a.O., Briefentwurf Marchet vom 14. 4. 1876

9 AVAM (wie Anm. 5) Signatur L 4 ex 1876, PZ 6433/324 vom 11. Juni 1876

10 AVAM (wie Anm. 5) Signatur L 4 ex 1879, PZ 10. 076/412 vom 1. Juli 1876

11 *Josef Dumek*, Saatenstand- und Ernteberichte aus Österreich-Ungarn, in: WrLZ (wie Anm. 1) 17. Juli 1875 (300) und derselbe in: WrLZ 4. September 1875 (369)

12 WrLZ (wie Anm. 1) 3. Juni 1876 (268), Die Viehzucht in Schlesien

quete unter Vorsitz des Landespräsidenten Ritter *von Summer* statt, allerdings endete auch dieser Vorstoß ohne Erfolg[13].

Über den Versuch, in Galizien nach dem Vorbild *Raiffeisens* Darlehnskassenvereine zu errichten, gab es in den österreichischen Medien nur ein sehr geringes Echo. Dieses beschränkte sich auf das Organ des Allgemeinen Verbandes der Erwerbs- und Wirtschaftsgenossenschaften in Österreich, "Die Genossenschaft", die sich in einer zweiteiligen Artikelserie sehr kritisch mit den Absichten des Ackerbauministeriums bezüglich des landwirtschaftlichen Kredites auseinandersetzte[14]. Der Verfasser der Beiträge kam zu dem Ergebnis, daß die Wahl Galiziens eine Verlegenheitslösung gewesen sei, da sich in Niederösterreich, Steiermark, Mähren und Böhmen Fachleute gegen die Realisierung der Raiffeisen-Idee ausgesprochen hätten. In Galizien selbst sei aber die Errichtung von Raiffeisen-Vereinen nicht notwendig, da dort eine sehr gut funktionierende Vorschußkassen-Organisation existiere.

Im Jahre 1875 gab es in Galizien 74 Vorschußkassen, die mindestens bereits ein Jahr bestanden. Die Genossenschaften zeichneten sich aber meist durch hohe Dividenden aus, 10 % waren üblich, es kamen aber 15, 20, ja selbst 30 % Dividende vor. Dies geschah einerseits deshalb, weil man Kapitalanleger zum Eintritt in die Genossenschaften gewinnen wollte, andererseits war dies in der Tatsache begründet, daß Genossenschaften hohe Zinssätze für Darlehen verrechneten. Diese waren im Schnitt 10 %, nicht selten aber höher[15].

Im Jahr 1877 setzte sich eine Abhandlung ausführlich mit der Verschuldung des galizischen Grundbesitzes auseinander[16]. In diesem Aufsatz ist nachzulesen, daß im Jahre 1873 der galizische Landtag einen Beschluß faßte, dem Landesausschuß den Auftrag zu erteilen, nach den Ursachen der allgemeinen Verarmung der Landbevölkerung zu forschen. 1875 wurde dann eine Kreditenquete ins Leben gerufen, um die Kreditverhältnisse eingehend zu prüfen und nach Mitteln zu suchen, welche geeignet waren, dem Wucher entgegenzuarbeiten und den Kleingrundbesitzern günstige Kreditquellen zu erschließen. Daher waren die Bemühungen des Ackerbauministeriums, die Kreditverhältnisse in

---

13 AVAM (wie Anm. 5) Signatur L 4 ex 1879, PZ 10. 076/412 Stellungnahme III vom 28. Juni 1876

14 Die Genossenschaft (10. Juni 1876) 115 ff, Das Ackerbauministerium und der landwirthschaftliche Credit, Teil II

15 Statistische Monatschrift, Heft 2/1876 (501), Die Erwerbs- und Wirthschaftsgenossenschaften in Galizien im Jahre 1875/76

16 *M(ieczystan) Marasse*, Über die Verschuldung des galizischen Grundbesitzes im Jahre 1875, in: Statistische Monatschrift, Heft 3/1877 (406 ff)

Galizien zu erheben und Lösungsvorschläge zu erstellen, durchaus sinnvoll. Der Beschluß, die von *Marchet* vorgeschlagene neue Kreditorganisation nicht zu realisieren und statt dessen die bestehenden Kreditvereine auszubauen, wird in dem Beitrag als nicht zielführend angesehen.

Die Gegnerschaft der österreichischen Vorschußkassenvereine zu den ins Auge gefaßten Darlehenskassenvereinen nach *Raiffeisen*[17] dokumentierte auch der vierte Vereinstag der österreichischen Erwerbs- und Wirtschaftsgenossenschaften, der sich vehement gegen die Realisierung von Raiffeisen-Vereinen in Österreich aussprach[18]. Diese Verurteilung wurde allerdings nicht von allen Kreisen der Wirtschaft geteilt, so sprach sich der "Oekonomist" schon im August 1876 für *Raiffeisen* aus[19].

Marchet war jedoch nach wie vor von der Richtigkeit der Raiffeisen-Idee und der Notwendigkeit dieser Vereine auch in Österreich überzeugt. Das Interesse an seiner Arbeit bezeugte sogar eine deutsche Studie[20], die auch deshalb von besonderem Interesse war, weil sie wertvolles statistisches Material über die Darlehenskassenvereine enthielt[21]. Die Aktivitäten in Galizien und Schlesien führte weiters der offizielle Tätigkeitsbericht des Ackerbauministeriums an[22]. So veröffentlichte *Marchet* 1878 die Abhandlung "Der Credit des Landwirthes", in der er die Diskussion der letzten Jahre, also auch den genossenschaftlichen Systemstreit, zusammenfaßte, bewertete und wiederum

---

17 Die Genossenschaft (5. Juni 1875) 111 ff, Das Ackerbauministerium und das Genossenschaftswesen. - Der Beitrag erscheint tendenziös, da das Ackerbauministerium durchaus auch für Vereine nach den Grundgedanken Schulzes offen war. So die Berichte: Mittheilungen des kaiserl. königl. Ackerbau-Ministeriums Nr. 11/1874 (9 ff), Statuten der registrierten Genossenschaft für Landwirthe in Eggendorf und Zillingdorf und Nr. 9/1875 (10 ff), Statut der registrierten landwirthschaftlichen Genossenschaft der Gemeinde Storzendorf mit Dörfl. - Ein Bericht über Eggendorf und Zillingdorf erschien auch in: WrLZ (wie Anm. 1) 6. Februar 1875 (47) Genossenschaft der Landwirthe in Eggendorf und Zillingdorf

18 Die Genossenschaft (18. November 1876) 213/15, Die Raiffeisenschen Darlehenskassen-Vereine auf dem vierten Allgemeinen Vereinstage und Oesterreichisches Landwirthschaftliches Wochenblatt (30. September 1876) 471, Raiffeisen und Schulze-Delitzsch auf dem IV. Vereinstage des allgemeinen Verbandes der deutschen Erwerbs- und Wirthschaftsgenossenschaften in Österreich, abgehalten am 24., 25. und 26. September d. J. in Smichow bei Prag.

19 Der Oesterreichische Oekonomist (13. August 1876) 2, Schulze-Delitzsch oder Raiffeisen? II

20 *Theodor Kraus*, Die Raiffeisenschen Darlehenskassenvereine in der Rheinprovinz, II. Heft, Kritische Bemerkungen (Bonn 1877) 75/77

21 a.a.O., I. Heft, Statistik und Beschreibung (Bonn 1876)

22 Bericht über die Thätigkeit des k. k. Ackerbauministeriums in der Zeit vom 1. Juli 1875 bis 31. December 1876 (Wien 1877) 272/73

Vorschläge zur Realisierung der Raiffeisen-Idee in Österreich erstattete[23].

Das Scheitern in Galizien und Schlesien, beziehungsweise die Kritik, die vermutlich an Ackerbauminister *Mannsfeld* herangetragen wurde, waren sicher Anlaß dafür, daß der Ackerbauminister den Justizminister um Prüfung der Statutenentwürfe, die in der von *Marchet* 1876 veröffentlichten Broschüre enthalten waren, ersuchte[24]. Die entsprechende Expertise des Justizministeriums wurde im September 1876 dem Ackerbauminister übergeben, und diese fiel nicht positiv aus[25]. Das Justizministerium bemängelte einige Bestimmungen der Statuten (Vorschläge im Anhang auf Seite 154), die nicht mit dem österreichischen Genossenschaftsgesetz übereinstimmten und zweifelte grundsätzlich an der Realisierbarkeit der Darlehenskassenvereine. Die vorgelegten Musterstatuten orientierten sich nach Meinung des Justizministeriums allzu sehr an deutschen Verhältnissen und wurden der ganzen Organisation nach für die österreichischen bäuerlichen Verhältnisse als zu kompliziert empfunden[26]. Man riet daher, sich an die Erfahrung der Vorschußvereine in Rußland zu halten, die in einer Veröffentlichung im Jahre 1874[27] wiedergegeben worden waren (Statuten im Anhang auf Seite 156). Die Verhältnisse in Galizien seien an sich mit den Verhältnissen in Rußland vergleichbar, so daß sich die Übernahme der in Rußland bewährten Vereine auch in Galizien empfehle.

So unrecht hatte das Justizministerium mit dieser Stellungnahme nicht, denn der Bildungsstand der Landwirte in den österreichischen Ländern war, wie schon erwähnt, ein bescheidener, selbst in den Kern-

---

23 *Gustav Marchet*, Der Credit des Landwirthes, in: Landwirthschaftliche Jahrbücher, Zeitschrift für wissenschaftliche Landwirthschaft und Archiv des Königlich Preußischen Landes-Oekonomie-Kollegiums, Siebenter Band (Berlin 1878) 341 ff. Auch als Sonderdruck erschienen: derselbe, Der Kredit des Landwirthes (Berlin 1878)

24 AVAM (wie Anm. 5) Signatur L 4 ex 1879, PZ 8780/420 vom Juli 1876

25 Am 12. August 1879 trat *Julius Graf von Falkenhayn* sein Amt als Ackerbauminister an. Der Minister wollte sich offenbar über die bisherige Arbeit des Ministeriums auf dem Gebiet des landwirtschaftlichen Kredites informieren, jedoch die Akten über die Realisierungsversuche in Galizien und Schlesien waren zum Teil nicht auffindbar. Ein Hinweis, daß Minister *Hieronymus Graf von Mannsfeld* den Justizminister über diese Tätigkeit benachrichtigt hatte, veranlaßte eine Rückfrage *Falkenhayns* im Justizministerium. Das hatte Erfolg, *Falkenhayn* erhielt das gewünschte Aktenmaterial, welches auch ein rechtliches Gutachten über die Marchet-Statuten des Jahres 1876 beinhaltete.

26 AVAM (wie Anm. 5) Signatur L 4 ex 1879, PZ 8780/420 Beilage Justizministerium Nr. 9707 vom 23. September 1876

27 *P. Schwanebach*, Die Vorschuß-Vereine in Rußland (Separatabdruck aus der "Russischen Revue" Band III, Heft 12) St. Petersburg 1874

landen[28]. Auch fehlte es an einer Trägerorganisation, die, ähnlich wie in Rheinpreußen, für eine Verbreitung der genossenschaftlichen Ideen und damit auch für die Realisierung der Raiffeisenvereine eintrat[29]. Die Gründung von Ortsvereinen der Landwirtschaftsgesellschaften, der Kasinos, stand erst am Anfang[30], und die Entwicklung des landwirtschaftlichen Genossenschaftswesens setzte erst allmählich ein[31].

Allerdings, die Problematik des landwirtschaftlichen Kredites blieb eines der wichtigsten Themen der damaligen Agrarpolitik. Eine grundsätzliche Erörterung der Besonderheiten der agrarischen Kredite erschien 1878 aus der Feder des angesehenen Fachmannes *Anton Emanuel Komers*. Bei der Erörterung der Möglichkeiten der Selbsthilfe

---

[28] Nachdem der Agrarische Kongreß 1873 eine Reihe von Empfehlungen zur Verbesserung des landwirtschaftlichen Unterrichtes abgegeben hatte (vgl. Verhandlungen des agrarischen Congresses in Wien 1873 (Wien 1873) 174 ff), versuchte in Folge das Ackerbauministerium primär durch legistische Maßnahmen eine Verbesserung der Bildungsmaßnahmen herbeizuführen. Eine Zusammenstellung dieser Bemühungen ist im ersten Heft der 1887 begründeten "Land- und Forstwirthschaftlichen Unterrichts-Zeitung" enthalten (vgl. Land- und Forstwirthschaftliche Unterrichts-Zeitung, I. Jahrgang 1887 (7) Die wichtigeren Normalien für die niederen und mittleren landwirthschaftlichen Lehranstalten). Unterstützt wurden diese Aktivitäten durch Beratungen der Schulleute selbst (vgl. Verhandlungen und Verfügungen des k. k. Ackerbauministeriums über die Regelung der Ackerbauschulen und landwirthschaftlichen Mittelschulen (Wien 1873)). Alle diese Anstrengungen waren nur von bescheidenen Erfolgen gekrönt (vgl. Verhandlungen des Oesterreichischen Agrartages 1879 (Wien o. J.) 210/11), zu schaffen machte die Einstellung der Landwirte, nicht gerade das intelligenteste Kind den Bauernberuf erlernen zu lassen (vgl. *Wilhelm Ritter von Hamm*, Einst und Jetzt oder: Wie man vor vierzig Jahren Landwirt wurde. Vortrag, gehalten in der gründenden Versammlung des Klubs der Landwirte in Wien am 11. März 1875. In: Fünfzig Jahre Klub der Land- und Forstwirte, 1875 - 1925 (Wien 1925) 40). Und landwirtschaftliche Bildungseinrichtungen gab es sehr wenige (Eine Übersicht nach dem Stand März 1876 bietet: Statistisches Jahrbuch des k. k. Ackerbau-Ministeriums für 1875, drittes Heft. Unterrichts- und Versuchswesen, dann Gesellschaften und Vereine für Land- und Forstwirthschaft (Wien 1876) 1).

[29] Der Praktische Landwirth (fortan abgek. PL), Nr. 44/1877 (702) Sonntagsbetrachtungen des Praktischen Landwirthes. Wenn wir nur ein Dorfcasino hätten! - *Gabriel Belleville*, Die landwirthschaftliche Plauderstube, in: Kalender für den österreichischen Landmann auf das Schaltjahr 1876 (Wien o. J.) 86 ff; *August Oncken* , Oesterreichische Agrarier, Teil I - III, in: Oesterreichisches Landwirthschaftliches Wochenblatt (9. December 1876) 589, (16. December 1876) 601, (23. December 1876) 613

[30] Einen Überblick über den Stand der landwirtschaftlichen Organisationen bietet: Statistisches Jahrbuch des k. k. Ackerbau-Ministeriums für 1875, drittes Heft. Unterrichts- und Versuchswesen, dann Gesellschaften und Vereine für Land- und Forstwirthschaft (Wien 1876) 155 ff

[31] 1875/76 begann vor allem die genossenschaftliche Entwicklung mit Maschinengenossenschaften. Die Gründung von Milchverwertungsgenossenschaften versuchte das Ackerbauministerium mit Preisausschreiben zu fördern. Siehe: Bericht über die Thätigkeit des k. k. Ackerbauministeriums in der Zeit vom 1. Juli 1875 bis 31. Dezember 1876 (Wien 1877) 54 und 59

führte der Autor auch die Darlehenskassenvereine nach *Raiffeisen* an[32], die sich seiner Information nach in den preußischen Provinzen Rheinpreußen und Westfalen steter Zunahme erfreuten.

Im Dezember 1880 erfolgte in der Zeitschrift "Der Praktische Landwirth" eine ausführliche Darlegung der Grundsätze der Darlehenskassenvereine und zwar auf Grundlage eines Vortrages, den *F. W. Raiffeisen* am 28. Oktober 1880 in Stuttgart gehalten hatte[33]. Diese Veröffentlichung ist deshalb bemerkenswert, weil erstmalig eine Publikation das Thema *Raiffeisen* aufgriff, die auch unter den einfacheren Landwirten Österreichs eine gewisse Verbreitung hatte, so wurde sie vielfach von landwirtschaftlichen Vereinen bezogen[34].

Der Beitrag begann mit der Begründung der Notwendigkeit eines überschaubaren Einzugsgebietes, mit den Rechten und Pflichten der Mitglieder, der Besprechung von Vorstand und Aufsichtsrat. Weiters wurden die Modalitäten der Kreditgewährung und die Frage des Geschäftsanteiles erörtert[35]. *Raiffeisen* wurde dann im Hinblick auf die sinnvolle Kreditverwendung zitiert, wobei man auch die Zinssätze für Ausleihungen und Ansparungen erläuterte[36]. Angeführt wurde weiters die Aussage *Raiffeisens*, daß seine Vereine auch Keimzellen für Untergenossenschaften darstellten, so für den gemeinsamen Bezug von Betriebsmitteln und für den gemeinsamen Verkauf von landwirtschaftlichen Erzeugnissen. Dem sozialen Wirken der Vereine widmete der (anonyme) Verfasser breiten Raum, indem er besonders auf die ausgleichende Funktion zwischen Arm und Reich und auf die Wirksamkeit der Vereine gegen die Agitation der Sozialdemokratie hinwies[37].

Im Anschluß an die Darlegung der Raiffeisen-Idee erschien 1881 ein Musterstatut (Statuten im Anhang auf Seite 171) eines Darlehens- und

---

32 *A(nton) E(manuel) Komers*, Beitrag zur Lösung der landwirthschaftlichen Kreditfrage, in: Jahrbuch für österreichische Landwirthe, Jahrgang 1878 (415)

33 PL (wie Anm. 29) 9. Dezember 1880 (637), Über ländliche Darlehenscassenvereine I, Teil II 16. Dezember 1880 (649), Teil III 23. Dezember 1880 (665)

34 WrLZ (wie Anm. 1) 8. Jänner 1876 (16) Die landw. Journalistik in Österreich. - Die Auflage des "Praktischen Landwirthes" betrug 1872 7300 Stück (Mittheilungen über Gegenstände der Land-, Forst- und Hauswirthschaft) Jahrgang 1872 (15). April 1872) 72

35 PL (wie Anm. 29) 9. Dezember 1880 (637), Über ländliche Darlehenscassenvereine I

36 a.a.O., Teil II (16. Dezember 1880) 649

37 a.a.O., Teil III (23. Dezember 1880) 665

Sparkassenvereines[38], ebenfalls ohne Kennzeichnung durch einen Autor. Im Vorwort wird erwähnt, der Statutenentwurf werde deshalb veröffentlicht, weil viele Leser dies gewünscht hätten. *Raiffeisen* stieß offenbar auf besonderes Interesse.

Für einige Bezieher des "Praktischen Landwirthes" fand diese Berichterstattung eine wertvolle Ergänzung, denn die im gleichen Verlag erscheinende "Wiener Landwirthschaftliche Zeitung"[39] veröffentlichte ein Jahr später die Besprechung der dritten Auflage von *Raiffeisens* Buch über die Darlehenskassenvereine[40]. 1884 erfolgte die Ankündigung der von *Raiffeisen* verfaßten kurzen Anleitung zur Gründung von Darlehenskassen[41], ein statistischer Bericht über den Stand der Organisation in Deutschland[42] und ein Hinweis auf die Gründung von Vereinen in Italien[43].

Das Ackerbauministerium unter Minister *Falkenhayn*, der seit 1879 im Amt war, setzte aber seine Prioritäten neben vielen legistischen Maßnahmen, die vor allem den Grundzusammenlegungen und den Meliorationen galten, vor allem in Maßnahmen zur Förderung des Unterrichtswesens[44]. Obwohl das Ministerium 1879 Erkundigungen über den Stand der deutschen Kreditorganisationen einholte[45], be-

---

38 PL (wie Anm. 29) 26. Mai 1881 (285) Statutenentwurf eines Darlehens- und Sparcassenvereines. Der Autor des Beitrages ist nicht genannt, ich neige dazu, *Marchet* als Verfasser anzunehmen, da er zum Hitschmann-Verlag enge Kontakte hatte und einfach der Fachmann war. - Interesse verdient der Hinweis, daß auf diese Statuten auch in einem Handbuch für Großgrundbesitzer aufmerksam gemacht wurde. Siehe: *Franz Günther*, Der Oesterreichische Großgrundbesitzer. Ein Handbuch für den Großgrundbesitzer und Domainebeamten (Wien 1883) 296

39 Die "Wiener Landwirthschaftliche Zeitung" ging 1868 aus der 1851 von der k. k. Landwirthschafts-Gesellschaft Wien gegründeten "Allgemeinen land- und forstwirthschaftlichen Zeitung" hervor. 1868 übernahm sie der bisherige Redakteur *Hugo Hitschmann*, die Gesellschaft blieb noch bis Ende 1869 Herausgeber. Diese Zeitung war das führende agrarpolitische Blatt der Monarchie. Im Hitschmann-Verlag erschienen überdies auch andere land- und forstwirtschaftliche Publikationen, so der 1864 noch von der Gesellschaft gegründete "Praktische Landwirth" seit 1870 und ab 1878 "Der Oekonom".

40 *G(ustav) Marchet*, F. W. Raiffeisen. Die Darlehenscassenvereine, in: WrLZ (wie Anm. 1) 21. Jänner 1882 (44)

41 *G(ustav) Marchet*, F. W. Raiffeisen. Kurze Anleitung zur Gründung von Darlehenscassenvereinen, in WrLZ (wie Anm. 1) 20. Februar 1884 (117)

42 WrLZ (wie Anm. 1) 17. Mai 1884 (325), Die Raiffeisenschen Darlehenscassenvereine in Deutschland

43 *G(ustav) Marchet*, Raiffeisensche Darlehenscassen in Italien, in: WrLZ (wie Anm. 1) 5. Jänner 1884 (13)

44 Bundesministerium für Land- und Forstwirtschaft (Hrsg.) 100 Jahre Landwirtschaftsministerium (Wien 1967) 69/70

45 AVAM (wie Anm. 5) Signatur L 4 ex 1879, PZ 2415/877 vom 8. September 1879

schränkte sich dann die Tätigkeit im Sektor des landwirtschaftlichen Kreditwesens auf das Beobachten, es schien nicht angebracht, eigene Aktivitäten zu entfalten[46]. Interessant in diesem Zusammenhang ist allerdings, daß der Durchbruch der Raiffeisen-Idee in Österreich gerade in der Ära *Falkenhayn* erfolgen sollte.

[46] Bericht über die Thätigkeit des k. k. Ackerbauministeriums in der Zeit vom 1. Jänner 1881 bis 31. December 1886 (Wien 1888) 356

5. Kapitel

Raiffeisen in Politik und Wissenschaft

Die soeben erwähnten legistischen Aktivitäten des Ackerbauministeriums in der Ära *Falkenhayn* wurden zum überwiegenden Teil durch das Abgeordnetenhaus veranlaßt. Die immer fühlbarer werdende ausländische Konkurrenz[1] war nur eine Ursache des immer mehr sich in den Mittelpunkt des Interesses rückenden Niederganges des Bauernstandes. Mit dieser Situation befaßten sich zahlreiche Stellungnahmen und Anfragen im österreichischen Abgeordnetenhaus[2], für Überlegungen im Zusammenhang mit *Raiffeisen* ist die Anfrage des Abgeordneten *Hohenwart* vom Dezember 1880 von besonderem Interesse. Er richtete seine Interpellation an den Ministerpräsidenten, um in Erfahrung zu bringen, welche Vorhaben die Regierung plane, um der bedrängten Landwirtschaft Unterstützung zu geben[3].

Die Beantwortung der Anfrage durch Ministerpräsident *Taaffe* vom Jänner 1881[4] ist deshalb so bemerkenswert, weil sie die Hauptprobleme der damaligen Landwirtschaft und die ins Auge gefaßten legistischen Hilfen im Detail auflistete. Die Hauptschwierigkeiten lagen demnach in der 1868 und 1869 durch Landesgesetze beschlossenen Aufhebung der Beschränkungen des freien Verkehrs von Grund und Boden und weiters in der Teilbarkeit der landwirtschaftlichen Betriebe[5], die eine vollkommene Umgestaltung ihrer Verhältnisse bewirkte. Diese Änderungen

---

1 *Anton Tausche*, Von den billigen Getreidepreisen, in: Der Praktische Landwirth (22. Jänner 1879) 37; Der Praktische Landwirth (26. Februar 1879) 101, An die Landwirthe Österreich-Ungarns; *Karl Jicinsky*, Über die Berechtigung des Kampfes zwischen Freihandel und Schutzzoll, mit Rücksicht auf die eigenthümlichen Grundlagen des Ackerbaues, in: Jahrbuch für österreichische Landwirthe Jahrgang 1879 (93 ff); *Farkac*, Der internationale Getreidehandel, in: Jahrbuch für österreichische Landwirthe, Jahrgang 1879 (113 ff); *Alexander Peez*, Die Amerikanische Concurrenz (Wien 1881); *Therese Kraus*, Bauern (Wien 1981) 12; *Wolfgang Werner*, Die Anfänge der Raiffeisen-Lagerhausorganisation in Niederösterreich, in: Unsere Heimat, Jahrgang 1990 (184)

2 In der VIII. Session (1874/79) des Hauses der Abgeordneten wurden zum Beispiel folgende agrarpolitisch relevanten Themen behandelt: Steuerfragen hinsichtlich Grund-, Gebäude- und Personaleinkommenssteuer, Arrondierung und Kommassierung, Handelspolitik und Zollfragen, Schutz vor Viehseuchen, Gesetzentwurf bezüglich Unredlichkeit bei Kreditgeschäften, Entschädigung bei Grundabtretungen beim Eisenbahnbau

3 Verhandlungen des Hauses der Abgeordneten des österreichischen Reichsrathes (fortan VAR) 98. Sitzung der 9. Session am 4. Dezember 1880 (3440)

4 VAR (wie Anm. 3) 106. Sitzung der 9. Session am 25. Jänner 1881 (3729)

5 *Franz Sommeregger*, Die Wege und Ziele der österreichischen Agrarpolitik seit der Grundentlastung, Soziale Studien, 3. Heft (Wien 1912) (65/67)

führten zu der Notwendigkeit der Auszahlung im Erbfalle, die vollkommen neue Ansprüche an den Kapitalverkehr der Landwirtschaft stellten. Die Aufhebung der Gesetze gegen den Wucher[6] trug ebenfalls zu einer Verschärfung der bäuerlichen Kreditfrage bei.

So plante die Regierung gesetzliche Maßnahmen für besondere Erbteilungsvorschriften und Abhilfe gegen unredliche Vorgänge bei Kreditgeschäften[7].

Da die Arbeiten an den vorgeschlagenen Maßnahmen sich in die Länge zogen, kam es im Februar 1884 zu einer weiteren Anfrage durch den Fürsten *Liechtenstein*[8], um den derzeitigen Stand der Vorhaben zu erkunden. Daraufhin richtete der Ackerbauminister Graf *Falkenhayn* im März des gleichen Jahres eine Mitteilung an das Abgeordnetenhaus, in der er einen Gesetzentwurf über die Einführung besonderer Erbteilungsvorschriften für landwirtschaftliche Besitzungen mittlerer Größe samt Beilagen übermittelte[9].

Das Ackerbauministerium hatte zur umfassenden Darstellung des Sachverhaltes eine Vielfalt von Stellungnahmen und Gutachten eingeholt, um besonders die Rolle der Exekutionsverfahren im Zusammenhang mit Erbteilungen beziehungsweise Auszahlungen von Geschwistern näher zu untersuchen. So nahmen die Professoren Dr. *Lorenz von Stein*, Dr. *Marchet* und Dr. *Inama-Sternegg* Stellung. Während sich das Gutachten von Professor *Inama-Sternegg*[10] sehr intensiv mit der Rolle der Fähigkeiten eines Landwirtes auseinandersetzte, nannten *Stein*[11] und *Marchet*[12] Darlehenskassenvereine nach Raiffeisen als empfehlens-

---

6 Wiener Landwirthschaftliche Zeitung (22. November 1879) 467, Wuchergesetz und Landwirthschaft sowie folgende Publikationen: *Heinrich Jaques*, Die Wuchergesetzgebung und das Civil- und Strafrecht (Wien 1867); *Carl Graf Chorinsky*, Der Wucher in Österreich (Wien 1877); *Lorenz v. Stein*, Der Wucher und sein Recht (Wien 1880); Verein für Socialpolitik (Hrsg.), Der Wucher auf dem Lande (Leipzig 1887)

7 VAR (wie Anm. 3) 106. Sitzung der 9. Session am 25. Jänner 1881 (3730/31)

8 VAR (wie Anm. 3) 332. Sitzung der 9. Session am 14. Februar 1884 (11505)

9 VAR (wie Anm. 3) 338. Sitzung der 9. Session am 7. März 1884 (11734)

10 872 der Beilagen zu den stenographischen Protokollen des Hauses der Abgeordneten, IX. Session, Gutachten über die Reform der Erbfolge in landwirthschaftlichen Besitzungen, welche direkt an das Ackerbauministerium erstellt wurden. 3. Gutachten des k. k. Hofrathes und Directors der administrativen Statistik, Dr. *Karl Theodor v. Inama-Sternegg*, erstattet dem Ackerbauminister unterm 14. März 1882

11 a.a.O., 2. Gutachten des Dr. *Lorenz Ritter v. Stein*, o. ö. Professor der Staatswissenschaften an der k. k. Universität Wien (abgedruckt in: *Lorenz v. Stein*, Bauerngut und Hufenrecht (Stuttgart 1882))

12 a.a.O., 5. Gutachten des Dr. *Gustav Marchet*, o. ö. Professor der Verwaltungs- und Rechtslehre an der k. k. Hochschule für Bodencultur in Wien, erstattet dem Ackerbauminister unterm 14. März 1882

wertes Mittel, Hilfen im Rahmen der Schuldentilgung bei Landwirten zu setzen.

Die Einholung wissenschaftlicher Gutachten durch das Abgeordnetenhaus soll die Frage initiieren, wie es denn überhaupt um Informationen über die Raiffeisen-Idee in auch in Österreich bekannten wissenschaftlichen Publikationen bestellt war. Zunächst sei die angesehene "Zeitschrift für die gesamte Staatswissenschaft" genannt, die über Darlehenskassenvereine nach *Raiffeisen* 1877[13], 1883[14] und 1884[15] detaillierte Berichte veröffentlichte. Die offiziellen "Landwirtschaftlichen Jahrbücher" informierten 1875 über die Praxis der Vereine[16], im gleichen Jahr auch über die neueste Entwicklung im Systemstreit[17], darüber nochmals 1876[18], und über den bereits angeführten Beitrag von Professor *Marchet* zum Thema Landwirtekredit im Jahre 1878 erfolgten weitere Praxisberichte[19]. Der Jahrgang 1882 lobte *Raiffeisen* in Professor *Schmollers* Beitrag über die Verschuldung der Landwirtschaft und deren mögliche Abhilfe[20]. Der Ergänzungsband 1882 enthielt eine Empfehlung für *Raiffeisen*[21], genauso wie der "Bericht des preußischen

---

13 *R. Proksch*, Bedenken bezüglich der Solidarhaft in den Genossenschaften, in: Zeitschrift für die gesamte Staatswissenschaft (fortan abgek. Staatswissenschaft) Jahrgang 1877 (338/39)

14 *G(ustav) Ruhland*, Gesellschaftliche Organisationen des landwirthschaftlichen Personalcredits, in: Staatswissenschaft (wie Anm. 13) Jahrgang 1883 (182)

15 Staatswissenschaft (wie Anm. 13) Jahrgang 1884 (436) Die neueste badische Agrarenquête

16 Verhandlungen der zwanzigsten Sitzungs-Periode des Königlichen Landes-Ökonomie-Kollegiums nebst dem Jahres-Bericht über den Zustand der Landes-Cultur in Preussen für das Jahr 1873, Supplement-Heft zu den Landwirthschaftlichen Jahrbüchern, Zeitschrift für wissenschaftliche Landwirthschaft und Archiv des Königlich Preußischen Landes-Oekonomie-Kollegiums (fortan LJB) III (Berlin 1875) 228: Geld- und Kreditwesen; sowie Jahres-Bericht über den Zustand der Landeskultur in Preussen für das Jahr 1874, Supplementheft zu den Landwirthschaftlichen Jahrbüchern, IV (Berlin 1875) 12: Geld und Kreditwesen

17 LJB (wie Anm. 16) Vierter Band (Berlin 1875) 549, Bericht der Enquete-Kommission über die Raiffeisenschen Darlehenskassen-Vereine; weiters: 723: Bemerkungen zu dem Bericht der Enquete-Kommission über die Raiffeisenschen Darlehens-Kassen-Vereine

18 *E(rwin) Nasse*, Der Bericht der Untersuchungskommission über die Raiffeisenschen Darlehenskassen-Vereine und die Kritik des Herrn Regierungsrath Nöll, in: LJB (wie Anm. 16), Fünfter Band, Berlin 1876 (557 ff)

19 LJB (wie Anm. 16) Jahrgang 1878, I. Supplement, Preussens Landwirthschaftliche Verwaltung in den Jahren 1875, 1876, 1877 (Berlin 1878) 202/03

20 *Gustav Schmoller*, Einige Bemerkungen über die zunehmende Verschuldung des deutschen Grundbesitzes und die Möglichkeit, ihr entgegen zu wirken, in: LJB (wie Anm. 16), Elfter Band (Berlin 1882) 625

21 LJB (wie Anm. 16) 1882, Supplement: Preussens Landwirthschaftliche Verwaltung in den Jahren 1878, 1879, 1880 (Berlin 1882) 224/25

Ministers für Landwirtschaft, Domänen und Forsten für die Jahre 1881 bis 1883"[22].

Auf großes Interesse stießen zwei deutsche Untersuchungen über die Lage der Landwirtschaft, die von Fachleuten auch als beispielhaft für die österreichischen Verhältnisse erklärt wurden[23]. Im Dezember 1881 beschloß der Verein für Sozialpolitik, eine Untersuchung über die bäuerlichen Zustände in Deutschland durchzuführen, eine Arbeit, die dann in drei Berichtbänden 1883 erschien. Hier wird anhand zahlreicher Beispiele das positive Wirken von Raiffeisen-Vereinen angeführt[24], genauso wie in den Berichtbänden über die Enquete der Badischen Regierung über die Lage der Landwirtschaft im Großherzogtum, die ebenfalls 1883 erschienen[25]. Beide Untersuchungen stießen bei Praktikern und Wissenschaftlern auf großes Interesse[26].

Auch wissenschaftliche Bücher brachten Informationen über *Raiffeisen*, so das Standardwerk der Betriebswirtschaft von *Settegast* "Die

---

22 LJB (wie Anm. 16) XIV. Band, Supplement I., Preussens landwirthschaftliche Verwaltung in den Jahren 1881, 1882, 1883 (Berlin 1885) 243/44

23 LXXXI der Beilagen zu den stenographischen Protokollen des niederösterreichischen Landtages, VI. Wahlperiode, Bericht des Gemeinde- und Verfassungs-Ausschusses über den Antrag der Abgeordneten Mitscha und Genossen wegen Erhebungen über den wirtschaftlichen Niedergang der bäuerlichen Bevölkerung, insbesondere über die Organisation des landwirtschaftlichen Creditwesens, eventuell Errichtung von ländlichen Spar- und Darlehenscassen-Vereinen (2)

24 Verein für Socialpolitik (Hrsg.) Bäuerliche Zustände in Deutschland (Leipzig 1883), 3 Bände. - Die Beispiele finden sich: 1. Band: Eisenacher Oberland (38, 48, 49), Weimarer Kreis (99), Regierungsbezirk Cassel (133), Regierungsbezirk Wiesbaden (175), Bürgermeisterei Altenkirchen (183) ; 2. Band: Regierungsbezirk Arnsberg (10), Königreich Sachsen (2 19); 3. Band : Kreis Oldenburg (57), Oberfranken (151), Mittelfranken (168)

25 Erhebung über die Lage der Landwirthschaft im Großherzogthum Baden 1883 veranstaltet durch das großherzogliche Ministerium des Inneren (Karlsruhe 1883) 3 Bände. - Die Beispiele finden sich: Dittwar Bd. I/II (17), Göhrwill Bd. III/XXVIII (10), Ichenheim Bd. II/XXI (13), Königsbach Bd. I/I (17), Michelbach Bd. II/XVII (7), Mingolsheim Bd. II/XIV (25), Neulußheim Bd. II/XI (23), Sindolsheim Bd. I/V (9), Sulzfeld Bd. I/X (14).

26 Verein für Socialpolitik: *Gustav Schmoller*, Die neuesten Publikationen über die Lage des preußischen und deutschen Bauernstandes, in: Jahrbuch für Gesetzgebung, Verwaltung und Volkswirthschaft im Deutschen Reich, Neue Folge, 7. Jahrgang (1883) 613 ff; Zeitschrift für die gesamte Staatswissenschaft, 39. Band (1883) 891, Bäuerliche Zustände in Deutschland. Berichte, veröffentlicht vom Verein für Socialpolitik, erster Band; *Gustav Marchet*, Bäuerliche Zustände in Deutschland I und II, in: Wiener Landwirthschaftliche Zeitung, I (14. November 1883) 713 und II (17. November 1883) 722; *W. Löbe*, Bäuerliche Creditverhältnisse, in: Oesterreichisches Landwirthschaftliches Wochenblatt (12. Mai 1883) 177. - Erhebung Baden: Zeitschrift für die gesamte Staatswissenschaft, 40. Band (1884) 413, Die neueste badische Agrarenquete; *A(ugust) v. Miaskowski*, Über die landwirtschaftlichen Enquêten der Neuzeit und ihre Resultate, in spezieller Rücksicht auf England, in: Jahrbuch für Gesetzgebung, Verwaltung und Volkswirthschaft im Deutschen Reich, Neue Folge, 9. Jahrgang (1885) 922 ff

Landwirtschaft und ihr Betrieb" im ersten Band, der 1875 herauskam[27]. Von Einfluß waren weiters drei Werke, die sich speziell mit dem landwirtschaftlichen Kredit an sich befaßten, so das Werk *Schäffles* über den Hypothekarkredit[28], *Gamps* Untersuchung über den landwirtschaftlichen Kredit[29] und *Schrauts* Publikation über die Organisation des Kredits[30]. Die letztgenannten beiden Werke waren theoretische Abhandlungen, die, ohne *Raiffeisen* zu nennen, die Richtigkeit der Idee der Raiffeisenschen Darlehenskassenvereine belegten. *Schäffle* jedoch nannte *Raiffeisen* ausdrücklich, für ihn konnten Kreditgenossenschaften nach *Raiffeisen* wichtige Einrichtungen sein, die auch die sachgemäße Verwendung von gewährten Krediten kontrollierten[31].

Das positive Wirken der Vereine bestritt *Ratzinger* in seiner Untersuchung über die sittlichen Grundlagen der Volkswirtschaft[32] nicht, er kritisierte aber die Höhe der verrechneten Zinssätze mit durchschnittlich fünf Prozent. *Ratzinger* bezeichnete diesen Satz sogar als wucherisch, da der Reinertrag der Landwirtschaft im Schnitt geringer war.

Eine praktische Anleitung zur Gründung von Raiffeisen-Genossenschaften sei ebenfalls angeführt, die von *Faßbender*, einem Mitarbeiter *Raiffeisens*, 1883 vorgelegt wurde[33]. Dieses Buch sollte bei der Realisierung der Raiffeisen-Idee in Niederösterreich von Bedeutung sein.

Raiffeisens Darlehenskassen erwähnte ferner ein Werk, das der österreichische Autor *Preser* 1884 verfaßt hatte. Thema des Buches war die Erhaltung des Bauernstandes im Zusammenhang mit dem Grundeigentum. *Preser* fand zwischen den Systemen *Schulzes* und *Raiffeisens* keinen Unterschied, er attestierte beiden Richtungen positives Wirken[34]. Angemerkt sei, daß die vierte Auflage der "Darlehenskassen-Vereine"[35] im Juli 1883 erschien (Statuten im Anhang auf Seite 183).

---

[27] *H(ermann) Settegast*, Die Landwirthschaft und ihr Betrieb, Erster Band (Breslau 1875) 176

[28] *Albert E. Schäffle*, Die Inkorporation des Hypothekarkredits (Tübingen 1883)

[29] *Gamp*, Der landwirthschaftliche Kredit (Berlin 1883)

[30] *Schraut*, Die Organisation des Kredits (Leipzig 1883)

[31] *Schäffle*, Inkorporation (wie Anm. 28) 85

[32] *Georg Ratzinger*, Die Volkswirthschaft in ihren sittlichen Grundlagen (Freiburg im Breisgau) 337

[33] *Martin Faßbender*, Ländliche Spar- und Darlehenskassen-Vereine, Raiffeisens System (Münster 1883)

[34] *Karl Preser*, Die Erhaltung des Bauernstandes und die Grundeigenthumsfrage (Prag 1884) 247

[35] *F(riedrich) W(ilhelm) Raiffeisen*, Die Darlehenskassen-Vereine in Verbindung mit Consum-, Verkaufs-, Winzer-, Molkerei-, Viehversicherungs- etc. -Genossenschaften als Mittel zur Abhilfe der Noth der ländlichen Bevölkerung. Vierte, teilweise umgearbeitete und vermehrte Auflage (Heddesdorf-Neuwied 1883)

6. Kapitel

Steiermark und Salzburg wollen Raiffeisen-Vereine gründen

In der "Wiener Landwirthschaftlichen Zeitung" war im Februar 1882 ein informativer Artikel über den landwirtschaftlichen Personalkredit zu lesen, der die Raiffeisen-Grundsätze wieder einmal zusammenfaßte. Der Verfasser, *Marchet*, setzte hinzu, daß diese Grundsätze allgemein anerkannt seien, so von Fachleuten wie *Settegast* und *Komers*, aber in der Steiermark auch bereits bei Landwirten[1].

Die Generalversammlung der steiermärkischen Landwirtschafts-Gesellschaft, die am 19. und 20. Jänner 1882 in Graz stattfand, beriet nämlich unter anderem über den Antrag der Filiale Graz-Ost, bäuerliche Vorschußkassen nach dem System *Raiffeisen* ehest einzuführen. Denn um die schwierige wirtschaftliche Lage der Landwirtschaft günstig zu beeinflussen, bedürfe es auch der Selbsthilfe der Bauern im Wege des landwirtschaftlichen Genossenschaftswesens. Daher hatte sich ein Komitee gebildet, das sich dieser Frage annahm und zur Aufgabe machte, Raiffeisen-Vereine zu gründen[2].

Bereits mehrmals hatte sich die Landwirtschafts-Gesellschaft mit Kreditproblemen befaßt, so beschloß bereits die Generalversammlung 1871, Vorschußkassen zu errichten, allerdings nach dem Vorbild von *Schulze-Delitzsch*[3]. Es hatte sich jedoch in der Praxis herausgestellt, daß diese Kassen hauptsächlich den Bedürfnissen des Bürger- und Gewerbestandes genügten.

Bei der Debatte über den Antrag des Jahres 1882 wurde auch auf einen Erlaß des Innenministeriums vom Jahre 1880[4] verwiesen, der auf die Hilfe der Sparkassenorganisation bei der Errichtung von Vorschußkassen für den Personalkredit setzte.

---

1 *Gustav Marchet*, Über den landwirthschaftlichen Personalcredit, in: Wiener Landwirthschaftliche Zeitung (4. Februar 1882) 74

2 Steirischer Landbote (fortan StL) 16. April 1882, Beilage, Stenographisches Protokoll über die 58. allgemeine Versammlung der k. k. steirm. Landwirthschafts-Gesellschaft am 19. und 20. Januar 1882 (6)

3 StL (wie Anm. 2) Beilage (16. Februar 1871) 12

4 Verordnungsblatt für den Dienstgebrauch des k. k. Ackerbauministeriums, Stück VI, 18. Juni 1880, Seite 144: Zur Förderung des Personalcredites

Schließlich wurden beide Vorhaben gutgeheißen[5], die Generalversammlung empfahl Raiffeisen-Vereine genauso wie die Errichtung von Vorschußkassen gemäß dem Erlaß des Innenministeriums. Raiffeisen-Vereine wurden allerdings in Folge nicht errichtet[6]. Es ist aber nicht auszuschließen, daß die Verhandlungen einige Jahre später bei der Gründung der ersten Darlehenskasse nach *Raiffeisen* in der österreichisch-ungarischen Monarchie, 1886 in Roßwein bei Marburg, eine Patenstellung eingenommen haben.

Der Salzburger Landtag beschloß 1878, die Kreditbedürfnisse der Gutsbesitzer und Gewerbetreibenden zu erheben und Vorschläge zu erstellen, welche Maßnahmen gesetzt werden könnten, um dem Real- und Personalkredit am besten zu entsprechen[7]. Die unmittelbare Folge war die Empfehlung der Salzburger Landesregierung, Bezirkssparkassen zu errichten[8].

Um exakte Unterlagen über die Belastung der einzelnen Grundstükke mit Hypothekarkrediten zu erhalten, veranlaßte der Landtag die Erarbeitung einer entsprechenden Statistik, eine Arbeit, die erst 1883 zum Abschluß kam[9]. Ein Ergebnis dieser statistischen Untersuchung war die Feststellung, daß sich die Exekutionen in den letzten Jahren vervielfacht hatten[10] und außerdem ein starkes Anwachsen der grundbücherlich eingetragenen Schulden zu verzeichnen war. Pro Einwohner verzeichnete man 1882 eine Hypothekarschuld von 219 fl[11]. Mit diesem Wert war das Kronland Salzburg nicht an der Spitze der österreichischen Länder[12].

---

5 StL (wie Anm. 2) Beilage vom 16. April 1882 (8)

6 Den Durchbruch der Raiffeisenidee (mit Ausnahme Roßwein) brachte erst die Initiative des steiermärkischen Landesausschusses vom 25. April 1893. Siehe: *F. Barta*, Die Entwicklung des landwirtschaftlichen Genossenschaftswesens in der Steiermark, in: Das landwirtschaftliche Genossenschaftswesen in einigen österreichischen Ländern mit besonderer Berücksichtigung der Mittelstandsfrage. Sammlung von beim Zweiten Internationalen Mittelstandskongreß Wien 1908 erstatteten Referaten (Wien o. J.) 42

7 Verhandlungen des Salzburger Landtages (fortan VSbg), sechste Sitzung der I. Session der 5. Periode am 7. Oktober 1878 (307)

8 VSbg (wie Anm. 7), achtzehnte (Schluß-)Sitzung der II. Session der 5. Periode am 12. Juli 1880 (1016)

9 VSbg (wie Anm. 7), zweite Sitzung der I. Session der 6. Periode am 16. September 1884, Bericht des Landes-Ausschusses des Herzogthumes Salzburg über die Credit-Verhältnisse des Landes (179)

10 a.a.O. (182)

11 a.a.O. (184)

12 *Karl Theodor von Inama-Sternegg*, Die Statistik der Hypothekarschulden in Österreich, in: Statistische Monatschrift, IX. Jahrgang (1883) 329

Bedenklich war ferner die Tatsache, daß das Anwachsen der Verschuldung fast zur Gänze durch Abfindungskredite bedingt war[13]. Darunter waren Kredite zu verstehen, die im Wege der Gutsübernahme durch Erbschaft für Zahlungen an weichende Geschwister aufgenommen wurden. Daher sprach sich der Landtag für die Reform des Erbrechtes aus, aber auch für die Reform des Hypothekarkredites und dessen Realisierung im Rahmen einer berufsständischen Organisation[14]. Der Personalkredit sollte nach dem Vorbild der bäuerlichen Darlehenskassen eingerichtet werden. Deren Wirksamkeit war erst kürzlich in der Untersuchung des Vereins für Sozialpolitik ausführlich dargelegt worden[15].

Die legistischen Reformvorschläge des Salzburger Landtages standen im Zusammenhang mit einer umfassenden Aktion zur Ordnung der gesamten landwirtschaftlichen Rechtsmaterie, die 1881 eingeleitet worden war[16]. Diese wurde auch von *Stein* in seinem bereits genannten Gutachten an die Ministerien des Ackerbaues und der Justiz ausführlich gewürdigt[17].

In einem weiteren Vorschlag sprach sich der Landtag für eine Verbesserung der bäuerlichen Bildung durch spezielle Förderung des landwirtschaftlichen Unterrichtes aus[18].

Um über die Wirksamkeit von bestehenden Kreditgenossenschaften in Österreich, also von Vorschußkassen nach *Schulze-Delitzsch*, genaue Kenntnis zu erhalten, richtete die Salzburger Landesregierung an 20 österreichische Vorschußkassen und an die landwirtschaftlichen Vereine des Landes ein Schreiben[19]. Die Note der Landesregierung an die Vereine verwies auch auf die Raiffeisen-Vereine, machte auf sie aufmerksam und verwies auf weitere Informationen, die der Anleitung *Faßbenders* zu entnehmen seien[20].

Die Antworten, die von den landwirtschaftlichen Vereinen Salzburgs einlangten, vermittelten über die Situation des Personalkredites ein

---

13 VSbg (wie Anm. 7), zweite Sitzung der I. Session (wie Anm. 9) 208/09

14 a.a.O. (222)

15 a.a.O. (223)

16 VSbg (wie Anm. 7), dritte Sitzung der III. Session am 5. Oktober 1881 (887 ff) Bericht des Landes-Ausschusses des Herzogthumes Salzburg, betreffend die Erlassung eines Agrarrechtes für das Herzogthum Salzburg

17 *Lorenz von Stein* , Bauerngut und Hufenrecht (Stuttgart 1882) VI

18 VSbg (wie Anm. 7), zweite Sitzung der I. Session (wie Anm. 9) 224

19 VSbg (wie Anm. 7), zweite Sitzung der I. Session der 6. Periode am 16. September 1884 (775)

20 a.a.O. (784)

uneinheitliches Bild, zeigten allerdings auf, daß Personalkredite der Sparkassen teuer waren. Diese gewährten Personalkredite gegen Wechsel, verrechneten Zinssätze von 8 bis 12 % und bestanden auf Bestellung von zwei Bürgen[21].

Für die Salzburger Landesregierung war dieses Ergebnis Anlaß dazu, den Landeswanderlehrer *Sylvester Gottein* anzuweisen, populäre Vorträge über *Raiffeisen* zu halten, und diese stießen beim bäuerlichen Publikum auf reges Interesse[22].

Mitentscheidend für den Beschluß der Salzburger Landesregierung, Raiffeisen-Vereine zu empfehlen, war weiters die Tatsache, daß die Raiffeisen-Idee grundsätzlich auf die Belebung christlicher Grundlagen der Gesellschaft abzielte. Das Wirken der Vereine hatte sich weiters die sittliche und materielle Besserstellung der Mitglieder zur Aufgabe gemacht[23]. Über die sittlichen Förderungsinhalte der Raiffeisenvereine informierte die vom Landtag empfohlene Schrift von *Faßbender*. Dort war über die moralische Wirksamkeit folgendes nachzulesen[24]:

- Abnahme der Armut,
- wirksam gegen sozialdemokratische Sympathien,
- wirkt Auswanderungsstreben entgegen,
- das Wirken der Vereine schafft mehr Wohlstand und so mehr steuerfähige Bürger, so daß die Lasten gleichmäßiger verteilt werden,
- gibt die Möglichkeit der gemeinsamen Beschaffung von landwirtschaftlichen Maschinen und dergleichen,
- ist Basis für andere Vereine, wie Konsum-, Winzer- und Molkereigenossenschaften,
- stärkt daher Gemeinsinn und Nächstenliebe.

Am 8. August 1884 stellte die Landesregierung den Antrag, die Vorteile des genossenschaftlichen Personalkredites nach dem Muster *Raiffeisens* zu propagieren und so die Gründung solcher Darlehenskassen besonders zu unterstützen[25]. Letztlich konnte sich der Landtag dann

---

21 a.a.O. (776)

22 a.a.O. (776/77)

23 a.a.O. (777)

24 *Martin Faßbender*, Ländliche Spar- und Darlehenskassen-Vereine, Raiffeisens System (Münster 1883) 42/43

25 VSbg (wie Anm. 7), zweite Sitzung der I. Session (wie Anm. 19) 780/81

doch nicht entscheiden, aktiv die Gründung von Raiffeisen-Vereinen zu unterstützen, da er die damit verbundenen finanziellen Aufwendungen nicht tragen wollte oder konnte[26].

Beeinflußt wurde die Entwicklung in Salzburg vermutlich auch durch das Geschehen in Bayern. Dem Maiheft 1881 der Zeitschrift des landwirtschaftlichen Vereines in Bayern lag eine Abhandlung zum Thema des landwirtschaftlichen Kredites bei[27], und der Verfasser nahm dabei sehr positiv auf Raiffeisen-Vereine Bezug. Dieses tat auch das Generalkomitee des landwirtschaftlichen Vereines in seinem Jahresbericht 1880. Der Bericht lag dem Augustheft der genannten Zeitschrift bei[28]. Im Juniheft des Jahres 1882 folgte ein Aufsatz über die Notwendigkeit der Raiffeisen-Vereine[29], und die Generalversammlung des landwirtschaftlichen Vereines in Bayern vom 2. Oktober 1882 beschäftigte sich ebenfalls mit dem landwirtschaftlichen Kreditwesen und empfahl Kreditgenossenschaften[30].

Die Gründung der ersten Raiffeisenkassen in Salzburg aber sollte erst Jahre später, 1891, erfolgen, die Initiative ging dann von der k. k. Landwirtschaftsgesellschaft aus[31].

---

26 VSbg (wie Anm. 7), vierte Sitzung der I. Session der 6. Periode am 30. September 1884 (1094)

27 *Haag*, Der landwirthschaftliche Credit in Bayern, Beilage zur Zeitschrift des landwirthschaftlichen Vereins in Bayern (fortan ZB) Mai 1881 (6)

28 ZB (wie Anm. 27), August 1881, III. Beilage (73) Jahresbericht des General-Comites des landwirth-schaftlichen Vereins in Bayern für 1880

29 *(Louis) Löll*, Über die Nothwendigkeit der Raiffeisenschen Darlehenscassenvereine und deren Gründung, in: ZB (wie Anm. 27), Juni 1882 (409 ff)

30 ZB (wie Anm. 27), August 1882 , III. Beilage (111) Jahresbericht des General-Comites landwirthschaftlicher Vereine in Bayern für das Jahr 1881

31 *Viktor Kerbler*, Das landwirtschaftliche Genossenschaftswesen in Oberösterreich und Salzburg. In : *Barta*, Entwicklung (wie Anm. 6) 36

7. Kapitel

Agrarkongresse geben den letzten Anstoß

Am Ende des zweiten agrarischen Kongresses wurde der Beschluß gefaßt, den nächsten Agrarkongreß spätestens 1875 einzuberufen[1]. Die Delegierten waren der Ansicht, daß für eine intensivere Behandlung agrarischer Fragen eine Periodizität der Kongresse eine Notwendigkeit wäre. Allerdings, es gelang erst im Spätherbst 1879 ein Kongreßforum zu schaffen, das dringende Probleme der österreichischen Agrarwirtschaft und -politik aufgriff[2]. Unter den 18 Themen, die beraten wurden, die von Steuerfragen, den Zollregelungen, dem landwirtschaftlichen Unterricht bis zu einer stärkeren Durchschlagsfähigkeit des Ackerbauministeriums reichten, waren auch zwei Bereiche, die sich mit dem landwirtschaftlichen Kredit und dem Genossenschaftswesen befaßten[3]. So lautete die fünfte Frage: "Welche Mittel wären anzuwenden, um den Kredit des kleinen Landwirtes zu heben und den landwirtschaftlichen Kredit überhaupt zu organisieren - gleichzeitig aber auch die Landbevölkerung vor dem um sich greifenden Wucher zu schützen?" Diese Frage wurde von der Landwirtschafts-Gesellschaft Wien auf die Tagesordnung gesetzt[4] und am 12. Dezember 1879 verhandelt.

Der Kongreß stellte fest, daß der üblicherweise gewährte dreimonatige Kredit den Bedürfnissen der Landwirtschaft nicht genüge. Es wäre außerdem höchst wünschenswert, wenn die Sparkassen verstärkt der kurzfristigen Ausleihung Rechnung trügen[5]. Außerdem wurde festgestellt, daß die Vorschußkassen, auch mit beschränkter Haftung, überaus wertvoll seien, wie dies in einem großen Teil Deutschlands der Fall sei[6]. Allerdings sei in Österreich seit 1876 die Steuerbelastung für derartige Vereine durch Anwendung des Einkommensteuergesetzes aus dem Jahre 1849 so hoch, daß daraus eine echte Gefahr für den Bestand der Vorschußkassen erwüchse. Daher empfahl der Agrartag eine eheste Reform dieser Besteuerung[7].

---

1 Verhandlungen des agrarischen Congresses in Wien 1873 (Wien 1873) 245

2 Verhandlungen des österreichischen Agrartages 1879 (Wien o. J.) 3

3 a.a.O. (319)

4 a.a.O. (129)

5 a.a.O. (131)

6 a.a.O. (140)

7 a.a.O. (158)

Eine Vertiefung und Einengung der Idee der Kreditgenossenschaften als Lösungsvorschlag für den Personalkredit brachte der dritte Österreichische Agrartag vom März 1885. Zentrale Themen waren wiederum die Zollfrage, ferner beschäftigten sich die Delegierten mit möglichen legistischen Maßnahmen hinsichtlich einer Abänderung des Viehseuchengesetzes. Thema sechs befaßte sich mit der Krise der Landwirtschaft im allgemeinen und darin verpackt war die Empfehlung nach Einführung der Raiffeisen-Vereine[8]. Sehr deutlich brachte der Agrartag auch zum Ausdruck, daß es ein Komplex an Ereignissen war, der die schwierige Lage der Landwirtschaft hervorgerufen hatte, so die immer stärker werdende überseeische Konkurrenz - vor allem für den Getreidebau -, die ungünstige Auswirkung des mehrfachen Zwischenhandels und die bestehende hohe Verschuldung. Von großer Gefahr für den Landwirt war ferner der hohe Zinssatz und die jederzeitige Kündbarkeit der aufgenommenen Sparkassen- und Privatdarlehen[9].

Eine Beschlußfassung über den Vorschlag nach Einführung der Raiffeisen-Organisation unterblieb allerdings, der Agrartag beschränkte sich auf die Feststellung der anzustrebenden baldigen Regelung der Kreditverhältnisse und auf eine Änderung der fiskalischen Behandlung der Vorschußkassen[10].

Das Presseecho über den Kongreß war bescheiden[11] und beschränkte sich mit Ausnahme des Berichtes im "Österreichischen Landwirtschaftlichen Wochenblatt", das *Raiffeisen* erwähnte, auf eine allgemeine Berichterstattung. Anders war dies beim zweiten großen Kongreß, der sich 1885 mit landwirtschaftlichen Problemen auseinandersetzte, es war dies die Veranstaltung vom Oktober in Budapest.

Zwei Fragenkreise kamen in Budapest zur Verhandlung: Die Besprechung der landwirtschaftlichen Krise und die Erörterung der Kreditorganisationen des Kleingrundbesitzes[12]. Der Kongreß, der von hervorragenden Fachleuten besetzt war[13], war allerdings von österreichischen

---

[8] Verhandlungen des III. österreichischen Agrartages 1885 (Wien 1885) 110

[9] a.a.O. (99 ff)

[10] a.a.O. (246)

[11] Oesterreichisches Landwirthschaftliches Wochenblatt (4. April 1885) 127, Dritter österreichischer Agartag; Wiener Landwirthschaftliche Zeitung (28. März 1885) 202, Österreichischer Agrartag; Landwirthschaftliche Zeitschrift von und für Ober-Oesterreich (1. April 1885) 53, Österreichischer Agrartag

[12] Nach stenographischen Aufzeichnungen verfaßtes Protokoll des am 3., 4., 5., 6. und 7. Oktober 1885 in Budapest abgehaltenen internationalen landwirthschaftlichen Congresses (Budapest 1886) VII/VIII

[13] a.a.O. (XI ff)

Vertretern schwach besucht. Aus Niederösterreich entsandte der Wiener Landwirthschaftliche Verein fünf Delegierte, darunter zwei Journalisten, Böhmen sieben Delegierte des Landeskulturrates und fünf Delegierte der Landwirtschafts-Gesellschaft. Aus Galizien kamen sechs Delegierte der Krakauer Landwirtschafts-Gesellschaft und 13 Delegierte der Lemberger Landwirtschafts-Gesellschaft und aus Kärnten stammte ein Teilnehmer, der keiner Organisation angehörte[14].

Für die Behandlung der Kongreßthemen hatte man hervorragende Referenten eingeladen, so unter anderem *Friedrich Wilhelm Raiffeisen*, der aber der Einladung nicht nachkommen konnte und schriftlich seine Stellungnahme zum Kreditthema überreichte[15]. Hauptreferent in Sachen *Raiffeisen* war Oberregierungsrat *Thiel*, eine von *Raiffeisen* geschätzte Persönlichkeit, die schon viele Jahre mit ihm bekannt war[16]. *Thiel* legte erneut die Gründe dar, die die besondere Eignung der Darlehenskassenvereine nach *Raiffeisen* für die Landwirtschaft auszeichneten[17] und diese Gründe waren sicherlich auch ausschlaggebend dafür, daß der Kongreß die genossenschaftliche Organisation des landwirtschaftlichen Personalkredites beschloß[18], allerdings ohne die Nennung *Raiffeisens*. Es ist anzunehmen, daß Kreditgenossenschaften nach *Raiffeisen* in ihrer Bedeutung für die Landwirtschaft schon so allgemein bekannt waren, daß es nicht notwendig schien, den Zusatz "*Raiffeisen*" ausdrücklich anzuführen.

Besonders wertvoll im Zusammenhang mit dem Budapester Kongreß waren die Vorbereitungsmaßnahmen, die Themen in Broschürenform aufzubereiten[19] und den angemeldeten Teilnehmern vor Kongreßbeginn zu übermitteln. Es ist aber anzunehmen, daß darüber hinaus viele Stellen, so vor allem die Landwirtschafts-Gesellschaften der einzelnen Kronländer, diese Unterlagen erhielten, da man sich speziell aus diesen Kreisen Kongreßteilnehmer erhoffte.

Die Zusammenfassung für das zweite Kongreßthema erfolgte durch den Abgeordneten zum ungarischen Reichstag, *Andreas von György*. Die

---

14 a.a.O. (XVII/XIX)

15 a.a.O. (193)

16 *Wolfgang Werner*, Raiffeisenbriefe erzählen Genossenschaftsgeschichte (Wien 1988) 102

17 Stenographische Aufzeichnungen (wie Anm. 12) 231 ff, besonders 247 ff

18 a.a.O. (266/67)

19 für das 1. Thema: *Eugen v. Gaal*, Die Frage der landwirthschaftlichen Krise. Ein Referenten-Elaborat anläßlich des im October 1885 abzuhaltenden wirthschaftlichen Congresses (Budapest 1885)

Ursache der schwierigen Lage des Kleingrundbesitzes lag seiner Meinung nach letztlich in der Bauernbefreiung des Jahres 1848 begründet, die den Landwirt in die absolute Freiheit entließ, ohne jede Führung und Unterstützung und ohne Übergangszeit zur Gewöhnung an die neuen Verhältnisse[20].

Laut einer Untersuchung des ungarischen statistischen Büros begründete sich die Verschuldung der Landwirte durch die Zahlung von Annuitäten, durch sonstige Darlehen, durch Rückstände des Kaufpreises von Grundstücken, durch Erbgänge, durch Einverleibung im Exekutionswege, durch Steuern und andere öffentliche Schuldigkeiten, durch Wechselschulden, durch Forderungen nach Krediteröffnungen (Sicherstellungen) und andere Titel. Am stärksten ins Gewicht fielen dabei die Kaufpreisrückstände beim Erwerb von Grundstücken und aus Lasten, die durch Erbgänge erwuchsen.

Diese Untersuchung der Ungarn ergänzte *György* durch Ergebnisse einer Untersuchung aus Bayern, die noch schlechtes Wirtschaften und Unerfahrenheit als Hauptursachen von Schuldtiteln anführten[21].

György schrieb weiters, daß der Bedarf an Kredit für Grundkäufe und für Erbschaftsangelegenheiten sowie für vorzunehmende Meliorationen durch Hypothekarkredite abgedeckt werden sollte, der in der Landwirtschaft so notwendige Personalkredit aber für die Besorgung der täglichen landwirtschaftlichen Geschäfte heranzuziehen wäre. Durch das Fehlen geeigneter Personalkreditinstitute sei es zu einem starken Anwachsen des Wucherunwesens gekommen. Abhilfe könnten hier Kreditgenossenschaften schaffen, vor allem jene, die nach den Ideen von *Raiffeisen* zu schaffen wären[22].

Über den Budapester landwirtschaftlichen Kongreß war die Berichterstattung gut, wobei vor allem in landwirtschaftlichen Publikationen der Name "*Raiffeisen*" immer wieder Erwähnung fand[23].

---

20 *Andreas v. György*, Die Mängel der Creditorganisation des Kleingrundbesitzes. Referenten-Elaborat zu dem im October 1885 in Budapest abzuhaltenden landwirthschaftlichen Congress (Budapest 1885) 3

21 a.a.O. (6/7)

22 a.a.O. (66 ff)

23 Oesterreichisches Landwirthschaftliches Wochenblatt (24. October 1885) 378, Der landw. Congreß in Budapest II; Wiener Landwirthschaftliche Zeitung (17. Oktober 1885) 665: Die Mängel der Creditorganisation des Kleingrundbesitzes; Neue Freie Presse (3. October 1885, Abendblatt) 3: Pest, 3. Oktober, Der Congreß der Landwirthe; (4. October 1885, Morgenblatt) 8: Pest , 3. October (Congreß der Landwirthe); (5. October 1885, Abendblatt) 3: Pest, 5. Oktober (Congreß der Landwirthe) und 8: Der landwirthschaftliche Congreß in Pest; (7. October 1885, Morgenblatt) 6: Der landwirthschaftliche Congreß in Pest; (8. October 1885, Morgenblatt) 4: Pest, 7. October, (Telegr. (Congreß der Landwirthe));

Die Agrarkongresse des Jahres 1885 haben kaum die Bekanntheit *Raiffeisens* verstärkt, das war in landwirtschaftlichen Kreisen sicherlich nicht mehr notwendig. Sie haben aber das Initial gesetzt, sich erneut mit den Darlehenskassenvereinen und ihrem positiven Wirken auseinanderzusetzen.

So liegt der Schluß nahe, daß der Antrag im niederösterreichischen Landtag vom 26. November 1885[24], der als der Geburtstag der österreichischen Raiffeisen-Organisation bezeichnet werden muß, auch durch die Verhandlungen der 1885er Kongresse mitbestimmt war. Der Antragsteller, *Josef Ritter Mitscha von Märheim*, brachte so die erste gezielte und planmäßige Aktion zur Gründung von Raiffeisen-Vereinen ins Rollen, unter Aufsicht und mit finanzieller Unterstützung und Kontrolle einer Landesregierung, wobei die erste Gründung aufgrund dieses Antrages dann im Dezember 1887 in Neustift-Scheibbsbach erfolgte[25].

Die erste Raiffeisenkasse im heutigen Österreich wurde allerdings nur indirekt vom Antrag *Mitscha-Märheims* beeinflußt. Im Jänner 1886 berichtete die "Marburger Zeitung"[26] über die Initiative des niederösterreichischen Landtages, eine Studienkommission zu *Raiffeisen* nach Deutschland zu senden, um an Ort und Stelle die Raiffeisenkassen kennenzulernen. Gleichfalls im Jänner, beziehungsweise im Februar 1886 erfolgte eine ausführliche Besprechung der Tätigkeit der Windischen Vorschußvereine[27], ebenfalls in der "Marburger Zeitung". In dieser Artikelfolge wurde eine geringe Eignung dieser Vereine für die Bedürfnisse der Landwirtschaft festgestellt. Im Februar 1886 schrieb die "Marburger Zeitung" weiters über die bedenkliche Entwicklung in der

---

(11. October 1885, Morgenblatt) 4: Congreß der Landwirte. - Die Berichterstattung der Neuen Freien Presse beschränkte sich trotz Anwesenheit des Redakteurs Dr. Leo Pribyl, der auch 2. Schriftführer der Tagung war, auf das zweite Kongreßthema, die internationale Krise, nur im Bericht vom 7. Oktober 1885 wurde angemerkt, daß die Erörterung der Kreditfrage auf den nächsten Tag vertagt wurde; *Alexander Dorn*, Ein wichtiger Congreß, In: Volkswirtschaftliche Wochenschrift (26. Juni 1885) 401; derselbe, Getreidezölle auf dem Budapester Congreß, in: Volkswirtschaftliche Wochenschrift (9. Oktober 1885) 355; Der Oesterreichische Oekonomist (11. Oktober 1885) 322, Der landwirthschaftliche Congress in Budapest

24 Stenographische Protokolle des niederösterreichischen Landtages, VI. Wahlperiode, 2. Sitzung der II. Session (26. November 1885) 17/18

25 *Peter Tomanek*, 90 Jahre Raiffeisenlandesbank Niederösterreich-Wien (Wien 1989, nicht veröffentlichtes Manuskript) 9

26 Marburger Zeitung (fortan MZ) 13. Jänner 1886 (4) Landwirthschaftlicher Kredit

27 MZ (wie Anm. 26) 27. Jänner 1886 (1) Die Windischen Vorschußvereine, sowie auch 29. Jänner 1886 (1), 31. Jänner 1886 (1), 3. Februar 1886 (3), 5. Februar 1886 (1), 7. Februar 1886 (1), 10. Februar 1886 (1)

Verschuldung der bäuerlichen Realitäten[28] und brachte einen Bericht aus der Gemeinde Roßwein[29], da sich dort Herr *Alois Forster* mit der Frage der Einführung von landwirtschaftlichen Kreditgenossenschaften nach dem System *Raiffeisen* beschäftigte. Kurze Zeit später, Ende März, bestätigte die "Marburger Zeitung" diese Meldung, in dem sie über die Konstituierung der seit längerer Zeit vorbereiteten Darlehenskasse nach *Raiffeisens* System berichtete[30].

Im einzelnen sind die unmittelbaren Vorgänge, die am 28. März 1886 zur Gründung der ersten Raiffeisenkasse der Monarchie geführt haben, unbekannt, weil die Registerakten des Kreisgerichtes Cilli zum Großteil verlorengegangen sind[31], der weiter unten angeführte Bauerntag könnte schon aus Zeitgründen kaum ein Initial gesetzt haben. Interessant ist allerdings ein Bericht in der "Südsteirischen Post" vom Mai 1886, der feststellte, daß es erfreulich sei, daß auch Deutsche endlich Vorschußkassen gründeten und es so den Slowenen endlich gleich täten[32].

In der "Grazer Tagespost" vom 18. Mai 1886[33] sowie in den "Landwirtschaftlichen Mitteilungen" vom 1. Juni 1886[34] berichtete der Sekretär der Landwirtschaftsgesellschaft der Steiermark, *Friedrich Müller*, über bäuerliche Genossenschaften nach Raiffeisen und nannte ein Aktionskomitee, das zur Förderung Raiffeisenscher Genossenschaften in der Steiermark sowie zur Gründung eines Genossenschaftsverbandes eingesetzt worden war. Weiters berichten die "Landwirtschaftlichen Mitteilungen" im Juni[35], daß die Landwirtschaftsgesellschaft der Steiermark am 4. Mai 1886 dem Verein in Roßwein bei Marburg ein Darlehen von tausend Gulden, verzinslich mit vier Prozent, rückzahlbar in sechs Jahren, gewährt hatte.

---

28 MZ (wie Anm. 26) (19. Februar 1886) (2) Bauernvereins Umgebung Marburg

29 MZ (wie Anm. 26) (26. Februar 1886) (4) Roßwein

30 MZ (wie Anm. 26) (31. März 1886) (3) Darlehenskassen-Verein

31 Die Registerakten des ehemaligen Kreisgerichtes Cilli befinden sich im Pokrajinski Archiv in Marburg. Die Akte des Darlehenscassenvereines Roßwein trägt die Signatur X 1 1886. Die Gründung des Vereines fand am 28. März 1886 statt, die Registrierung erfolgte am 14. Mai 1886.

32 Südsteirische Post (1. Mai 1886) 5, Über das System der Raiffeisenschen Darlehenscassen

33 *Friedrich Müller*, Bäuerliche Genossenschaften, in: Tagespost (18. Mai 1886) 4

34 Landwirthschaftliche Mittheilungen für Steiermark (1. Juni 1886) 205, Bäuerliche Genossenschaften

35 Landwirthschaftliche Mittheilungen für Steiermark (16. Juni 1886) 218, Verhandlungen des Central-Ausschusses der k. k. LandwirthschaftsGesellschaft in der Steiermark

Unbekannt ist, ob *Alois Forster* mit seiner Gründung einer möglichen Aktivität der Landwirtschaftsgesellschaft vorgegriffen hat oder ob die Gesellschaft von *Alois Forster* inspiriert wurde.

Eine ähnliche Situation ereignete sich nämlich in Niederösterreich im Zuge des Mitscha-Antrages. Am 4. Dezember 1886 kam es zur Gründung der ersten Raiffeisenkasse (Statuten im Anhang auf Seite 197) durch Bürgermeister *Ernst Vergani* in Mühldorf bei Spitz[36]. *Vergani* war seit September 1886 Abgeordneter des niederösterreichischen Landtages und hörte dort vom Mitscha-Antrag und somit von *Raiffeisen*, genauso wie es für ihn beim ersten österreichischen Bauerntag am 25. März 1886 in Wien der Fall war[37], oder bei der Lektüre der "Unverfälschten Deutschen Worte" am 16. Oktober[38]. Diese Angaben machte *Vergani* in einer Landtagssitzung, bei der über *Raiffeisen* diskutiert wurde[39]. Dort teilte er weiters mit, daß er sich bei der Gründung des Spar- und Darlehenskassenvereines Mühldorf wesentlich auf Angaben verlassen hatte, die ihm der Vorstand des Roßweiner Vereines schriftlich bekannt gab. Dieses Schreiben, das er ausführlich zitierte, beinhaltete in eindringlichen Worten das Wesen der Raiffeisenidee und urteilte äußerst positiv über ihren praktischen Nutzen.

---

36 *Wolfgang Werner*, 100 Jahre Raiffeisen in Niederösterreich 1886-1986, Skriptum des Verbandes ländlicher Genossenschaften in Niederösterreich (Wien 1986) 14

37 Wiener Landwirthschaftliche Zeitung (31. März 1886) 196, Bauernparteitag in Wien

38 Unverfälschte Deutsche Worte (16. October 1886) 226, Raiffeisencassen

39 Stenographische Protokolle des niederösterreichischen Landtages, VI. Wahlperiode, 17. Sitzung der III. Session (21. Jänner 1887), 466

Anhang

Statuten und Gesetze

F. W. Raiffeisen, Neuestes Musterstatut für ländliche Darlehenskassenvereine, veröffentlicht von Prof. Dr. *Adolf Held* in dem Beitrag "Die ländlichen Darlehenskassenvereine in der Rheinprovinz und ihre Beziehung zur Arbeiterfrage", in: Jahrbücher für Nationalökonomie und Statistik, 13. Band (Jena 1869) 70 ff

Statuten

des   er

Darlehenskassen-Vereins

(eingetragene Genossenschaft).

Abschnitt I.

Gründung und Zweck

§. 1.

Die Unterzeichneten bilden den   er
Darlehenskassen-Verein unter der Firma:

er Darlehenskassen-Verein
eingetragene Genossenschaft.

Die Genossenschaft hat ihren Sitz zu

§. 2.

Der Verein hat den Zweck, seinen Mitgliedern die zu ihrem Geschäfts- oder Wirthschaftsbetriebe nöthigen Geldmittel unter gemeinschaftlicher Garantie in verzinslichen Darlehen zu beschaffen und auf diese Weise deren Verhältnisse in jeder Beziehung möglichst zu verbessern.

Abschnitt II.

Mitgliedschaft, Rechte und Pflichten der Mitglieder.

a) im Allgemeinen.

§. 3.

Mitglieder des Vereins können nur dispositionsfähige Einwohner sein, welche sich im Vollgenusse der bürgerlichen Ehrenrechte befinden.

Die Aufnahme neuer Mitglieder bedarf der Genehmigung des Vereinsvorstandes. Gegen dessen ablehnende Entscheidung steht dem Antragsteller Berufung an die Generalversammlung zu, die in ihrer nächsten Sitzung endgültig entscheidet.

§. 4.

Die Mitgliedschaft geht verloren:

a) durch freiwilligen Austritt,
b) durch Ausschliessung,
c) durch den Tod.

Die Austrittserklärung ist dem Vereinsvorsteher schriftlich einzureichen. Erfolgt sie vor dem 1.Oktober, so endigt die Mitgliedschaft mit dem laufenden Jahre, andernfalls aber erst mit Ablauf des auf die Kündigung folgenden Jahres.

Die Ausschliessung kann erfolgen bei Nichterfüllung der statutenmäßigen Verpflichtungen; sie muss in der Regel erfolgen, wenn Mitglieder es wegen Rückzahlung von Darlehen zur gerichtlichen Klage kommen lassen.

Die Ausschliessung geschieht durch Beschluss des Vorstandes, gegen welchen dem Ausgeschlossenen binnen drei Monaten Berufung an die Generalversammlung zusteht. Im Falle der Ausschliessung endigt die Mitgliedschaft mit dem Ablaufe dreier Monate nach dem darüber gefassten Beschlusse des Vorstandes, oder, wenn Berufung des Ausgeschlossenen an die Generalversammlung stattgefunden hat, mit dem Beschlusse der letzteren, falls dieser nach Ablauf der drei Monate erfolgt.

Die Erben verstorbener Mitglieder sind bis zum Ablaufe des Kalenderjahres, in welchem der Tod des letzteren erfolgt ist, an die Mitgliedschaft in Betreff der Verpflichtungen ihrer Erblasser gebunden.

b) Rechte und Pflichten der Mitglieder.

§. 5.

Die Mitglieder haben das Recht:

a) an den Generalversammlungen des Vereins Theil zu nehmen und darin zu stimmen.
   Dieses Recht geht für freiwillig ausgeschiedene Mitglieder mit dem Tage der Austrittserklärung verloren, wird für ausgeschlossene Mitglieder mit dem Tage des betreffenden Vorstandsbeschlusses suspendirt. Erben verstorbener Mitglieder steht in keinem Falle ein Stimmrecht zu.
   Das Stimmrecht muss in Person ausgeübt und kann auf Andere nicht übertragen werden.
   Die Theilnahme weiblicher Mitglieder an den Versammlungen ist nicht gestattet: dieselben haben also auch kein Stimmrecht.
b) bei Darlehensanerbietungen an den Verein vor Nichtmitgliedern vorzugsweise berücksichtigt zu werden;
c) aus der Vereinskasse, soweit dieselbe ausreicht, baare Darlehen nach Vorschrift gegenwärtiger Statuten zu beanspruchen;
d) jeder Zeit Einsicht des Protokollbuches der Generalversammlung zu nehmen.

§. 6.

Die Mitglieder sind verpflichtet:

a) für die Vereinsanlehen, sowie überhaupt für alle Verbindlichkeiten des Vereines unter sich gleichtheilig, Dritten gegenüber jedoch solidarisch und mit ihrem ganzen Vermögen zu haften,
b) die gegenwärtigen Statuten zu unterzeichnen und in jeder Beziehung genau zu beachten.

Antheile der einzelnen Mitglieder am Geschäfte werden nicht gebildet, dagegen sind die später hinzutretenden Mitglieder verpflichtet, das durch etwaigen Beschluss der Generalversammlung festzusetzende Eintrittsgeld zu entrichten (§. 3 Nr. 5 des Ges. vom 4. Juli 1868. §§ 32, 37 der Statuten des Genossenschaftsgesetzes für den Norddeutschen Bund).

§. 7.

Den Wittwen verstorbener Mitglieder soll es freistehen, nach Ablauf des Kalenderjahres (§. 4 der Statuten) deren Mitgliedschaft zu übernehmen. Dieselben treten alsdann in alle Rechte und Pflichten ihrer verstorbenen Ehemänner, mit Ausnahme des den Frauen nicht zustehenden Stimmrechts, sowie des Rechtes der Theilnahme an den Versammlungen. Sie haben die Statuten zu unterzeichen.

Abschnitt III.

Verwaltung des Vereins.

a) Vorstand.

§. 8.

Der Vorstand besteht aus dem Vereinsvorsteher und den Beisitzern, im Ganzen also aus den Mitgliedern. Aus den Beisitzern wird ein Mitglied zum Stellvertreter des Vorstandes gewählt (§ 22 der Statuten).

Der Vorstand wird auf Jahre gewählt; alle Jahre scheide aus. Die zuerst Ausscheidenden werden durch das Loos bestimmt.

§. 9.

Der Vereinsvorsteher hat:

a) die Vereinscorrespondenzen zu führen und die Vereinsacten aufzubewahren;

b) die Einnahme- und Ausgabe-Anweisungen auf Grund der Festsetzung des Vereinsvorstandes in dessen Protokollbuche zu ertheilen, diese Anweisungen als Kassencontroleur in die Einnahme- und Ausgabencontrole einzutragen, das Kassen- uund Rechnungswesen speciell zu beaufsichtigen, am *ersten* jeden Monats die Vereinskasse zu revidiren, die Bücher abzuschliessen, das Resultat in das vorgeschriebene Formular einzutragen und den Kassenabschluss dem Vorstande und dem Verwaltungsrathe in den regelmässigen Sitzungen vorzulegen. Auf den Antrag des Vorstehers kann der Vorstand ein anderes Mitglied aus seiner Mitte mit der Kassencontrole beauftragen, welche indess auch in diesem Falle unter Leitung des Vereinsvorstehers erfolgen muss;

c) in den Sitzungen des Vorstandes und der Generalversammlung den Vorsitz, sowie die Protokolle zu führen, oder dazu einen Protokollführer zu ernennen.

§. 10.

Der Vorsteher hat zu den Sitzungen des Vorstandes und der Generalversammlung die Einladungen zu erlassen. Zu den regelmässigen Sitzungen des Vorstandes sind keine besonderen Einladungen erforderlich.

Die Einladungen zu den übrigen Sitzungen des Vorstandes, sowie zu den Generalversammlungen, erfolgen schriftlich, mindestens drei Tage vor der Sitzung, unter Angabe der Gegenstände, welche zur Verhandlung kommen sollen. Beim Abstimmen ist in allen Sitzungen des Vorstandes und der Generalversammlung bei Stimmengleichheit die Stimme des Vorsitzenden entscheidend. Alle öffentlichen Bekanntmachungen sind durch den Vereinsvorsteher zu unterzeichen und in der bekannt zu machen. Bei dem Eingehen der letzteren bezeichnet der Vorstand an deren Stelle, vorbehaltlich der Genehmigung der Generalversammlung, ein anderes Blatt.

§. 11.

Die Legitimation des Vorstandes erfolgt durch das Protokoll der Generalversammlung über die Wahl seiner Mitglieder. Die Vorstandsmitglieder haben unter Einreichung einer Ausfertigung der Wahlverhandlung dem Handelsgerichte oder der mit Führung des Genossenschaftsregisters beauftragten Behörde ihre Wahl persönlich anzuzeigen und dabei ihre Unterschrift vor Gericht zu zeichnen oder dieselbe dem Gerichte in gerichtlich oder notariell beglaubigter Form einzureichen.

Die Zeichnungen für die Genossenschaft erfolgen, indem der Firma des Vereins die Unterschriften der Zeichnenden hinzugefügt werden. Die Zeichnung hat nur dann verbindliche Kraft, wenn sie vom Vorsteher oder dessen Stellvertreter und zwei Besitzern erfolgt ist.

§. 12.

Der Verein wird von dem Vorstande gerichtlich und aussergerichtlich vertreten. In Bezug auf diese Vertretung, und überhaupt die Befugnisse und Pflichten des Vorstandes, sind die Bestimmungen des Genossenschaftsgesetzes für den Norddeutschen Bund vom 4. Juli 1868, namentlich in den §§ 17 - 28, massgebend. In Prozessen kann jedes einzelne Vorstandsmitglied den Verein gültig vertreten, und zwar in Kraft dieser Statuten, ohne dass es einer besonderen Legitimation dazu bedarf. Dem Vereine gegenüber ist der Vorstand jedoch dafür verantwortlich, dass die Beschränkungen gegenwärtiger Statuten, sowie die Beschlüsse des Verwaltungsrathes und der Generalversammlung, beachtet werden. Besonders ist er verpflichtet, bei den für den Verein zu machenden Anlehen sich innerhalb der von der Generalversammlung festzusetzenden Grenze zu halten, sowie zu allen für den Verein abzuschliessenden Verträgen und zu Prozessen, mit Ausnahme von Klagen gegen Vereinsmitglieder wegen Einziehung von Darlehen, wozu keine Ermächtigung erforderlich ist, die vorherige Zustimmung des Verwaltungsrathes einzuholen. Diese Zustimmung ist auch zu allen Handlungen erforderlich, welche den Verein in irgend einer Weise verpflichten sollen.

§. 13.

Bei dem Austritte oder bei dauernder Verhinderung von Vorstandsmitgliedern hat der Verwaltungsrath bis zur nächsten ordentlichen Generalversammlung, welche die Ergänzungswahl vorzunehmen hat, Stellvertretung anzuordnen. Die auf diese Weise vom Verwaltungsrathe gewählten Stellvertreter, sowie die auf Grund der §§ 19 und 22 von dem Verwaltungsrathe oder der Generalversammlung etwa neu gewählten Vorstandsmitglieder, sind von dem neuen Vorstande, resp. den übriggebliebenen Vorstandsmitgliedern dem Handelsgerichte, unter Vorlage einer Ausfertigung der Wahlverhandlungen, anzuzeigen.

Die Stellvertreter und neu gewählten Vorstandsmitglieder haben diese Anzeige in Person zu machen und nach Vorschrift des § 11 vor dem Handelsgerichte zu zeichnen oder ihre Unterschrift in beglaubigter Form einzureichen.

§. 14.

Der Vorstand ist insbesondere:

a) zur Beobachtung und Ausführung aller Bestimmungen dieser Statuten und der in Gemässheit derselben von der Generalversammlung gültig gefassten Beschlüsse verpflichtet und dafür dem Vereine verantwortlich;

Derselbe hat:

b) die für den Verein verbindlichen Schuldurkunden über die Vereinsanlehen, innerhalb der von der Generalversammlung festgesetzten Grenze, nach dem am Schlusse dieser

Statuten beigefügten Schema A. auszustellen, wobei darauf zu halten ist, möglichst lange Kündigungsfristen zu vereinbaren, überhaupt aber *so weit als möglich* solche Anlehen zu machen, bei welchen voraussichtlich eine Kündigung so leicht nicht zu erwarten steht;

c) über die Aufnahme und den Auschluss von Mitgliedern, Einnahme und Ausgabe, sowie über die Bewilligung der Darlehen zu beschliessen und auf pünktliche Zurückzahlung der letzteren zu halten;

d) mit dem Vorsteher das Kassen- und Rechnungswesen zu beaufsichtigen, die Kassenabschlüsse zu prüfen, sowie auf die sichere und verzinsliche Anlegung der Kassenbestände zu halten;

e) im März jeden Jahres die Rechnung des vorhergehenden Jahres zu prüfen.

Die mündlich oder schriftlich zu machenden Anträge auf Darlehen sind von den betreffenden Vorstandsmitgliedern in ein Verzeichniss einzutragen, welches den Beschlüssen des Vorstandes zu Grunde zu legen ist. Bei diesen Beschlüssen ist der Rechner als berathendes Mitglied zuzuziehen.

§. 15.

Zur Beschliessung über die Anträge auf Bewilligung von Darlehen muss sich der Vorstand in regelmässigen Sitzungen, mindestens ein Mal monatlich versammeln. Die Versammlungstage werden den Vereinsmitgliedern bekannt gemacht.

Beschlüsse des Vorstandes sind gültig, wenn sie in *vorschriftsmässiger* Sitzung vom Vorsteher oder dessen Stellvertreter und zwei Beisitzern gefaßt sind.

b) Verwaltungsrath.

§. 16.

Der Verwaltungsrath, welcher jedesmal auf ein Jahr unter sich einen Vorsitzenden und einen Stellvertreter wählt, besteht aus   Mitgliedern, welche auf den Vereinsbezirk so zu vertheilen sind, dass sie in ihrer Gesammtheit eine möglichst genaue Kenntniss der Verhältnisse der Einwohner des Bezirks haben.

Die Mitglieder werden auf Jahre gewählt. Jedes Jahr, zum ersten Male durch das Loos, scheide   derselben aus. Beim Ausscheiden von Mitgliedern durch den Tod oder durch freiwilligen Austritt hat sich der Verwaltungsrath bis zur nächsten Generalversammlung, welche die Ergänzungswahlen vorzunehmen hat, durch Wahl aus den übrigen Vereinsmitgliedern zu ergänzen.

§. 17.

Der Verwaltungsrath hat die Verpflichtung, die sämmtlichen Vereinsangelegenheiten zu controlieren und darauf zu halten, dass die Verwaltung statutenmäßig geführt, jeder seiner Beschlüsse, sowie jeder Beschluss der Generalversammlung pünktlich ausgeführt und das Interesse des Vereins gewahrt werde.

Er hat das Recht, jederzeit die Vereinsacten, sowie die Buchführung einzusehen, die Vorzeigung der Kassenbestände zu verlangen und extraordinäre Kassenrevisionen abzuhalten oder durch gewählte Deputationen abhalten zu lassen, besonders aber die Pflicht:

a) die vom Rechner aufzustellende Bilanz zu prüfen, im April jedes Jahres die Rechnung des vorhergehenden Jahres zu revidiren, abzuschliessen und darüber der Generalversammlung Bericht zu erstatten;

b) über die dem Vorstande zu ertheilende Ermächtigung zu Prozessen, soweit solche nicht wegen Beitreibung der Darlehen erforderlich sind, zu beschliessen;

c) die Bürgschaften für sämmtliche ausstehende Darlehen, den Wechselverkehr und die fortlaufenden Contos vierteljährlich in regelmässigen Sitzungen zu revidiren und auf die sofortige Kündigung und Einziehung gefährdeter Darlehen zu halten.

§. 18.

Der Verwaltungsrath hat sich zur Abwickelung seiner Geschäfte in regelmässigen Zwischenräumen, mindestens viermal jährlich, zu versammeln, und zwar in allen Fällen auf Einladung des Vorsitzenden nach Analogie des § 10 der Statuten. Die Versammlungstage zu den regelmässigen Sitzungen werden von der Generalversammlung festgesetzt. Die Beschlussfähigkeit des Verwaltungsrathes ist vorhanden, wenn einschliesslich des Vorsitzenden oder dessen Stellvertreters mehr als die Hälfte seiner Mitglieder anwesend ist. Bei Stimmengleichheit entscheidet die Stimme des Vorsitzenden.

§. 19.

Findet der Verwaltungrath, dass der Vorsteher, oder ein Mitglied des Vorstandes, oder der Gesammtvorstand, oder der Rechner (§. 22) die Vorschriften der Statuten nicht beachtet, oder das Interesse des Vereins nicht gewahrt haben, so steht ihm das Recht zu, alle die Massregeln zu ergreifen, welche ihm nöthig scheinen, das Vereinsinteresse zu wahren. Er ist befugt, sowohl jedes Mitglied des Vorstandes, wie den Gesammtvorstand und den Rechner, ausser Funktion zu setzen, hat aber dann, sowie überhaupt, wenn er das Interesse des Vereins gefährdet glaubt, sofort eine Generalversammlung zu berufen und dieser den Fall zur Entscheidung vorzulegen. Bezüglich der Ladung zu dieser Generalversammlung und des Vorsitzes in derselben tritt der Vorsitzende des Verwaltungsrathes an die Stelle des Vereinsvorstehers.

Sowohl der Vorstand, als der Rechner sind zu jeder Auskunft, sowie zur Vorlage der Vereinsakten, Bücher und Kassenbestände verpflichtet.

Im Uebrigen finden für den Verwaltungsrath die Vorschriften der §§ 28 und 29 des Gesetzes vom 4. Juli 1868 Anwendung und erfolgt die Legitimationsführung desselben für Prozesse und Verträge durch die Wahlprotokolle der Generalversammlung und des Verwaltungsrathes.

c) Generalversammlung.

§. 20.

Die sämmtlichen männlichen Vereinsmitglieder bilden die Generalversammlung und haben darin Stimmrecht (§. 5). Außer den in den §§ 38 und 39 gedachten Fällen ist die Generalversammlung in jeder Zahl beschlussfähig, wenn die Einladung unter Angabe der zur Verhandlung kommenden Gegenstände vorschriftsmässig ergangen ist.

Die Beschlüsse sind für die sämmtlichen Vereinsmitglieder bindend, wenn sie von absoluter Majorität der Anwesenden gefasst worden sind, selbstredend unter Ausschluss der oben gedachten Fälle.

§. 21.

Die Generalversammlung findet mindestens zweimal in jedem Jahre, und zwar, nach näherer Bestimmung derselben, im Frühjahre und Herbst regelmässig statt; ausserdem aber, so oft es der Vorstand, Verwaltungrath oder mindestens ein Zehntel der Vereinsmitglieder, letztere in schriftlichem, an den Vorsteher, resp. Vorsitzenden des Verwaltungsrathes gerichteten, Zweck und Gründe enthaltenden Antrage, für nöthig halten. Unterläßt der Vorsteher, resp. Vorsitzende des Verwaltungsrathes in letzterm Falle die rechtzeitige Einladung, so ist jedes andere Mitglied des Vorstandes oder Verwaltungsrathes dazu befugt.

Der Generalversammlung steht es zu, auf den in der Versammlung zu stellenden Antrag dem Vorsteher den Vorsitz zu entziehen und diesen einem anderen Vereinsmitgliede zu übertragen.

Besonderem Beschlusse der Versammlung bleibt es vorbehalten, auf das unentschuldigte Ausbleiben von Mitgliedern in ihren Sitzungen eine Conventionalstrafe festzusetzen, zu deren Zahlung dann die Mitglieder verpflichtet sind.

§. 22.

Die Generalversammlung wählt in ihren regelmässigen Frühjahrssitzungen aus den männlichen Mitgliedern, *und zwar einzeln*, den Vorsteher, dessen Stellvertreter, die Beisitzer des Vorstandes, die Mitglieder des Verwaltungsrathes und den Rechner nach absoluter Stimmenmehrheit. Wird solche bei der ersten Abstimmung nicht erreicht, so kommen bei der zweiten als letzten Abstimmung nur die zwei Mitglieder in die Wahl, welche die meisten Stimmen erhalten haben. Bei Stimmengleichheit entscheidet das Loos. Die Ausgeschiedenen sind wieder wählbar.

Ausser diesen Wahlen werden selbstredend in den regelmässigen Versammlungen alle sonstigen Vereinsangelegenheiten, welche dem Vorstande oder Verwaltungsrathe statutenmäßig nicht besonders übertragen sind, erledigt.

Es bleibt der Versammlung vorbehalten, selbst oder durch gewählte Deputationen sämmtliche Geschäftsführungen des Vereins zu controlieren, aussergewöhnliche Kassenrevisionen zu verfügen, den Vorstand, Verwaltungsrath ganz oder theilweise, ebenso den Rechner ausser Funktion zu setzen und sofort neu zu wählen, sowie überhaupt alle Anordnungen zu treffen, welche ihr im Interesse des Vereins nöthig scheinen.

Die Rechnung des vorhergehenden Jahres, bezüglich welcher der Rechner auf Antrag des Verwaltungsrathes zu entlasten, ist jedesmal in den Versammlungen offen zu legen, und es ist von dem Vorsteher über den Stand der Vereinsangelegenheiten, unter Mittheilung der Bilanz des vergangenen Jahres, ausführlich Bericht zu erstatten.

§. 23.

Die Abstimmung erfolgt durch Aufstehen und Sitzenbleiben, wenn die Versammlung in einzelnen Fällen nicht ausdrücklich die Abstimmung durch verdeckte Stimmzettel, Kugelung oder durch Namensaufruf beschliesst.

d) Rechner, Rechnungswesen.

§. 24.

Die Vereinnahmung und Verausgabung sämmtlicher Gelder des Vereins erfolgt durch einen auf Jahre mit dreimonatlicher Kündigungsfrist anzustellenden Rechner.

Dieser hat:

a) nach einer, von dem Vorstande zu entwerfenden und von dem Verwaltungsrathe festzusetzenden Instruction, sowie nach den Anweisungen des Vorstehers, die sämmtlichen Einnahmen und Ausgaben des Vereins pünktlich zu bewirken, die Bücher zu führen, sowie die Kassenbestände und Werthpapiere aufzubewahren;

b) am 31. Dezember jeden Jahres die Bilanz zu ziehen und dem Vorsteher bis zum 1. März jeden Jahres die Rechnung des vorhergehenden, mit den zu einem Hefte vereinigten Belägen und einer Vermögensnachweisung, vorzulegen.

§. 25.

Die Bilanz muss in einer summarischen Zusammenstellung enthalten:

1) das Vereinsvermögen (Activa), und zwar:
   a) den Werth der Immobilien,
   b) den Werth der Mobilien nach Abzug der gewöhnlichen Abnutzungskosten,
   c) den Kassenbestand in Baar und in Werthpapieren, letztere zum Tagescourse angesetzt,
   d) die ausstehenden Forderungen nach ihren verschiedenen Arten, wobei jedoch etwaige unsichere Forderungen nur nach ihrem wahrscheinlichen Werte aufzuführen, definitiv uneinziehbare aber ganz auszuscheiden sind.
2) Die Vereinsschulden (Passiva), nämlich:
   a) den Vorschuss nach der letzten Rechnung,
   b) die Schulden des Vereins,
   c) das Reservekapital,
   d) die noch zu machenden Ausgabereste.

Der Ueberschuss der Activa über die Passiva bildet den Reingewinn, der Ueberschuss der Passiva über die Activa den Verlust des Vereins.

§. 26.

Das Rechnungsjahr beginnt und schliesst mit dem Kalenderjahre.

§. 27.

Der Rechner darf weder Mitglied des Vorstandes, noch des Verwaltungsrathes sein. Er ist dem Vereine für die Vereinsgelder, sowie für die pünktliche Geschäftsführung verantwortlich. Er hat dieserhalb einen zahlfähigen Bürgen als Selbstschuldner und Zahlsmann, oder eine, von der Generalversammlung zu bestimmende, Caution zu stellen, welche, wie auch der Bürge, für die Kosten der Ermittelung, Feststellung und Beitreibung des etwaigen Defectes zu haften hat.

e) im Allgemeinen.

§. 28.

Ueber die Vergütungen, welche dem Rechner, sowie ausserdem den sonstigen, mit der Verwaltung beauftragten, mit Beschäftigung für den Verein besonders belasteten Vereinsmitgliedern zu gewähren sind, beschliesst die Generalversammlung. Zur Erstattung baarer Auslagen an Vereinsmitglieder genügt der Beschluss des Vereinsvorstandes.

§. 29.

Sowohl für den Vorstand, als den Verwaltungsrath und die Generalversammlung, ist je ein Protokollbuch anzulegen. Alle Beschlüsse der betreffenden Versammlung sind in dieselben einzutragen. Die Unterzeichnung erfolgt nach Vorlesung und Genehmigung von den Anwesenden. Die Beschlüsse der Generalversammlung werden jedoch nach erfolgter Vorlesung und Genehmigung der Versammlung nur von den anwesenden Mitgliedern des Vorstandes und des Verwaltungsrathes vollzogen.

Abschnitt IV.

Beschaffung und Verwendung der Vereinsmittel.

a) im Allgemeinen.

§. 30.

Die Geldmittel des Vereins werden aufgebracht durch Anlehen, Provision, Zinsüberschüsse, in gewissen Fällen auch Eintrittsgeld. Sie werden verwendet zu verzinslichen Darlehen an die Mitglieder, zu den Vereinskosten und zur Ansammlung eines Reservekapitals.

Der Generalversammlung bleibt es vorbehalten, zu bestimmen, ob der Geldverkehr sich auch auf Wechselgeschäfte und laufende Conto's für Mitglieder, welche Handelsgeschäfte treiben, ausdehnen soll. Für die Höhe des Credits ist dabei § . 33 massgebend.

b) Anlehen.

§. 31.

Ueber die Höhe der anzuleihenden fremden Kapitalien hat die Generalversammlung zu beschliessen.

Die Festsetzung der Anlehen für jedes Rechnungsjahr erfolgt in den regelmässigen Jahressitzungen, wenn nicht dringende Fälle besondere Versammlungen nöthig machen.

c) Provision, Zinsüberschüsse, Eintrittsgeld.

§. 32.

Die Vereinsmitglieder haben von den Darlehen die Zinsen und die Provision zu zahlen, welche von der Generalversammlung näher festgesetzt werden. Es wird jedoch hierbei bestimmt, dass Zinsen und Provision derart festzusetzen sind, dass das Reservekapital (§. 37) so lange stetig wächst, bis daraus der ganze Geldbedarf des Vereins befriedigt werden, der Verein also mit eigenen Mitteln wirthschaften kann.

Um Zinsüberschüsse für den Verein zu erzielen, sind die Vereinsanlehen zu möglichst billigem Zinsfusse zu bewirken.

Der Generalversammlung bleibt es vorbehalten, sobald das Reservekapital den Betrag von 2000 Thalern erreicht hat, für die ferner zutretenden Mitglieder ein Eintrittsgeld festzusetzen und dasselbe nach Steigerung des Reservekapitals um je 2000 Thaler zu erhöhen. Dasselbe darf jedoch ein Fünftel Prozent des Reservekapitals nicht übersteigen. Die Wittwen und Kinder von Vereinsmitgliedern sind von Zahlung des Eintrittsgeldes befreit.

Das Eintrittsgeld wird dem Reservekapitale zugeschlagen; eine Erstattung desselben an die Mitglieder findet also in keinem Falle statt.

d) Darlehen.

§. 33.

Die Hilfe darf nur Vereinsmitgliedern und deren Ehefrauen zu Theil werden, welche sichere Bürgschaft oder hypothekarische Sicherheit stellen können.

Eine Bürgschaft, sei es durch einen oder mehrere solidarisch haftbare Bürgen, ist als genügend anzusehen, wenn das Immobilarvermögen des, resp. der Bürgenden mindestens den doppelten Werth des zu garantirenden Darlehens hat. Die Feststellung dieses Immobiliarvermögens erfolgt, indem von dem wirklichen Werthe des vorhandenen Immobiliarvermögens des, resp. der Bürgen, deren sämmtliche Schulden in Abzug gebracht werden. Von jedem Bürgen muss als Selbstschuldner und Zahlsmann, resp. solidarisch gehaftet und auf die Einreden der Vorausklage und Theilung verzichtet werden. Die Feststellung muss in allen Fällen in möglichst schonender und nicht auffälliger Weise erfolgen, und ohne in verletzender Weise in die Verhältnisse der betreffenden Personen einzudringen.

Anstatt der Bürgschaft kann das Darlehen durch Hypothek gesichert werden. Bei Darlehen auf längere Zeit, namentlich über 5 Jahre, ist *wo möglich* auf hypothekarische Sicherheit hinzuwirken.

§. 34.

Unter solcher Bürgschaft, resp. Sicherheit, können von dem Vereinsvorstande den Mitgliedern, auf deren Antrag bei dem betreffenden Vorstandsmitgliede ihres Bezirks, Darlehen bewilligt werden.

Das Maximum des Betrags, über welches hinaus keinem Mitgliede, sei es in einer Bewilligung, oder in mehreren Summen, von dem Vorstande Darlehen verabfolgt werden dürfen, setzt die Generalversammlung durch besonderen Beschluss fest.

Ueber Beschwerden wegen zurückgewiesener Anträge auf Darlehen entscheidet der Verwaltungsrath, oder in letzter Instanz die Generalversammlung.

§. 35.

Die nur auf vierwöchentliche Kündigung zu bewilligenden Darlehen müssen in der Regel in fünf oder zehn aufeinander folgenden Jahren, zu gleichen Theilen, zurückgezahlt werden. Ueber Bewilligung von Darlehen auf länger als 10 Jahre, nach hinreichender Ansammlung des Reservekapitals, bleibt nähere Festsetzung der Generalversammlung vorbehalten.

Die jährlichen Rückzahlungstermine setzt die Generalversammlung durch besonderen Beschluss fest.

Sollten Mitglieder die Rückzahlungstermine nicht pünktlich einhalten, so muss in der Regel deren ganze Schuld an die Vereinskasse auf dem Gerichtswege unnachsichtlich beigetrieben werden.

Auf besonderen Wunsch können den Mitgliedern auch Darlehen auf drei Monate gewährt werden, nach deren Ablauf der Vorstand die Rückzahlungsfrist wiederholt auf gleiche Zeitdauer verlängern kann.

§. 36.

Ueber die Darlehen sind Schuld- und Bürgschafts-Scheine nach dem am Schlusse dieser Statuten beigefügten Schema B oder C aufzustellen, welche zugleich als Rechnungsbeläge für die betreffenden Ausgaben dienen.

Die in diesen Schuldscheinen gegenüber den Vereinsschuldnern vorgesehene vierwöchentliche Kündigung soll nur benutzt werden, wenn die von dem Vereine angeliehenden Capitalien massenweise gekündigt, oder wenn die Vereinsschuldner oder deren Bürgen in Verhältnisse gerathen, welche die Darlehen gefährden.

Da, wo Darlehen an Eheleute bewilligt werden, müssen die Schuldscheine sowohl von dem Ehemanne, als auch von der Ehefrau unterzeichnet, und es müssen die Eheleute auch als Schuldner aufgeführt werden.

e) Reservekapital.

§. 37.

Der nach §. 25 zu ermittelnde Gewinn soll als Reservekapital angesammelt werden. Das letztere hat vorab den Zweck, Ausfälle und Verluste des Vereins zu decken. Es bleibt Eigenthum des Vereins. Die Mitglieder haben persönlich keinen Antheil an demselben und können keine Theilung verlangen. Bei Auflösung des Vereins fällt das Reservekapital den

Gemeinden des Vereinsbezirks zu, deren Vertretungen dasselbe zu Darlehenskassen im Sinne dieser Statuten zu verwenden, selbst zu verwalten oder durch einen von ihnen gewählten Vorstand verwalten zu lassen haben.

Ist der Fall des §. 32 eingetreten, hat nämlich das Reservekapital die darin angegebene Höhe erreicht, so steht es der Generalversammlung zu, über die Zinsen desselben, sowie über den etwa ferner eingehenden Gewinn, zu gemeinnützigen Zwecken, besonders im Vortheile der Vereinsmitglieder, etwa durch Gründung und Begünstigung von Produktiv-Genossenschaften, Rohstoff- und Consum-Vereinen u. s. w., zu verfügen.

Abschnitt V.

Allgemeine Bestimmungen.

a) Abänderung der Statuten.

§. 38.

Die gegenwärtigen Statuten können von der Generalversammlung abgeändert werden. Zu dem desfallsigen Beschlusse ist die Anwesenheit von mehr als der Hälfte der Mitglieder erforderlich, sowie die kurze Bezeichnung der vorzuschlagenden Abänderungen in der vorgeschriebenen Einladung an die Mitglieder, mindestens acht Tage von der Sitzung.

Erscheint bei der ersten Einladung die vorbestimmte Zahl der Mitglieder nicht, so ist in gleicher Weise eine zweite Versammlung zu berufen, welche zu jeder Zahl beschlussfähig ist. Letzteres ist in der zweiten Einladung ausdrücklich zu bemerken. Die Abänderung des §. 37 kann nur stattfinden, wenn fünf Sechstel aller Mitglieder sich in zwei vorschriftsmässigen Sitzungen §. 10), zwischen welchen ein Zwischenraum von mindestens 4 Wochen liegen muss, einverstanden erklären.

b) Auflösung, Liquidation und Verjährung.

§. 39.

Zur freiwilligen Auflösung des Vereins ist die Zustimmung von mindestens fünf Sechstel aller Mitglieder, in zwei vorschriftsmässigen, mindestens 4 Wochen auseinandergelegenen Sitzungen §. 10) erforderlich, sowie ferner, dass der dahin gehende Antrag 14 Tage vor den Sitzungen nachweislich sämmtlichen Mitgliedern zugestellt worden ist.

Die Auflösung ist zu drei verschiedenen Malen in den Lokalblättern bekannt zu machen. Durch die Bekanntmachung müssen die Gläubiger zugleich aufgefordert werden, sich bei dem Vorsteher zu melden.

Es ist sodann zur Liquidation zu schreiten, d. h. es sind die sämmtlichen Ausstände beizutreiben und die Vereinsschulden zu zahlen.

Im Uebrigen kommen in Bezug auf die Auflösung, die Liquidation und die Verjährung die Bestimmungen der Abschnitte IV, V, VI des Genossenschaftsgesetzes für den Norddeutschen Bund vom 4. Juli 1868 zur Anwendung, soweit nicht diese Statuten Abänderungen enthalten.

c) Ausschliessung des gerichtlichen Processverfahrens.

§. 40.

Streitigkeiten über die Bestimmungen der Vereinsstatuten, oder zwischen Mitgliedern des Vereins über sonstige Vereinsangelegenheiten, werden endgültig durch die Generalversammlung geschlichtet. Die Mitglieder erklären ausdrücklich, sich der Entscheidung dieser Versammlung zu unterwerfen und auf den Rechtsweg zu verzichten.

Genossenschaftsgesetz und Genossenschaftsregister-Verordung, enthalten in dem am 17. Mai 1873 ausgegebene Reichsgesetzblatt für die im Reichsrat vertretenen Königreiche und Länder, XXV. Stück, Nr. 70 und Nr. 71

Gesetz vom 9. April 1873, über Erwerbs- und Wirthschaftsgenossenschaften

Mit Zustimmung beider Häuser des Reichsrathes finde Ich anzuordnen, wie folgt:

I. Hauptstück. Allgemeine Bestimmungen.

Erster Abschnitt.

Von der Errichtung der Genossenschaften und dem Rechtsverhältnisse ihrer Mitglieder.

§. 1.

Die Bestimmungen dieses Gesetzes haben Anwendung zu finden auf Vereine von nicht geschlossener Mitgliederzahl, welche die Förderung des Erwerbes oder der Wirthschaft ihrer Mitglieder mittelst gemeinschaftlichen Geschäftsbetriebes oder mittelst Creditgewährung bezwecken (Erwerbs- und Wirthschaftsgenossenschaften), wie auf

Vorschuß- und Creditvereine,
Rohstoff- und Magazinvereine,
Productivgenossenschaften,
Consumvereine und
Wohnungsgenossenschaften u. dgl.

§. 2.

Erwerbs- und Wirthschaftsgenossenschaften können entweder mit unbeschränkter oder mit beschränkter Haftung ihrer Mitglieder errichtet werden.

Im ersten Falle haftet jeder Genossenschafter für die Verbindlichkeiten der Genossenschaft solidarisch mit seinem ganzen Vermögen, im zweiten Falle nur bis zu einem bestimmten, im Voraus festgesetzten Betrage.

§. 3.

Zur Gründung der Genossenschaft ist erforderlich:

1. die Annahme einer Genossenschaftsfirma;
2. die schriftliche Abfassung des Genossenschaftsvertrages (Statuts);
3. die Eintragung dieses Vertrages in das Genossenschaftsregister.

Der Beitritt der einzelnen Genossenschafter geschieht durch schriftliche Erklärung.

§. 4.

Die Genossenschaftsfirma muß vom Gegenstande der Unternehmung entlehnt sein, die Bezeichnung "registrirte Genossenschaft", und je nach Beschaffenheit der Haftung (§. 2) den Beisatz: "mit unbeschränkter Haftung" oder: "mit beschränkter Haftung" enthalten.

Der Name von Genossenschaftern oder anderen Personen darf in der Firma nicht aufgenommen werden. Jede neue Firma muß sich von allen an demselben Orte oder in derselben Gemeinde bereits bestehenden Firmen registrirter Genossenschaften deutlich unterscheiden.

§. 5.

Der Genossenschaftsvertrag muß enthalten:

1. die Firma und den Sitz der Genossenschaft;
2. den Gegenstand des Unternehmens;
3. Die Zeitdauer der Genossenschaft, im Falle dieselbe auf eine bestimmte Zeit beschränkt sein soll;
4. die Bedingungen des Eintrittes der Genossenschafter, sowie die allfälligen besonderen Bestimmungen über das Ausscheiden (Austritt, Tod oder Ausschließung) derselben;
5. den Betrag der Geschäftsantheile der einzelnen Genossenschafter und die Art der Bildung dieser Antheile;
6. die Grundsätze, nach welchen die Bilanz aufzunehmen und der Gewinn zu berechnen ist, die Art und Weise, wie die Prüfung der Bilanz erfolgt, sowie die Bestimmung über die Vertheilung des Gewinnes und Verlustes unter die einzelnen Genossenschafter;
7. die Art der Wahl und Zusammensetzung des Vorstandes und die Formen für die Legitimation der Mitglieder des Vorstandes, sowie der Stellvertreter derselben und der Beamten der Genossenschaft;
8. die Form, in welcher die Zusammenberufung der Genossenschafter geschieht;
9. die Bedingungen des Stimmrechtes der Genossenschafter und die Form, in welcher dasselbe ausgeübt wird;
10. die Gegenstände, über welche nicht schon durch einfache Stimmenmehrheit der auf Zusammenberufung erschienenen Genossenschafter, sondern nur durch eine größere Stimmenmehrheit oder nach anderen Erfordernissen Beschluß gefaßt werden kann;
11. die Art und Weise, in welcher die von der Genossenschaft ausgehenden Bekanntmachungen erfolgen;
12. die Angabe, ob die Haftung der Genossenschafter für die Verbindlichkeiten der Genossenschaft eine unbeschränkte oder beschränkte ist, und wenn im letzteren Falle die Haftung über das im Gesetze bestimmte Maß (§. 76) ausgedehnt wird, die Angabe des Umfanges dieser Haftung;
13. die Benennung der Mitglieder des ersten Vorstandes oder derjenigen Personen, welche die Registrirung der Genossenschaft zu erwirken haben.

§. 6.

Der in das Genossenschaftsregister eingetragene (registrirte) Genossenschaftsvertrag muß im Auszuge veröffentlicht werden.

Der Auszug muß enthalten:

1. das Datum des Genossenschaftsvertrages;
2. die Firma und den Sitz der Genossenschaft;
3. den Gegenstand des Unternehmens;

4. die Zeitdauer der Genossenschaft, im Falle dieselbe auf eine bestimmte Zeit beschränkt sein soll;

5. die Namen und den Wohnort der Mitglieder des Vorstandes, falls ein solcher schon in dem Genossenschaftsvertrage bestellt ist;

6. die Art und Weise, in welcher die von der Genossenschaft ausgehenden Bekanntmachungen erfolgen;

7. die Angabe, ob die Haftung der Genossenschafter für die Verbindlichkeiten der Genossenschaft eine unbeschränkte oder beschränkte ist, und wenn im letzteren Falle die Haftung über das im Gesetze bestimmte Maß (§. 76) ausgedehnt wird, die Angabe des Umfanges dieser Haftung.

Ist in dem Genossenschaftsvertrage eine Form bestimmt, in welcher der Vorstand seine Willenserklärungen kund gibt und für die Genossenschaft zeichnet, so ist auch diese Bestimmung zu veröffentlichen.

§. 7.

Bei jedem Handelsgerichte ist ein Genossenschaftsregister über diejenigen Genossenschaften zu führen, welche in dem Sprengel desselben ihren Sitz haben.

Hinsichtlich dieses Registers gelten die im Handelsgesetzbuche in Bezug auf das Handelsregister gegebenen Bestimmungen.

Vergleiche hierüber die Artikel 12 - 14 des Handelsgesetzbuches, die §§. 10 - 15 und 18 des Einführungsgesetzes hiezu und die am Schlusse dieses Gesetzes folgende Ministerialverordnung über die Führung des Genossenschaftsregisters.

§. 8.

Vor erfolgter Eintragung in das Genossenschaftsregister besteht die Genossenschaft als solche nicht. Wenn vor erfolgter Eintragung im Namen der Genossenschaft gehandelt wird, so haften die Handelnden persönlich und solidarisch.

§. 9.

Jede Abänderung des Genossenschaftsvertrages muß schriftlich erfolgen und dem Handelsgerichte unter Beilegung einer Abschrift des Genossenschaftsbeschlusses angemeldet werden.

Mit dem Abänderungsbeschlusse wird in gleicher Weise wie mit dem ursprünglichen Vertrage verfahren. Eine Veröffentlichung desselben findet nur insoweit statt, als sich dadurch die in den früheren Bekanntmachungen enthaltenen Bestimmungen ändern.

Der Beschluß hat keine rechtliche Wirkung, bevor derselbe bei dem Handelsgerichte, in dessen Bezirk die Genossenschaft ihren Sitz hat, in das Genossenschaftsregister eingetragen ist.

§. 10.

Bei jedem Handelsgerichte, in dessen Bezirk die Genossenschaft eine Zweigniederlassung hat, muß diese behufs der Eintragung in das Genossenschaftsregister angemeldet werden, und ist dabei Alles zu beobachten, was die §§. 6 und 9 für das Hauptgeschäft vorschreiben.

§. 11.

Das Rechtsverhältniß der Genossenschafter unter einander richtet sich zunächst nach dem Genossenschaftsvertrage. Letzterer darf von den Bestimmungen dieses Gesetzes nur in denjenigen Punkten abweichen, bei welchen dieß ausdrücklich für zulässig erklärt ist.

§. 12.

Die Genossenschaft kann unter ihrer Firma Rechte erwerben und Verbindlichkeiten eingehen, Eigenthum und andere dingliche Rechte auch an Grundstücken erwerben, vor Gericht klagen und geklagt werden.

Ihr ordentlicher Gerichtsstand ist bei dem Gerichte, in dessen Bezirk sie ihren Sitz hat.

§. 13.

Für Genossenschaften, deren Unternehmen ganz oder theilweise Handelsgeschäfte zum Gegenstande hat, gelten, insoweit dieses Gesetz keine abweichenden Vorschriften enthält, die in Betreff der Kaufleute gegebenen Bestimmungen des Handelsgesetzbuches.

Vgl. Art. 41 - 65 und 266 fg. des H.G.B.

§. 14.

Am Sitze der Genossenschaft und einer jeden Zweigniederlassung derselben ist ein Register zu führen, in welches der Vor- und Zuname und Stand eines jeden Genossenschafters, der Tag seines Eintrittes in die Genossenschaft und seines Ausscheidens aus derselben, die Anzahl der einem Jeden gehörigen Geschäftsantheile, sowie die Kündigung eines oder mehrerer Geschäftsantheile einzutragen ist.

Die Einsicht dieses Registers, sowie des Genossenschaftsvertrages und seiner allfälligen Abänderungen muß Jedermann gestattet werden.

Zweiter Abschnitt.

Von dem Vorstande, dem Aufsichtsrathe und der Generalversammlung.

§. 15.

Jede Genossenschaft muß einen aus der Zahl der Genossenschafter zu wählenden Vorstand haben. Sie wird durch denselben gerichtlich und außergerichtlich vertreten.

Der Vorstand kann aus einem oder mehreren Mitgliedern bestehen, diese können besoldet oder unbesoldet sein. Ihre Bestellung ist zu jeder Zeit widerruflich, unbeschadet der Entschädigungsansprüche aus bestehenden Verträgen.

§. 16.

Die jeweiligen Mitglieder des Vorstandes müssen alsbald nach ihrer Bestellung zur Eintragung in das Genossenschaftsregister angemeldet werden. Der Anmeldung ist ihre Legitimation beizufügen. Die Mitglieder des Vorstandes haben ihre Unterschrift vor dem Handelsgerichte zu zeichnen oder die Zeichnung in beglaubigter Form einzureichen.

In gleicher Weise muß bei jeder Aenderung der Mitglieder des Vorstandes, beziehungsweise bei Bestellung von Stellvertretern vorgegangen werden.

Ist die Aenderung nicht in das Genossenschaftsregister eingetragen und öffentlich bekannt gemacht, so kann sie die Genossenschaft einem Dritten nur dann entgegensetzen, wenn sie beweist, daß die Aenderung Letzterem beim Abschlusse des Geschäftes bekannt war.

Ist die Eintragung und Bekanntmachung geschehen, so muß ein Dritter die Aenderung gegen sich gelten lassen, soferne nicht durch die Umstände die Annahme begründet wird, daß er die Aenderung beim Abschlusse des Geschäftes weder gekannt habe, noch habe kennen müssen.

§. 17.

Der Vorstand hat in der durch den Genossenschaftsvertrag bestimmten Form seine Willenserklärung kund zu geben und für die Genossenschaft zu zeichnen. Ist nichts darüber bestimmt, so ist die Zeichnung durch sämmtliche Mitglieder des Vorstandes erforderlich. Die Zeichnung geschieht in der Weise, daß die Zeichnenden zu der Firma der Genossenschaft oder zu der Benennung des Vorstandes ihre Unterschrift hinzufügen.

§. 18.

Die Genossenschaft wird durch die vom Vorstande in ihrem Namen geschlossenen Rechtsgeschäfte berechtigt und verpflichtet. Es ist gleichgiltig, ob das Geschäft ausdrücklich im Namen der Genossenschaft geschlossen worden ist, oder ob die Umstände ergeben, daß es nach dem Willen der Contrahenten für die Genossenschaft geschlossen werden sollte.

Die Befugniß des Vorstandes zur Vertretung der Genossenschaft erstreckt sich auch auf alle Geschäfte, zu welchen nach dem allgemeinen bürgerlichen Rechte eine besondere, auf die Gattung des Geschäftes lautende Vollmacht erforderlich ist.

§. 19.

Der Vorstand ist der Genossenschaft gegenüber verpflichtet, die Beschränkungen einzuhalten, welche in dem Genossenschaftsvertrage oder durch Beschlüsse der Generalversammlung für den Umfang seiner Befugniß, die Genossenschaft zu vertreten, festgesetzt sind. Gegen dritte Personen hat jedoch eine Beschränkung des Vorstandes, die Genossenschaft zu vertreten, keine rechtliche Wirkung. Dieß gilt insbesondere für den Fall, daß die Vertretung sich nur auf gewisse Geschäfte oder Arten von Geschäften erstrecken, oder nur unter gewissen Umständen, oder für einen gewisse Zeit oder an einzelnen Orten stattfinden soll, oder daß die Zustimmung der Generalversammlung, eines Aufsichtsrathes oder eines anderen Organes der Genossenschaft für einzelne Geschäfte erfordert wird.

§. 20.

Eide Namens der Genossenschaft werden durch den Vorstand geleistet.

§. 21.

Zur Behändigung von Vorladungen und anderen Zustellungen an die Genossenschaft genügt es, wenn dieselbe an ein Mitglied des Vorstandes, welches zu zeichnen oder mitzuzeichnen befugt ist, oder an einen Beamten der Genossenschaft, welcher dieselbe vor Gericht zu vertreten berechtigt ist, geschieht.

§. 22.

Der Vorstand ist verpflichtet, Sorge zu tragen, daß die erforderlichen Bücher der Genossenschaft geführt werden.

Denselben kommt, insoferne sie nach Vorschrift des Handelsgesetzbuches geführt sind, zur Nachweisung der Forderung der Genossenschaft aus den ihr gesetzlich gestatteten Geschäften das den Handelsbüchern durch Artikel 34 des Handelsgesetzbuches und nach den §§. 19, 20, 21 und 22 des Einführungsgesetzes zu diesem Handelsgesetze (R. G. Bl. vom Jahre 1863, Nr. 1) eingeräumte Maß der Beweiskraft zu.

Der Vorstand muß spätestens in den ersten sechs Monaten jedes Geschäftsjahres einen Rechnungsabschluß des verflossenen Geschäftsjahres nebst der Bilanz bekannt machen. In dieser Bekanntmachung ist insbesondere auch die Zahl der Mitglieder, welche zur Zeit des Bilanzabschlusses der Genossenschaft angehört haben, dann der im Laufe des Bilanzjahres eingetretenen und ausgeschiedenen Mitglieder, sowie die Zahl der beim Bilanzabschlusse bestandenen und der im Laufe des Bilanzjahres zugewachsenen gekündigten oder rückgezahlten Geschäftsantheile anzugeben.

§. 23.

Mitglieder des Vorstandes, welche in dieser ihrer Eigenschaft außer den Grenzen ihres Auftrages oder den Vorschriften dieses Gesetzes oder des Genossenschaftsvertrages entgegen handeln, haften persönlich und solidarisch für den dadurch entstandenen Schaden.

§. 24.

Der Genossenschaftsvertrag kann dem Vorstande einen Aufsichtsrath, welcher von den Genossenschaftern aus ihrer Mitte, mit Ausschluß der Vorstandsmitglieder, gewählt wird, und dessen Bestellung zu jeder Zeit widerruflich ist, an die Seite setzen.

Ist ein Aufsichtsrath bestellt, so überwacht derselbe die Geschäftsführung der Genossenschaft in allen Zweigen der Verwaltung, er kann sich von dem Gange der Angelegenheiten der Genossenschaft unterrichten, die Bücher und Schriften derselben jederzeit einsehen und den Bestand der Genossenschaftscasse untersuchen. Er kann, sobald es ihm nothwendig erscheint, Vorstandsmitglieder und Beamte vorläufig, und zwar bis zur Entscheidung der demnächst zu berufenden Generalversammlung, von ihren Befugnissen entbinden und wegen einstweiliger Fortführung der Geschäfte die nöthigen Anstalten treffen.

Er hat die Rechnungen über die einzelnen Geschäftsperioden, insbesondere die Jahresrechnungen, die Bilanzen und die Vorschäge zur Gewinnvertheilung zu prüfen und darüber alljährlich der Generalversammlung Bericht zu erstatten.

Er hat eine Generalversammlung zu berufen, wenn dieß im Interesse der Genossenschaft erforderlich ist.

Die Mitglieder des Aufsichtsrathes haften für den Schaden, welchen sie durch die Nichterfüllung ihrer Obliegenheiten verursachen.

§. 25.

Der Aufsichtsrath ist ermächtigt, gegen die Vorstandsmitglieder die Processe zu führen, welche die Generalversammlung beschließt.

Wenn die Genossenschaft gegen die Mitglieder des Aufsichtsrathes einen Prozeß zu führen hat, so wird sie durch Bevollmächtigte vertreten, welche in der Generalversammlung gewählt werden.

Jeder Genossenschafter ist befugt, als Intervenient in die vorerwähnten Processe auf seine Kosten einzutreten.

§. 26.

Der Betrieb von Geschäften der Genossenschaft, sowie die Vertretung der Genossenschaft in Beziehung auf diesen Geschäftsbetrieb kann auch Beamten der Genossenschaft oder anderen Personen als Bevollmächtigten der Genossenschaft zugewiesen werden. In diesem Falle bestimmt sich die Befugniß derselben nach der ihnen ertheilten Vollmacht, sie erstreckt sich im Zweifel auf alle Rechtshandlungen, welche die Ausführung derartiger Geschäfte gewöhnlich mit sich bringt.

§. 27.

Die Rechte, welche den Genossenschaftern in Angelegenheiten der Genossenschaft, insbesondere in Beziehung auf die Führung der Geschäfte, die Einsicht und Prüfung der Bilanz und die Bestimmung der Gewinnvertheilung zustehen, werden von der Gesammtheit der Genossenschafter in der Generalversammlung ausgeübt.

Jeder Genossenschafter hat hiebei Eine Stimme, wenn nicht der Genossenschaftsvertrag etwas Anderes festsetzt.

§. 28.

Die Generalversammlung der Genossenschafter wird durch den Vorstand berufen, soweit nicht nach dem Genossenschaftsvertrage oder nach diesem Gesetze auch andere Personen dazu befugt sind.

§. 29.

Eine Generalversammlung der Genossenschafter ist außer den im Genossenschaftsvertrage ausdrücklich bestimmten Fällen zu berufen, wenn dieß im Interesse der Genossenschaft erforderlich erscheint.

Die Generalversammlung muß sofort berufen werden, wenn mindestens der zehnte Theil der Mitglieder der Genossenschaft in einer von ihnen unterzeichneten Eingabe unter Anführung des Zwecks und der Gründe darauf anträgt. Ist in dem Genossenschaftsvertrage das Recht, die Berufung einer Generalversammlung zu verlangen, einer größeren oder geringeren Zahl von Genossenschaftern beigelegt, so hat es dabei sein Bewenden.

Die zur Einberufung der Generalversammlung Verpflichteten sind hiezu erforderlichen Falles auf Begehren der Antragsteller von dem Handelsgerichte durch Geldstrafen bis zu 300 fl. österr. Währung zu verhalten.

§. 30.

Die Berufung der Generalversammlung hat in der durch den Genossenschaftsvertrag bestimmten Weise zu erfolgen.

Der Zweck der Generalversammlung muß jederzeit bei der Berufung bekannt gemacht werden. Ueber Gegenstände, deren Verhandlung nicht in dieser Weise angekündigt ist, können Beschlüsse nicht gefaßt werden; hiervon ist jedoch der Beschluß über den in einer Generalversammlung gestellten Antrag auf Berufung einer außerordentlichen Generalversammlung ausgenommen.

Zur Stellung von Anträgen und zu Verhandlungen ohne Beschlußfassung bedarf es der Ankündigung nicht.

§. 31.

Zur Beschlußfähigkeit der Generalversammlung ist, insoferne der Genossenschaftsvertrag nichts Anderes bestimmt, erforderlich, daß in derselben wenigstens der zehnte Theil der Mitglieder anwesend oder vertreten ist.

§. 32.

Im Falle der Beschlußunfähigkeit einer Generalversammlung ist, wenn der Genossenschaftsvertrag nichts Anderes bestimmt, eine zweite Versammlung einzuberufen, welche ohne Rücksicht auf die Zahl der anwesenden oder vertretenen Mitglieder beschlußfähig ist.

Die zweite Generalversammlung ist auf die Verhandlung jener Gegenstände beschränkt, für welche die vereitelte Versammlung einberufen war.

§. 33.

Wenn der Genossenschaftsvertrag über die Art der Beschlußfassung nichts Anderes bestimmt, werden die Beschlüsse der Generalversammlung mit absoluter Stimmenmehrheit gefaßt; der Vorsitzende nimmt an der Abstimmung Theil und bei Stimmengleichheit gilt jene Meinung als Beschluß, welcher der Vorsitzende beigetreten ist.

Eine Abänderung des Genossenschaftsvertrages, sowie die Auflösung der Genossenschaft kann, vorbehaltlich einer abweichenden Bestimmung des Genossenschaftsvertrages, nur mit einer Mehrheit von wenigstens zwei Dritteln der abgegebenen Stimmen beschlossen werden.

§. 34.

Der Vorstand ist zur Beobachtung und Ausführung aller Bestimmungen des Genossenschaftsvertrages und der in Gemäßheit desselben von der Generalversammlung giltig gefaßten Beschlüsse verpflichtet und dafür der Genossenschaft verantwortlich.

Die Beschlüsse der Generalversammlung sind in ein Protokollbuch einzutragen, dessen Einsicht jedem Genossenschafter und der Verwaltungsbehörde freisteht.

§. 35.

Der Vorstand ist verpflichtet, jedem Genossenschafter auf Verlangen eine Abschrift (Abdruck) des Genossenschaftsvertrages mit den allfälligen Aenderungen und Ergänzungen desselben, dann eine Abschrift der genehmigten Rechnungsabschlüsse und Bilanzen gegen Ersatz der Kosten zu erfolgen und diese Schriftstücke auf Begehren mit seiner Unterschrift zu versehen.

Der Vorstand hat außerdem eine Abschrift (einen Abdruck) des Genossenschaftsvertrages, sowie jede Aenderung desselben binnen acht Tagen nach erfolgter Registrirung, und eine Abschrift der genehmigten Rechnungsabschlüsse und Bilanzen binnen acht Tagen nach erfolgter Genehmigung der Landesstelle im Wege der politischen Bezirksbehörde vorzulegen. Die Mitglieder des Vorstandes sind hiezu von den politischen Behörden, nöthigenfalls mittelst Geldstrafen bis zu 100 fl., zu verhalten.

Dritter Abschnitt.

Von der Auflösung der Genossenschaft.

§. 36.

Die Genossenschaft wird aufgelöst:

1. durch Ablauf der im Genossenschaftsvertrage bestimmten Zeit;
2. durch einen Beschluß der Genossenschaft;
3. durch Eröffnung des Concurses;
4. durch eine Verfügung der Verwaltungsbehörde (§. 37).

§. 37.

Die Auflösung einer Genossenschaft kann von der Verwaltungsbehörde verfügt werden, wenn aus Anlaß der Thätigkeit oder der Verhandlungen der Genossenschaft ein rechtskräftiges Straferkenntnis in Gemäßheit des §. 38 dieses Gesetzes erfolgt ist.

Die Strafgerichte haben derartige Erkenntnisse sogleich, nachdem sie in Rechtskraft erwachsen sind, der politischen Landesstelle mitzutheilen.

§. 38.

Das Auflösungserkenntniß steht der politischen Landesstelle zu, in deren Gebiet die Genossenschaft ihren Sitz hat, und wenn sich die Wirksamkeit der Genossenschaft durch Zweigniederlassungen auf mehrere Länder erstreckt, jener politischen Landesstelle, in deren Gebiet sich das Hauptgeschäft befindet. Gegen das Auflösungserkenntniß kann binnen vier Wochen der Recurs an das Ministerium des Innern ergriffen werden.

Die Befugniß der politischen Landesstelle, die Auflösung einer Genossenschaft auf Grund eines strafgerichtlichen Erkenntnisses (§. 37) zu verfügen, erlischt mit Ablauf von drei Monaten, nachdem dieses Erkenntnis in Rechtskraft erwachsen ist.

§. 39.

Die von der Verwaltungsbehörde rechtskräftig verfügte Auflösung ist von Amtswegen dem Handelsgerichte zur Eintragung in das Genossenschaftsregister und Bekanntmachung mitzutheilen.

§. 40.

Die Auflösung der Genossenschaft muß, wenn sie nicht eine Folge des eröffneten Concurses oder nicht von der Verwaltungsbehörde verfügt ist, durch den Vorstand zur Eintragung in das Genossenschaftsregister angemeldet und zu drei verschiedenen Malen durch die für die Bekanntmachung solcher Eintragungen bestimmten Blätter verlautbart werden.

Durch diese Bekanntmachung müssen die Gläubiger zugleich aufgefordert werden, sich bei der Genossenschaft zu melden.

Vierter Abschnitt.

Von der Liquidation der Genossenschaft.

§. 41.

Nach Auflösung der Genossenschaft außer dem Falle des Concurses erfolgt die Liquidation durch den Vorstand, wenn nicht dieselbe durch den Genossenschaftsvertrag oder einen Beschluß der Genossenschaft an andere Personen übertragen wird. Die Bestellung der Liquidatoren ist jederzeit widerruflich.

§. 42

Die Liquidatoren sind von dem Vorstande beim Handelsgerichte zur Eintragung in das Genossenschaftsregister anzumelden; sie haben ihre Unterschrift persönlich vor dieser Behörde zu zeichnen oder die Zeichnungen in beglaubigter Form einzureichen.

Das Austreten eines Liqudators oder das Erlöschen der Vollmacht eines solchen ist gleichfalls zur Eintragung in das Genossenschaftsregister anzumelden.

§. 43.

Dritten Personen kann die Ernennung von Liquidatoren, sowie das Austreten eines Liquidators oder das Erlöschen der Vollmacht eines solchen nur unter denselben Voraussetzungen entgegengesetzt werden, unter welchen einem Dritten nach §. 16 eine Aenderung der Vorstandsmitglieder entgegengesetzt werden kann.

Sind mehrere Liquidatoren vorhanden, so können sie die zur Liquidation gehörenden Handlungen mit rechtlicher Wirkung nur in Gemeinschaft vornehmen, sofern nicht ausdrücklich bestimmt ist, daß sie einzeln handeln können.

§. 44.

Die Liquidatoren haben die laufenden Geschäfte zu beendigen die Verpflichtungen der aufgelösten Genossenschaft zu erfüllen, die Forderungen derselben einzuziehen und das Vermögen der Genossenschaft in Geld umzusetzen; sie haben die Genossenschaft gerichtlich und außergerichtlich zu vertreten, sie können für dieselbe Vergleiche schließen und Compromisse eingehen. Neue Geschäfte können die Liquidatoren nur zur Beendigung schwebender Geschäfte eingehen.

Die Veräußerung von unbeweglichen Sachen kann durch die Liquidatoren, sofern nicht der Genossenschaftsvertrag oder ein Beschluß der Genossenschaft anders bestimmt, nur durch öffentliche Versteigerung bewirkt werden.

§. 45.

Eine Beschränkung des Umfanges der Geschäftsbefugnisse der Liquidatoren (§. 44) hat gegen dritte Personen keine rechtliche Wirkung.

§. 46.

Die Liquidatoren haben ihre Unterschrift in der Weise abzugeben, daß sie der bisherigen, nunmehr als Liquidationsfirma zu bezeichnenden Firma ihre Namen beifügen.

§. 47.

Die Liquidatoren haben der Genossenschaft gegenüber bei der Geschäftsführung den von der Generalversammlung gefaßten Beschlüssen Folge zu geben, widrigenfalls sie der Genossenschaft für den durch ihr Entgegenhandeln erwachsenen Schaden persönlich und solidarisch haften.

§. 48.

Die bei Auflösung der Genossenschaft vorhandenen und die während der Liquidation eingehenden Gelder, werden, wie folgt, verwendet:

1. Es werden zunächst die Gläubiger der Genossenschaft je nach der Fälligkeit ihrer Forderungen befriedigt und die zur Deckung noch nicht fälliger Forderungen nöthigen Summen zurückbehalten;
2. aus den verbleibenden Ueberschüssen werden die auf die Geschäftsantheile eingezahlten Beträge an die Genossenschafter zurückgezahlt. Reicht der Bestand zur vollständigen Deckung nicht aus, so erfolgt die Vertheilung desselben nach Verhältniß der Höhe der einzelnen Guthaben, wenn in dem Genossenschaftsvertrage nichts Anderes bestimmt ist;
3. der nach Deckung der Schulden der Genossenschaft, sowie der Geschäftsantheile der Genossenschafter noch vorhandene Ueberschuß wird, nach den Bestimmungen des Genossenschaftsvertrages über die Gewinnvertheilung (§. 5, Abs.6) unter die Genossenschafter vertheilt.

§. 49.

Die Liquidatoren haben sofort beim Beginne der Liquidation eine Bilanz aufzustellen. Ergibt diese oder eine später aufgestellte Bilanz, daß die Activen der Genossenschaft einschließlich des Reservefondes und der Geschäftsantheile der Genossenschafter zur Deckung der Schulden der Genossenschaft nicht hinreichen, so haben die Liquidatoren bei eigener Verantwortlichkeit sofort die Eröffnung des Concurses über das Vermögen der Genossenschaft zu beantragen und hiervon einer gleichzeitig zu berufenden Generalversammlung die Mittheilung zu machen.

§. 50.

Ungeachtet der Auflösung der Genossenschaft kommen bis zur Beendigung der Liquidation im Uebrigen in Bezug auf die Rechtsverhältnisse der bisherigen Genossenschafter unter einander, sowie zu dritten Personen die Anordnungen des ersten und zweiten Abschnittes zur Anwendung, soweit sich aus den Bestimmungen des gegenwärtigen Abschnittes und aus dem Wesen der Liquidation nicht ein Anderes ergibt.

Der Gerichtsstand, welchen die Genossenschaft zur Zeit ihrer Auflösung hatte, bleibt bis zur Beendigung der Liquidation für die aufgelöste Genossenschaft bestehen. Zustellungen an die Genossenschaft geschehen mit rechtlicher Wirkung an einen der Liquidatoren.

§. 51.

Nach Beendigung der Liquidation werden die Bücher und Schriften der aufgelösten Genossenschaft einem der gewesenen Genossenschafter oder einem Dritten in Verwahrung gegeben. Der Genossenschafter oder der Dritte wird in Ermangelung einer gütlichen Uebereinkunft durch das Handelsgericht bestimmt.

Die Genossenschafter und deren Rechtsnachfolger behalten das Recht auf Einsicht und Benützung der Bücher und Papiere.

§. 52.

Inwieferne über das Vermögen der Genossenschaft außer dem im §. 49 bezeichneten Falle der Concurs zu eröffnen ist, wird durch die Concursordnung bestimmt.

Ein Zwangsausgleich findet nicht statt.

II. Hauptstück.

Besondere Bestimmungen für Genossenschaften mit unbeschränkter Haftung

§. 53.

Die Mitglieder einer mit unbeschränkter Haftung errichteten Genossenschaft haften für alle Verbindlichkeiten der Genossenschaft, insoferne zur Deckung derselben im Falle der Liquidation oder des Concurses die Activen der Genossenschaft nicht ausreichen, solidarisch mit ihrem ganzen Vermögen.

Wer in eine bestehende Genossenschaft eintritt, haftet gleich den anderen Genossenschaften für alle von der Genossenschaft vor seinem Eintritte eingegangenen Verbindlichkeiten.

Ein entgegenstehender Vertrag ist gegen Dritte ohne rechtliche Wirkung.

§. 54.

Jeder Genossenschafter hat das Recht, aus der Genossenschaft auszutreten, auch wenn der Genossenschaftsvertrag auf bestimmte Zeit geschlossen ist.

Ist über die Kündigungsfrist und den Zeitpunkt des Austrittes im Genossenschaftsvertrage nichts festgesetzt, so findet der Austritt nur mit dem Schlusse des Geschäftsjahres nach vorheriger mindestens vierwöchentlicher Kündigung statt. Ferner erlischt die Mitgliedschaft durch den Tod, sofern der Genossenschaftsvertrag keine entgegengesetzten Bestimmungen enthält.

§. 55.

Die aus der Genossenschaft ausgeschiedenen Mitglieder, sowie ihre Erben bleiben den Gläubigern der Genossenschaft innerhalb der Verjährungsfrist für alle bis zum Ausscheiden von der Genossenschaft eingegangenen Verbindlichkeiten in Haftung.

Wenn der Genossenschaftsvertrag nichts Anderes bestimmt, haben sie an den Reservefond und an das sonst vorhandene Vermögen der Genossenschaft keinen Anspruch, sie sind nur berechtigt zu verlangen, daß ihnen ihr Geschäftsantheil, wie er sich nach dem Rechnungsabschlusse für das Jahr, in welchem der Genossenschafter ausgeschieden ist, darstellt, einen Monat nach Feststellung dieses Rechnungsabschlusses ausgezahlt werde, insoferne nicht bis dahin die Auflösung der Genossenschaft beschlossen oder verfügt ist.

§. 56.

Die Privatgläubiger eines Genossenschafters sind nicht befugt, die zum Genossenschaftsvermögen gehörigen Sachen, Forderungen oder Rechte, oder einen Antheil an denselben zum Behufe ihrer Befriedigung oder Sicherstellung in Anspruch zu nehmen. Gegenstand der Execution oder des Verbotes kann für sie nur dasjenige sein, was der Genossenschafter selbst an Zinsen und an Gewinnantheilen zu fordern berechtigt ist, und was ihm im Falle der Auflösung der Genossenschaft oder des Ausscheidens aus derselben bei der Auseinandersetzung zukommt.

§. 57.

Die Bestimmung des vorigen Paragraphen gilt auch in Betreff der Privatgläubiger, zu deren Gunsten ein Pfandrecht an dem Vermögen eines Genossenschafters besteht. Ihr Pfandrecht erstreckt sich nicht auf die zum Genossenschaftsvermögen gehörigen Sachen, Forderungen und Rechte oder auf einen Antheil an denselben, sondern nur auf Dasjenige, was in dem letzten Satze des vorigen Paragraphen bezeichnet ist.

Jedoch werden die Rechte, welche an dem von einem Genossenschafter in das Vermögen der Genossenschaft eingebrachten Gegenstande bereits zur Zeit des Einbringens bestanden, durch die vorstehenden Bestimmungen nicht berührt.

§. 58.

Eine Compensation zwischen Forderungen der Genossenschaft und Privatforderungen des Genossenschaftsschuldners gegen einen Genossenschafter findet während der Dauer der Genossenschaft weder ganz noch theilweise statt. Nach Auflösung der Genossenschaft ist sie zulässig, wenn und soweit die Genossenschaftsforderung dem Genossenschafter bei der Auseinandersetzung überwiesen ist.

§. 59.

Hat ein Privatgläubiger eines Genossenschafters nach fruchtslos vollstreckter Execution in dessen Privatvermögen die Execution in das demselben für den Fall seines Ausscheidens aus der Genossenschaft zukommende Guthaben erwirkt, so ist er berechtigt, die Genossenschaft mag auf bestimmte oder unbestimmte Zeit eingegangen sein, behufs seiner Befriedigung nach vorher von ihm geschehener Kündigung das Ausscheiden jenes Genossenschafters zu verlangen.

Die Kündigung muß mindestens sechs Monate vor Ablauf des Geschäftsjahres der Genossenschaft geschehen.

§. 60.

Die Eröffnung des Concurses über das Genossenschaftsvermögen zieht den Concurs über das Privatvermögen der einzelnen Genossenschafter nicht nach sich.

Der Beschluß über die Eröffnung des Concurses hat die Namen der solidarisch haftenden Genossenschafter nicht zu enthalten.

Dem Vorstande, rücksichtlich den Liquidatoren kommt im Concursverfahren die rechtliche Stellung zu, welche die Koncursordnung dem Gemeinschuldner einräumt.

Sobald der Concurs beendet ist, sind die Gläubiger berechtigt, wegen des Ausfalles an ihren Forderungen, jedoch nur wenn solche bei dem Concursverfahren angemeldet und als richtig festgestellt sind, einschließlich Zinsen und Kosten, die einzelnen, ihnen solidarisch haftenden Genossenschafter in Anspruch zu nehmen.

Wegen Forderungen, welche im Concurse der Genossenschaft als richtig festgestellt und auch von dem Vorstande, beziehungsweise den Liquidatoren nicht bestritten worden sind, kann gegen den Genossenschafter, ohne daß es der Einleitung eines neuerlichen rechtlichen Verfahrens bedarf, die Execution erwirkt werden.

§. 61.

Nachdem das Concursverfahren soweit gediehen ist, daß der Schlußvertheilungsentwurf feststeht, liegt dem Vorstande ob, eine Berechnung (Beitragsberechnung) anzufertigen, aus welcher sich ergibt, wie viel jeder Genossenschafter nach den Bestimmungen des Genossenschaftsvertrages (§. 5, Absatz 6) zur Befriedigung der Gläubiger wegen der in dem Concurse erlittenen Ausfälle beizutragen hat.

Wird die Zahlung der Beiträge verweigert oder verzögert, so ist die Beitragsberechnung in zweifacher Ausfertigung von dem Vorstande dem Concursgerichte zur gerichtlichen Bestätigung vorzulegen.

Der Eingabe ist eine Abschrift des Genossenschaftsvertrages und ein Verzeichniß der Ausfälle der Gläubiger, sowie der nach der Beitragsberechnung zu einem Beitrage verpflichteten Genossenschafter beizufügen.

§. 62.

Der Concurscommissär hat allen Genossenschaftern durch besondere Verständigung und mittelst Anschlages bei Gericht bekannt zu geben, daß sie von der Beitragsberechnung bei ihm oder bei dem Vorstande Einsicht und Abschrift nehmen können und daß es ihnen freistehe, gegen dieselbe bei der unter Einem anzuordnenden Tagfahrt ihre allfälligen Erinnerungen einzubringen.

Von der Tagfahrt ist auch der Vorstand unter Zustellung einer Ausfertigung der Vertheilungsberechnung in Kenntniß zu setzen.

Die rechtlichen Folgen der Verständigung aller Genossenschafter treten schon durch den Anschlag bei Gericht ein, wenn etwa die Zustellung in Ansehung Einzelner unterblieben ist.

§. 63.

Werden bei der Tagfahrt Erinnerungen gemacht, so ist das betreffende Sach- und Rechtsverhältniß insoweit aufzuklären, als es zur vorläufigen Beurtheilung der Erheblichkeit der Erinnerungen erforderlich ist.

Ueber die wesentlichen Ergebnisse der Tagfahrt ist ein Protokoll aufzunehmen.

Sollte die Verhandlung an Einem Tage nicht zu Ende geführt werden können, so hat der Concurscommissär die Fortsetzung derselben für einen der nächsten Tage anzuordnen und dieß den anwesenden Betheiligten bei Unterbrechung der Verhandlung bekannt zu geben, sowie daß es geschehen, in dem Protokolle anzumerken.

Einer neuen Vorladung der Betheiligten bedarf es nicht.

§. 64.

Das Gericht hat die Beitragsberechnung nach Beschlußfassung über die allfälligen Erinnerungen und nach entsprechender Berichtigung zu bestätigen.

Gegen die Bestätigung ist ein Rechtsmittel nicht zulässig.

Die gerichtlich bestätigte Beitragsberechnung ist binnen vierzehn Tagen vom Tage des Anschlages des Bestätigungsbeschlusses executionsfähig.

§. 65.

Eine Ausfertigung der mit der gerichtlichen Bestätigung versehenen Beitragsberechnung ist mittelst Bescheides dem Vorstande mitzutheilen.

Die zweite ist bei Gericht zur Einsicht der Genossenschafter aufzubehalten.

Der Beschluß über die Bestätigung ist den Genossenschaftern mittelst Anschlages bei Gericht bekannt zu geben.

Der Vorstand ist befugt und im Falle der Weigerung oder Zögerung verpflichtet, auf Grund der gerichtlich bestätigten Beitragsberechnung die Beiträge, welche von den einzelnen Genossenschaftern zu zahlen sind, mittelst Execution einzubringen.

Die Execution ist bei dem Concursgerichte anzusuchen und nach den Bestimmungen über das summarische Verfahren durchzuführen.

§. 66.

Jeder Genossenschafter ist berechtigt, die gerichtlich bestätigte Beitragsberechnung, soweit sie ihn betrifft, im Wege der Klage anzufechten; diese Klage ist bei dem ordentlichen Gerichtsstande der Genossenschaft gegen den Vorstand derselben zu überreichen, welcher in diesem Processe die übrigen betheiligten Genossenschafter zu vertreten hat.

Durch die Erhebung der Klage wird die Execution nicht gehemmt.

§. 67.

Können die Beiträge von einzelnen Genossenschaftern ganz oder theilweise nicht eingebracht werden, so hat der Vorstand in Ansehung dieses Ausfalls einen neue Beitragsberechnung anzufertigen, in welcher der Ausfall auf die übrigen Genossenschafter vertheilt wird.

Das weitere Verfahren bestimmen die §§. 61 bis 66.

§. 68.

Der Vorstand ist befugt, die von den Genossenschaftern zu entrichtenden Beiträge in Empfang zu nehmen und verpflichtet, dieselben ihrer Bestimmung zuzuführen.

§. 69.

Die Bestimmungen der vorstehenden §§. 61 bis 68 kommen auch dann zur Anwendung, wenn zwar das Vermögen der Genossenschaft zur Befriedigung der Gläubiger nicht ausreicht, aber dennoch der Concurs aus den im §. 66 der Concursordnung aufgeführten Gründen nicht eröffnet wird.

An Stelle des Concursgerichtes tritt in diesem Falle jenes Gericht, bei welchem die Genossenschaft ihren ordentlichen Gerichtsstand hat.

§. 70.

Wenn der Vorstand die ihm nach den §§. 61 bis 69 obliegenden Verpflichtungen nicht erfüllt, so kann das Gericht auf Antrag eines betheiligten Genossenschafters einen oder mehrere Genossenschafter oder auch andere Personen zur Besorgung der Geschäfte des Vorstandes bestellen.

§. 71.

Die für den Vorstand gegebenen Bestimmungen (§§.61 bis 70) gelten auch für die an seine Stelle tretenden Liquidatoren.

§. 72.

Durch das in den §§. 61 bis 71 angeordnete Verfahren werden die Genossenschaftsgläubiger nicht gehindert, ihre Rechte aus der solidarischen Haftung der Genossenschafter gegen dieselben selbständig wegen der an ihren Forderungen erlittenen Ausfälle geltend zu machen.

§. 73.

Die Klagen gegen einen Genossenschafter aus Ansprüchen gegen die Genossenschaft verjähren in zwei Jahren nach Auflösung der Genossenschaft oder nach seinem Ausscheiden aus derselben sofern nicht nach Beschaffenheit der Forderung eine kürzere Verjährungsfrist gesetzlich eintritt.

Die Verjährung beginnt mit dem Tage, an welchem die Auflösung der Genossenschaft in das Genossenschaftsregister oder das Ausscheiden des Genossenschafters in das bei der Genossenschaft zu führende Register der Mitglieder (§. 14) eingetragen ist. Wird die Forderung erst nach diesem Zeitpunkte fällig, so beginnt die Verjährung mit dem Zeitpunkte der Fälligkeit; bei nicht fälligen, jedoch kündbaren Forderungen hingegen ohne Rücksicht auf den Zeitpunkt der Fälligkeit mit dem Ausgange der für die Forderung bestehenden Kündigungsfrist.

Ist noch ungetheiltes Genossenschaftsvermögen vorhanden, so kann dem Gläubiger die zweijährige Verjährung nicht entgegengesetzt werden, soferne er seine Befriedigung nur aus dem Genossenschaftsvermögen sucht.

§. 74.

Die Verjährung der Klagen gegen einen Genossenschafter aus Ansprüchen gegen die Genossenschaft wird nicht durch Rechtshandlungen gegen einen anderen Genossenschafter, wohl aber durch Rechtshandlungen gegen die fortbestehende Genossenschaft und im Falle der Auflösung oder des Concurses durch Rechtshandlungen gegen die Liquidatoren, beziehungsweise gegen die Concursmasse unterbrochen.

§. 75.

Die Verjährung läuft in gleicher Weise auch gegen minderjährige und pflegbefohlene Personen, sowie gegen Körperschaften mit Vorbehalt des Regresses gegen die Vormünder und Verwalter.

III. Hauptstück.

Besondere Bestimmungen für Genossenschaften mit beschränkter Haftung.

§. 76.

Jedes Mitglied einer mit beschränkter Haftung errichteten Genossenschaft haftet im Falle des Concurses oder der Liquidation für deren Verbindlichkeiten, insoferne der Gesellschaftsvertrag nicht einen höheren Haftungsbetrag festsetzt, nicht nur mit seinen Geschäftsantheilen, sondern auch noch mit einem weiteren Betrage in der Höhe derselben.

§. 77.

Der Austritt eines Genossenschafters darf nicht vor Ablauf des Geschäftsjahres und nur nach vorausgegangener, mindestens vierwöchentlicher Kündigung geschehen.

Ebenso wird die Kündigung eines oder mehrerer Geschäftsantheile, ohne gleichzeitigen Austritt eines Genossenschafters, welcher mit anderen Geschäftsantheilen in der Genossenschaft verbleibt, nicht vor Ablauf des Geschäftsjahres wirksam und muß mindestens vier Wochen vorher erfolgen.

Jede Kündigung ist sogleich in das nach §. 14 zu führende Register der Mitglieder einzutragen.

§. 78.

Die Haftung eines ausgeschiedenen Genossenschafters oder seiner Erben dauert noch durch ein Jahr nach Ablauf des Geschäftsjahres, in welchem das Ausscheiden des Genossenschafters erfolgt ist, insoferne nicht durch den Genossenschaftsvertrag eine längere Dauer der Haftung festgesetzt ist, und erstreckt sich auf alle Verbindlichkeiten, welche von der Genossenschaft bis zur Ausscheidung des Genossenschafters eingegangen waren.

§. 79.

Der Geschäftsantheil des ausgeschiedenen Genossenschafters und das sonst demselben auf Grund des Genossenschaftsverhältnisses gebührende Guthaben darf erst nach dem Erlöschen der im §. 78 erwähnten Haftung ausbezahlt werden.

An den Reservefond und an das sonst vorhandene Vermögen der Genossenschaft hat der ausgeschiedene Genossenschafter keinen Anspruch, wenn nicht in dem Genossenschaftsvertrage etwas Anderes bestimmt ist.

§. 80.

Die Bestimmungen der §§. 78 und 79 haben auch in Beziehung auf die Fortdauer der Haftung des Genossenschafters aus gekündigten Geschäftsantheilen (§. 77, Absatz 2) und in Beziehung auf deren Rückzahlung zur Anwendung zu kommen.

§. 81.

Im Falle der Auflösung der Genossenschaft darf die Zurückzahlung der eingezahlten Geschäftsantheile, sowie die Vertheilung des Ueberschusses an die Genossenschafter (§. 48, Z. 2 und 3) nicht eher stattfinden, als nach Ablauf eines Jahres, von dem Tage an gerechnet, an welchem die Bekanntmachung in den hiezu bestimmten öffentlichen Blättern (§. 40) zum dritten Male erfolgt ist.

Diese Bestimmung hat auch für jene Geschäftsantheile zu gelten, welche zur Zeit des Auflösungsbeschlusses bereits gekündigt waren.

§. 82.

Mitglieder des Vorstandes und Liquidatoren, welche den Vorschriften der §§. 79 bis 81 entgegenhandeln, sind persönlich und solidarisch zur Erstattung der geleisteten Zahlungen verpflichtet.

§. 83.

Die Geschäftsantheile und sonstigen auf Grund des Genossenschaftsverhältnisses zugeschriebenen Guthaben der Genossenschafter können mit Bewilligung des Vorstandes an andere übertragen werden, wenn nicht der Genossenschaftsvertrag etwas Anderes bestimmt. Auch in diesem Falle bleibt jedoch der übertragende Genossenschafter subsidiarisch nach den Bestimmungen er §§. 78 und 80 in Haftung.

§. 84.

Ergibt sich aus der Bilanz, daß die Hälfte des auf die Geschäftsantheile eingezahlten Betrages verloren gegangen ist, so hat der Vorstand unverzüglich eine Generalversammlung zu berufen und ihr von der Lage der Genossenschaft die Anzeige zu machen.

Sobald das Vermögen der Genossenschaft nicht mehr die Schulden deckt, muß der Vorstand bei eigener Verantwortlichkeit die Eröffnung des Concurses über das Vermögen der Genossenschaft bei Gericht beantragen.

§. 85.

In dem Concurse über das Vermögen einer Genossenschaft mit beschränkter Haftung ist der Masseverwalter berechtigt, eine Berechnung jener Beiträge, welche die einzelnen Genossenschafter an die Genossenschaft schulden, und für welche sie nach §. 76 haften (Beitragsberechnung), anzufertigen und dieselbe, wenn die Genossenschafter die Zahlung der rückständigen Beiträge verweigern oder verzögern, dem Concursgerichte zur gerichtlichen Bestätigung vorzulegen. Der Eingabe ist eine doppelte Ausfertigung der Beitragsberechnung, sowie eine Abschrift des Genossenschaftsvertrages, und ein Verzeichniß der zu einem Beitrage verpflichteten Genossenschafter beizufügen.

In Ansehung dieser Beitragsberechnung haben die §§. 62 bis 65 mit der Maßgabe zur Anwendung zu kommen, daß an die Stelle des Vorstandes der Masseverwalter zu treten hat.

§. 86.

Jeder Genossenschafter ist berechtigt, die gerichtlich bestätigte Beitragsberechnung, soweit sie ihn betrifft, im Wege der Klage anzufechten. Diese Klage ist gegen die Concursmasse zu richten. Durch die Erhebung der Klage wird die Execution nicht gehemmt.

IV. Hauptstück.
Strafbstimmungen.

§. 87.

Die Unterlassung der den Genossenschaften obliegenden Anmeldungen zum Genossenschaftsregister ist an den hiezu Verpflichteten nach den im Handelsgesetzbuche für die Unterlassung der Anmeldungen zum Handelsregister enthaltenen Bestimmungen mit Ordnungsstrafen zu ahnden. Die Nichtbefolgung der in den §§. 14, 22 (3. Absatz), 34 (2.Absatz), 35 (1. Absatz), 49, 61 bis 69, 71 und 77 (3. Absatz) dieses Gesetzes enthaltenen Vorschriften, sowie Unrichtigkeiten in den durch dieses Gesetz angeordneten Nachweisungen und Mittheilungen sind von dem Handelsgerichte an den Mitgliedern des Vorstandes und Aufsichtsrathes, beziehungsweise den Liquidatoren mit Ordnungsstrafen bis zu 100 fl. ö. W. zu ahnden. Auch diese Ordnungsstrafen gleichwie die im §. 29 und im §. 35 (2. Absatz) erwähnten Geldstrafen, fließen in den Armenfond des Ortes, an welchem die Genossenschaft ihren Sitz hat und können nicht in Arreststrafen umgeändert werden.

§. 88.

Wenn eine Genossenschaft ihre Thätigkeit oder ihre Verhandlungen auf andere als die im §. 1 dieses Gesetzes bezeichneten Gegenstände ausdehnt, sind die betheiligten Genossenschafter, insoferne sie nach dem allgemeinen Strafgesetze nicht einer strengeren Behandlung unterliegen, eines Vergehens schuldig und mit Geld bis zu 300 fl. zu bestrafen.

§. 89.

Mitglieder des Vorstandes und des Aufsichtsrathes, ferner Liquidatoren und sonstige Beauftragte der Genossenschaft, welche in den Generalversammlungsprotokollen, in den Rechnungsabschlüssen, Bilanzen und Geschäftsberichten, in dem Register der Mitglieder (§. 14), sowie in den, durch §. 35 angeordneten Mittheilungen wissentlich falsche Angaben machen oder bestätigen, sind, insoferne sie nach den allgemeinen Strafgesetzen nicht einer strengeren Behandlung unterliegen, eines Vergehens schuldig und mit Arrest bis zu drei Monaten zu bestrafen.

V. Hauptstück.
Schlußbestimmungen.

§. 90.

Auf die in Gemäßheit dieses Gesetzes errichteten Erwerbs- und Wirthschaftsgenossenschaften findet das Vereinsgesetz vom 26. November 1852 (R. G. Bl. Nr. 253) keine Anwendung.

§. 91.

Auch die vor Beginn der Wirksamkeit dieses Gesetzes errichteten Vereine, welche die im §. 1 bezeichneten Zwecke verfolgen, sind, wenn ihre Statuten dem gegenwärtigen Gesetze entsprechen, oder mit demselben auf statutenmäßigem Wege in Uebereinstimmung gesetzt worden sind, auf ihr Ansuchen in das Genossenschaftsregister einzutragen und sohin als Genossenschaften nach diesem Gesetze zu behandeln.

Aenderungen der Statuten von solchen Vereinen sind nur zu dem Zwecke zulässig, um dieselben mit dem gegenwärtigen Gesetze in Uebereinstimmung zu setzen, und bedürfen keiner staatlichen Genehmigung.

§. 92.

Wenn eine Genossenschaft Unternehmungen betreiben will, zu welchen eine staatliche Bewilligung (Concession) gesetzlich erforderlich ist, bleibt sie zur Erwirkung dieser Bewilligung nach den bestehenden Vorschriften verpflichtet.

§. 93.

Die staatliche Bewilligung ist insbesondere zur Ausgabe von Pfandbriefen, von Schuldverschreibungen, die auf Inhaber lauten, und von verzinslichen Casseanweisungen, sowie zum Betriebe von Versicherungsgeschäften erforderlich.

Die Bewilligung zu diesen Unternehmungen wird vom Ministerium des Innern im Einvernehmen mit den anderen betheiligten Ministerien ertheilt.

§. 94.

Früher errichtete Vereine, welche eine Concession zu den im§. 93 bezeichneten Geschäften besitzen, haben im Falle der Aenderung ihrer gegenwärtigen Statuten (§. 91, Absatz 2) die Ausstellung einer abgesonderten Urkunde über die Bedingungen für den Betrieb der concessionirten Unternehmung (Concessionsurkunde) bei sonstigem Erlöschen der Concession zu erwirken.

§. 95.

In Ansehung des Betriebes von concessionspflichtigen Unternehmungen unterstehen die Genossenschaften der Staatsaufsicht nach den Bestimmungen, welche für die der staatlichen Genehmigung unterliegenden Vereine gelten.

Der Handelsminister, der Minister des Innern und der Justizminister sind mit dem Vollzuge dieses Gesetzes beauftragt.

Wien, am 9. April 1873.

Franz Joseph m. p.

Auersperg m. p. Lasser m. p. Banhans m. p. Glaser m. p.

Verordnung der Ministerien der Justiz, des Innern und des Handels im Einvernehmen mit dem Finanzministerium vom 14. Mai 1873,

womit in Vollziehung des Gesetzes vom 9. April 1873 (R. G. Bl. Nr. 70) über Erwerbs- und Wirthschaftsgenossenschaften die erforderlichen Bestimmungen in Betreff der Anlegung und Führung des Genossenschaftsregisters erlassen werden.

Zur Vollziehung des Gesetzes vom 9. April 1873 (R. G. Bl. Nr. 70) über Erwerbs- und Wirthschaftsgenossenschaften wird über die Anlegung und Führung des Genossenschaftsregisters und über die Behandlung der sich darauf beziehenden Geschäfte die nachstehende Vorschrift erlassen:

§. 1.

Bei jedem Handelsgerichte und bei jedem anderen zur Ausübung der Handelsgerichtsbarkeit bestimmten Gerichtshofe, in dessen Sprengel Erwerbs- und Wirthschaftsgenossenschaften ihren Sitz haben, ist für den Umfang dieses Sprengels ein Genossenschaftsregister zu führen, in welches die in dem Gesetze über Erwerbs- und Wirthschaftsgenossenschaften vorgeschriebenen Eintragungen aufzunehmen sind.

§. 2.

Alle in dem erwähnten Gesetze vorgeschriebenen Anmeldungen zur Eintragung in das Genossenschaftsregister müssen bei dem Handelsgerichte entweder persönlich zu Protokoll gegeben oder in gerichtlich oder notariell beglaubigter Form eingereicht werden.

Bevollmächtigte haben sich durch eine in gleicher Art beglaubigte Vollmacht auszuweisen.

§. 3.

Die Handelsgerichte haben die Beobachtung der Anmeldungsvorschriften von Amtswegen zu überwachen.

Solchen Anmeldungen, welche den gesetzlichen Vorschriften, insbesondere den Bestimmungen des §. 4. des Gesetzes über Erwerbs- und Wirthschaftsgenossenschaften nicht entsprechen, ist die Eintragung zu versagen.

Alle Gerichte, namentlich die Abhandlungs- und Concursbehörden, dann die Gewerbebehörden, die Handels- und Erwerbskammern und die Notare, haben, wenn sie in der Ausübung ihres Amtes von Uebertretungen der Anmeldungsvorschriften Kenntniß erlangen, hievon ohne Verzug dem Handelsgerichte die Anzeige zu machen.

§. 4.

Die zufolge des §. 87 des Gesetzes über Erwerbs- und Wirthschaftsgenossenschaften wegen Unterlassung der Anmeldungen zu verhängenden Ordnungsstrafen bestehen in Geldstrafen von 10 bis 300 fl., welche in Arreststrafen nicht umgewandelt werden können und in den Armenfond des Ortes fließen, an welchem das Handelsgericht seinen Sitz hat.

Der Verfällung in die Geldstrafe hat eine Aufforderung vorherzugehen, den Anmeldungsvorschriften binnen einer bestimmten Frist Folge zu leisten.

Diese Ordnungsstrafen sind ohne Rücksicht auf ihr etwaiges Zusammentreffen mit den von der Gewerbebehörde wegen Uebertretung der Gewerbevorschriften verhängten Strafen zu vollziehen.

§. 5.

Die Auflösung einer Genossenschaft durch Eröffnung des Koncurses oder durch Verfügung der Verwaltungsbehörde ist von Amtswegen in das Genossenschaftsregister einzutragen. Zu diesem Ende haben die Gerichte, bei welchen der Concurs über das Vermögen einer Genossenschaft eröffnet wird, hievon dem Handelsgerichte, welches das Register führt, unverzüglich die Mittheilung zu machen.

Einer öffentlichen Bekanntmachung dieser Eintragung bedarf es im Falle der Auflösung durch Concurseröffnung nicht.

§. 6.

Die Eintragung bei dem Handelsgerichte einer Zweigniederlassung findet nicht statt, wenn nicht nachgewiesen ist, daß die Eintragung bei dem Handelsgerichte der Hauptniederlassung erfolgt ist.

Wenn eine Genossenschaft eine Zweigniederlassung an einem Orte oder in einer Gemeinde errichtet, wo bereits eine gleichlautende Genossenschaftsfirma besteht, so muß der Firma der Zweigniederlassung ein Zusatz beigefügt werden, durch welchen sich dieselbe von jeder an diesem Orte oder in dieser Gemeinde bereits vorhandenen Genossenschaftsfirma unterscheidet.

§. 7.

Für die Recurse gegen Verfügungen der Handelsgerichte in Betreff der Eintragungen in das Genossenschaftsregister und in Betreff der Führung dieses Registers gelten in allen Instanzen die Bestimmungen des Gesetzes über das gerichtliche Verfahren außer Streitsachen.

§. 8.

Das Genossenschaftsregister wird nach dem Formulare A angelegt.

Jedes Blatt, zu welchem je zwei einander gegenüberliegende Seiten gehören, wird in acht senkrechte Spalten getheilt.

Die *erste* Spalte enthält die von Anfang bis zu Ende des Bandes fortlaufende Einlagsnummer der Genossenschaftsfirma und bei jeder Eintragung die Subnummer, unter welcher dieselbe in der Einlage erscheint;

die *zweite* den Tag, an welchem die Eintragung erfolgt ist;

die *dritte* den Wortlaut der Genossenschaftsfirma;

die *vierte* den Ort, an welchem die Hauptniederlassung und die allfälligen Zweigniederlassungen der Genossenschaft sich befinden;

die *fünfte* den Namen der Liquidatoren, wenn die Genossenschaft sich in Liquidation befindet, sowie bei Genossenschaften, deren Unternehmen ganz oder theilweise Handelsgeschäfte zum Gegenstande hat, den Namen der etwa bestellten Procuristen, und wenn es sich um eine Collektivprocura handelt, die Bezeichnung dieses Verhältnisses;

die *sechste* alle sonstigen Rechtsverhältnisse der Genossenschaft, deren Eintragung in das Genossenschaftsregister vorgeschrieben ist, nach Anweisung des §. 9 dieser Verordnung;

die *siebente* die Berufung auf die Registeracten;

die *achte* alle anderen auf die Genossenschaft sich beziehenden Eintragungen, welche zur Aufnahme in die übrigen Spalten nicht geeignet sind, namentlich auch die Verlegung des Sitzes in einen anderen handelsgerichtlichen Sprengel, die Eröffnung des Concurses und die sonstige Art der Auflösung der Genossenschaft.

§. 9.

Es genügt, wenn von dem Genossenschaftsvertrage und von den denselben abändernden Beschlüssen in die sechste Spalte, unbeschadet der in andere Spalten gehörigen Angaben, bloß ein Auszug mit der Anmerkung aufgenommen wird, in welchem Bande des Beilagenbuches (§. 10) und unter welcher Zahl diese Urkunden ihrem vollen Inhalte nach zu finden sind.

Dieser Auszug hat zu enthalten:

1. Das Datum des Genossenschaftsvertrages und der abändernden Beschlüsse;
2. den Gegenstand des Unternehmens;
3. die Zeitdauer der Genossenschaft, im Falle dieselbe auf eine bestimmte Zeit beschränkt sein soll;
4. den Namen, Vornamen, Stand, Wohnort der Mitglieder des Vorstandes und die von der gesetzlichen Regel etwa abweichende Form, in welcher der Vorstand seine Willenserklärung kundgibt und für die Genossenschaft zeichnet;
5. den Betrag eines Geschäftsantheiles und die Art der Bildung desselben, sowie bei Genossenschaften mit beschränkter Haftung, wenn diese über das im Gesetze bestimmte Maß ausgedehnt wird, die Angabe des Betrages, bis zu welchem sich diese Haftung zu erstrecken hat;
6. die Art und Weise, in welcher die von der Genossenschaft ausgehenden Bekanntmachungen erfolgen.

§. 10.

Der Genossenschaftsvertrag und die denselben abändernden Beschlüsse sind, falls sie nicht vollinhaltlich in die sechste Spalte des Registers eingetragen wurden, in einer vollständigen Abschrift oder einem vollständigen Abdruck, in einem *Beilagenbuche* zu sammeln.

Die Abschrift oder der Abdruck, deren Uebereinstimmung mit der Urschrift gerichtlich oder notariell beglaubigt sein muß, ist von der Partei beizubringen.

Der Inhalt des Beilagenbuches bildet einen ergänzenden Bestandtheil des Genossenschaftsregisters.

§. 11.

Für eine Zweigniederlassung ist eine selbstständige Einlage in dem Genossenschaftsregister nur dann zu eröffnen, wenn die Hauptniederlassung in einem anderen handelsgerichtlichen Sprengel sich befindet.

In diesem Falle ist in der vierten Spalte des Registers, in welchem die Zweigniederlassung eine selbstständige Einlage hat, ersichtlich zu machen, daß es sich nur um eine Zweigniederlassung handelt und es ist in der letzten Spalte auf die Einlage des Registers der Hauptniederlassung hinzuweisen.

In allen anderen Fällen genügt es, wenn bei der Einlage der Hauptniederlassung die Errichtung der Zweigniederlassung in die vierte Spalte und die den Zusatz enthaltende Firma der Zweigniederlassung in die dritte Spalte eingetragen wird.

§. 12.

Bei der Führung des Genossenschaftsregisters und bei der Sammlung und Behandlung des Beilagenbuches haben die Gerichte unter sinngemäßer Anwendung der Bestimmungen der §§. 4, 5, 6, 10 und 12 bis 16 der Verordnung vom 9. März 1863 (R. G. Bl. Nr. 27) mit der Maßgabe vorzugehen, daß jeder Band des Registers mit der Aufschrift: "Genossenschaftsregister" zu versehen ist.

§. 13.

Das Genossenschaftsregister, das Beilagenbuch und das Nachschlageregister werden unter Aufsicht der zur Führung dieser Bücher bestimmten Beamten in einer Amtslocalität verwahrt, und es ist während der gewöhnlichen Dienststunden Jedermann auf Verlangen die Einsicht in dieselben zu gestatten.

§. 14.

Amtliche Abschriften und Zeugnisse aus dem Genossenschaftsregister sind auf mündliche Anmeldungen bei dem Registerführer und unter Beobachtung der Vorschriften wegen Beibringung des Stempels und Papiers Jedermann zu ertheilen.

Amtlich beglaubigte Abschriften können ertheilt werden entweder von dem vollständigen Inhalte einer Einlage oder von einzelnen, in derselben enthaltenen Eintragungen, soferne diese noch unverändert bestehen, oder endlich vollinhaltlich oder auszugsweise von den in dem Beilagenbuche aufbewahrten Urkunden.

Mittelst amtlicher Zeugnisse kann bestätigt werden, daß eine bestimmte Genossenschaft oder in Ansehung derselben eine bestimmte Eintragung in dem Genossenschaftsregister nicht vorkomme.

Beglaubigte Abschriften und Zeugnisse sind von dem Referenten und von dem Registerführer zu unterschreiben und mit dem Amtssiegel zu versehen.

§. 15.

Von den bei den Registeracten aufbewahrten Eingaben, Urkunden und Protokollen, auf welchen eine Eintragung in das Genossenschaftsregister beruht, ist während der gewöhnlichen Amtsstunden Jedermann auf Verlangen die Einsichtnahme und unter Beobachtung der Vorschriften wegen Beibringung des Stempels und Papiers, die Erhebung von Abschriften zu gestatten.

Von den übrigen Registeracten steht den Betheiligten, die sich als solche bei dem Referenten ausweisen, frei, unter denselben Voraussetzungen Einsicht und Abschriften zu nehmen, unter welchen dieß in Ansehung anderer Registratursacten zulässig ist.

§. 16.

Für die Bekanntmachung der Eintragungen in das Genossenschaftsregister, soferne eine solche überhaupt erforderlich ist (§. 5 dieser Verordnung), genügt in allen Fällen, in welchen das Gesetz über Erwerbs- und Wirthschaftsgenossenschaften nicht ausdrücklich ein Anderes bestimmt, die einmalige Einschaltung in dasjenige öffentliche Blatt, welches von dem Chef der politischen Landesstelle, nach Rücksprache mit dem Handelsgerichte für die Aufnahme solcher Bekanntmachungen bestimmt wird.

Diese Bestimmung ist das erste Mal für die Zeit vom Eintritte der Wirksamkeit des Gesetzes über Erwerbs- und Wirthschaftsgenossenschaften bis zum Schlusse des Jahres 1874, sohin mit Ablauf jedes Solarjahres, für das nächstfolgende Jahr zu treffen.

§. 17.

Die §§. 10 bis 18 des Einführungsgesetzes zum Handelsgesetzbuche haben auf Erwerbs- und Wirthschaftsgenossenschaften keine Anwendung.

§. 18.

Bei der inneren Behandlung der das Genossenschaftsregister betreffenden Geschäfte sind diejenigen Bestimmungen sinngemäß anzuwenden, welche in den §§. 18 bis einschließlich 24, dann im §. 26 der Verordnung vom 9. März 1863 (R. G. Bl. Nr. 27) hinsichtlich der das Handelsregister betreffenden Geschäfte enthalten sind.

Lasser m. p. **Glaser m. p.** **Banhans m. p.**

Formulare A.

Genossenschafts-Register bei dem k.k. Handelsgerichte in Wien.
Band I.

1. Fortlaufende Zahl der Firma und Subnummer	2. **Tag** der Eintragung	3. **Wortlaut der Firma** der Hauptniederlassung und der im Gerichtssprengel bestehenden Zweigniederlassungen	4. **Ort** der Hauptniederlassung und der Zweigniederlassungen	5. **Procuristen und Liquidatoren**	6. **Rechtsverhältnisse der Genossenschaft**	7. **Registeracten**	8. **Bemerkungen**
I/1	1.August 1873	Darlehensgenossenschaft zu Hietzing bei Wien. Registrirte Genossenschaft mit unbeschränkter Haftung	Hietzing		Das Unternehmen beruht auf dem am 20.Juli 1873 zu Hietzing errichteten Genossenschaftsvertrage (siehe Beilagenbuch 1, Nr.1). Der Gegenstand derselben bestrebt in der Gewährung von Darlehen an Genossenschafter bis zum Betrage von 1000 fl. Den Vorstand bilden: Spängler Franz, Kaufmann in Hietzing, Tomanetz Johann, Privat in Hietzing, Dr.Stelzer Anton, Advocat in Hietzing. Die Firma der Genossenschaft wird giltig von zwei Vorstandsmitgliedern gezeichnet. Ein Geschäftsantheil ist auf 100 fl. festgesetzt; derselbe wird durch monatliche Bareinlagen von mindestens 10 fl. gebildet. Kein Genossenschafter darf mehr als 20 Geschäftsantheile haben. Die Bekanntmachungen der Genossenschaft erfolgen durch Anschlag an dem Gemeindehause in Hietzing.		

Erlaß des Innenministeriums betreffend Außschließlichkeit der genossenschaftlichen Vereinsform, enthalten in: Normaliensammlung für den politischen Verwaltungsdienst, 1. Band (Wien 1901) Nr. 1146

Erlaß des Ministeriums des Inneren vom 27. September 1873, Z 13.784, St. Z 29.014 ex 1873

Erwerbs- und Wirtschaftsgenossenschaften sind für die vereinsmäßige Verfolgung ihrer gesetzlichen Zwecke die ausschließlich zulässige Vereinsform.

Raiffeisen-Musterstatuten für Darlehenskassen-Vereine aus dem Jahre 1872, enthalten in: *F.W. Raiffeisen*, Darlehenskassen-Vereine, in Verbindung mit Consum-, Verkaufs-, Gant- etc. Genossenschaften, als Mittel zur Abhilfe der Noth der ländlichen Bevölkerung, sowie auch der städtischen Arbeiter, zweite, vermehrte und verbesserte Auflage (Neuwied 1872) 70 ff

Statuten des Darlehenskassen-Vereins (eingetragene Genossenschaft)

Abschnitt I.

Gründung und Zweck.

§. 1.

Die Unterzeichneten bilden den Darlehenskassen-Verein unter der Firma:

er Darlehens-Verein, eingetragene Genossenschaft.

Der Verein hat seinen Sitz zu

§. 2.

Der Verein hat den Zweck, seinen Mitgliedern die zu ihrem Geschäfts- und Wirthschafts-Betriebe nöthigen Geldmittel unter gemeinschaftlicher Garantie in verzinslichen Darlehn zu beschaffen, sowie die Anlage unverzinst liegender Gelder zu erleichtern und auf diese Weise die Verhältnisse der Mitglieder in jeder Beziehung möglichst zu verbessern.

Abschnitt II.

Mitgliedschaft, Rechte und Pflichten der Mitglieder.

Im Allgemeinen.

§. 3.

Mitglieder des Vereins können nur dispositionsfähige Einwohner sein, welche sich im Vollgenusse der bürgerlichen Ehrenrechte befinden.

Die Aufnahme neuer Mitglieder bedarf der Genehmigung des Vereins-Vorstandes. Gegen dessen ablehnende Entscheidung steht dem Antragsteller Berufung an die General-Versammlung zu, die in ihrer nächsten Sitzung endgiltig entscheidet.

§. 4.

Die Mitgliedschaft geht *verloren*:

a) durch freiwilligen Austritt,

b) durch Wegzug aus dem Vereins-Bezirk,

c) durch Ausschließung,

d) durch den Tod.

Die Austritts-Erklärung ist dem Vereins-Vorsteher schriftlich einzureichen, welcher darüber, daß sie geschehen, eine Empfangs-Bescheinigung auszustellen hat. Die Mitgliedschaft endigt mit Ablauf des Jahres, in welchem die Austrittserklärung, bezw. der Verzug erfolgt.

Die Ausschließung kann erfolgen bei Nichterfüllung der statutenmäßigen Verpflichtungen; sie muß erfolgen in Folge des Verlustes der Dispositionsfähigkeit oder der bürgerlichen Ehrenrechte (§. 3), eingetretener Zahlungsunfähigkeit und in der Regel auch, wenn Mitglieder es wegen Rückzahlung von Darlehn öfters zur gerichtlichen Klage kommen lassen.

Die Ausschließung geschieht durch Beschluß des Vorstandes, gegen welchen dem Ausgeschlossenen binnen 3 Monaten Berufung an die General-Versammlung zusteht. Im Falle der Ausschließung endigt die Mitgliedschaft mit dem Ablaufe dreier Monate nach dem darüber gefaßten Beschlusse des Vorstandes, oder, wenn Berufung des Ausgeschlossenen an die General-Versammlung stattgefunden hat, mit dem Beschlusse der letzteren, falls dieser nach Ablauf der drei Monate erfolgt.

Der Tod eines Mitgliedes endigt die Mitgliedschaft; jedoch geht dieselbe auf die Witwe, sobald diese solches verlangt, über. Dieselbe hat die Statuten zu unterzeichnen.

Rechte und Pflichten der Mitglieder.

§. 5.

Die Mitglieder haben das Recht:

a) an den General-Versammlungen des Vereins Theil zu nehmen und darin zu stimmen.

Dieses Recht geht für freiwillig ausgeschiedene Mitglieder mit dem Tage des Austritts-Erklärung, bezw. des Verzugs verloren und wird für ausgeschlossene Mitglieder mit dem Tage des betreffenden Vorstands-Beschlusses suspendirt.

Das Stimmrecht muß in Person ausgeübt und kann auf Anderen nicht übertragen werden.

Die Theilnahme weiblicher Mitglieder an den Versammlungen ist nicht gestattet; dieselben haben also kein Stimmrecht.

b) jeder Zeit Einsicht in das Protokollbuch der General-Versammlung zu nehmen.

§. 6.

Die Mitglieder verpflichten sich durch Unterzeichnung der Statuten:

a) für die Vereins-Anlehn, sowie überhaupt für alle Verbindlichkeiten des Vereines unter sich gleichtheilig, Dritten gegenüber jedoch solidarisch und mit ihrem ganzen Vermögen zu haften,

b) die Vereins-Statuten in jeder Beziehung genau zu beachten.

Antheile der einzelnen Mitglieder am Geschäfte werden nicht gebildet, dagegen sind die später hinzutretenden Mitglieder verpflichtet, das durch etwaigen Beschluß der General-Versammlung festzusetzende Eintrittsgeld zu entrichten.

Die aus dem Vereine ausgetretenen oder ausgeschlossenen Mitglieder, sowie die Erben verstorbener Mitglieder bleiben den Gläubigern des Vereins für alle bis zu ihrem Ausscheiden von dem Vereine eingegangenen Verbindlichkeiten bis zum Ablauf der Verjährung verhaftet (§. 39, 63, 64 und 65 des Genossenschafts-Gesetzes vom 4. Juli 1868).

Abschnitt III.

Verwaltung des Vereins.

§. 7.

Der Verein verwaltet seine Angelegenheiten durch

a) den Vorstand (§§. 8-15).

b) den Verwaltungsrath (§§. 16-19).

c) die Generalversammlung (§§. 20-23).

d) den Rechner (§§. 24-26).

Vorstand.

§. 8.

Der *Vorstand* besteht aus dem Vereins-Vorsteher und Beisitzern, im Ganzen also aus Mitgliedern. Aus den Beisitzern wird ein Mitglied zum Stellvertreter des Vorstehers gewählt (§. 22 der Statuten).

Der Vorstand wird auf 4 Jahre gewählt; alle 2 Jahre scheide aus. Die zuerst Ausscheidenden werden durch das Loos bestimmt.

§. 9.

Der Vereins-*Vorsteher* hat:

a) die Vereins-Correspondenzen zu führen und die Vereins-Acten aufzubewahren,

b) die Nachweisungen über die Vereinsmitglieder an die Gerichtsbehörde einzureichen,

c) das Cassen- und Rechnungswesen speciell zu beaufsichtigen, die Zahlungs-Anweisungen zu ertheilen, die Controlen zu führen und die Kassenabschlüsse zu machen. Auf den Antrag des Vorstehers kann der Vorstand ein anderes Mitglied aus seiner Mitte mit der Kassen-Controle beauftragen, welche indeß auch in diesem Falle unter Oberleitung des Vereins-Vorstehers erfolgen muß;

d) in den Sitzungen des Vorstandes und der General-Versammlung den Vorsitz, oder dazu einen Protokollführer zu ernennen.

§. 10.

Der Vorsteher hat zu den *Sitzungen* des Vorstandes und der General-Versammlung die Einladungen zu erlassen.

Zu den regelmäßigen Sitzungen des Vorstandes sind keine besonderen Einladungen erforderlich. Die Einladungen zu den übrigen Sitzungen des Vorstandes, sowie zu den General-Versammlungen, erfolgen schriftlich, mindestens drei Tage vor der Sitzung, unter Angabe der Gegenstände, welche zur Verhandlung kommen sollen.

Beim Abstimmen ist in allen Sitzungen des Vorstandes und der General-Versammlung bei Stimmengleichheit die Stimme des Vorsitzenden entscheidend. Alle öffentlichen Bekanntmachungen sind durch den Vereins-Vorsteher zu unterzeichnen und in der

Zeitung bekannt zu machen. Bei dem Eingehen der letzteren bezeichnet der Vorstand an deren Stelle, vorbehaltlich der Genehmigung der General-Versammlung, ein anderes Blatt.

§. 11.

Die *Legitimation des Vorstandes* erfolgt durch das Protokoll der General-Versammlung über die Wahl seiner Mitglieder. Die Vorstands-Mitglieder haben unter Erreichung einer Ausfertigung der Wahlverhandlung dem Handelsgerichte oder der mit Führung des Genossenschaft-Registers beauftragten Behörde ihre Wahl persönlich anzuzeigen und dabei ihre Unterschriften vor Gericht zu zeichnen oder dieselbe dem Gerichte in gerichtlich oder notariell beglaubigter Form einzureichen.

Die *Zeichnungen für den Verein* erfolgen, indem der Firma die Unterschriften der Zeichnenden hinzugefügt werden. Die Zeichnung hat nur dann verbindliche Kraft, wenn sie vom Vorsteher oder dessen Stellvertreter und mindestens zwei Beisitzern erfolgt ist.

Bei Anlehn von 25 Thlr.= 43 3/4 fl. = 75 Mark und darunter, sowie bei Einlagen in die mit der Vereinskasse verbundene Sparcasse bis zu der von der Generalversammlung festgesetzen Höhe genügt die Unterzeichnung durch den Rechner und ein vom Vorstand dazu bestimmtes Mitglied, um dieselbe für den Verein rechtsverbindlich zu machen.

§. 12.

Der Verein wird von dem Vorstande *gerichtlich und außergerichtlich vertreten*. In Bezug auf diese Vertretung, und überhaupt die Befugnisse und Pflichten des Vorstandes, sind die Bestimmungen des Genossenschafts-Gesetzes für den Norddeutschen Bund vom 4. Juli 1868, namentlich in den §§. 17-28, maßgebend. In Prozessen, sowie bei einer Centralbank, deren Mitglied der Verein ist, kann jedes einzelne Vorstands-Mitglied den Verein giltig vertreten, und zwar kraft dieser Statuten, ohne daß es einer besonderen Legitimation bedarf. Dem Vereine gegenüber ist der Vorstand jedoch dafür verantwortlich, daß die Beschränkungen gegenwärtiger Statuten, sowie die Beschlüsse des Verwaltungsrathes und der General-Versammlung beachtet werden. Besonders ist er verpflichtet, bei den für den Verein zu machenden Anlehn sich innerhalb der von der Generalversammlung festzusetzenden Grenze zu halten, sowie zu allen für den Verein abzuschließenden Verträgen und zu Prozessen, mit Ausnahme von Klagen gegen Vereins-Mitglieder wegen Einziehung von Darlehn, wozu keine Ermächtigung erforderlich ist, die vorherige Zustimmung ist auch zu allen Handlungen erforderlich, welche den Verein in irgend einer Weise verpflichten sollen.

§. 13.

Bei dem Austritte oder bei dauernder Verhinderung von Vorstands-Mitgliedern hat der Verwaltungs-Rath bis zur nächsten ordentlichen General-Versammlung, welche die Ergänzungswahl vorzunehmen hat, *Stellvertretung* anzuordnen. Die auf diese Weise vom Verwaltungs-Rathe gewählten Stellvertreter, sowie die auf Grund der §§. 19 und 22 von dem Verwalthungs-Rathe oder der General-Versammlung etwa neu gewählten Vorstands-Mitglieder, sind von dem neuen Vorstande, bezw. den übriggebliebenen Vorstandsmitgliedern, dem Handelsgerichte, unter Vorlage einer Ausfertigung der Wahl-Verhandlungen, anzuzeigen.

Die Stellvertreter und neu gewählten Vorstands-Mitglieder haben diese Anzeige in Person zu machen und nach Vorschrift des §. 11 vor dem Handelsgerichte zu zeichnen, oder ihre Unterschrift in beglaubigter Form einzureichen.

§. 14.

Der Vorstand ist insbesondere

a) zur Beobachtung und Ausführung aller Bestimmungen der Vereins-Statuten und der Vorschriften des Genossenschaftsgesetzes, der künftigen Abänderungen und Ergänzungen, sowie der von der General-Versammlung und dem Verwaltungs-Rathe giltig gefaßten Beschlüsse und gegebenen Instructionen verpflichtet und dafür dem Vereine verantwortlich;

Derselbe hat

b) die für den Verein verbindlichen Schuldurkunden über die Vereins-Anlehn innerhalb der von der General-Versammlung gesetzten Grenze auszustellen;

c) über die Aufnahme und den Ausschluß von Mitgliedern, Einnahme und Ausgabe, sowie über die Bewilligung der Darlehn zu beschließen und über pünktliche Zurückzahlung der letzeren zu wachen;

d) mit dem Vorsteher das Kassen- und Rechnungs-Wesen zu beaufsichtigen, die Kassen-Abschlüsse zu prüfen, sowie auf die sichere und verzinsliche Anlegung der Kassenbestände zu halten;

e) vor dem 1. April jedes Jahres die Rechnung des vorhergehenden Jahres zu prüfen.

Bei den Beschlüssen über Bewilligung von Darlehn ist der Rechner als berathendes Mitglied zuzuziehen.

§. 15.

Zur Beschließung über die Anträge auf Bewilligung von Darlehn muß sich der Vorstand in *regelmäßigen Sitzungen*, mindestens ein Mal monatlich, versammeln.

Beschlüsse des Vorstandes sind giltig, wenn sie in *vorschriftsmäßiger* Sitzung vom Vorsteher oder dessen Stellvertreter und mindestens zwei Beisitzern gefaßt sind.

Verwaltungsrath.

§. 16.

Der *Verwaltungs-Rath*, welcher jedesmal auf ein Jahr unter sich einen Vorsitzenden und einen Stellvertreter wählt, besteht aus 9 Mitgliedern, welche auf den Vereinsbezirk so zu vertheilen sind, daß sie in ihrer Gesammtheit eine möglichst genaue Kenntnis der Verhältnisse der Einwohner des Bezirks haben. Diese Zahl kann von der General-Versammlung beliebig erhöht werden, jedoch so, daß sie durch 3 theilbar ist.

Die Mitglieder werden auf 3 Jahre gewählt. Jedes Jahr, die beiden ersten Male durch das Loos, scheidet ein Drittel derselben aus. Beim Ausscheiden von Mitgliedern durch den Tod oder auf sonstige Weise hat sich der Verwaltungs-Rath bis zur nächsten General-Versammlung, welche die Ergänzungswahlen vorzunehmen hat, durch Wahl aus den übrigen Vereins-Mitgliedern zu ergänzen.

§. 17.

Der Verwaltungs-Rath hat die *Verpflichtung*, die Interessen des Vereins in jeder Beziehung zu wahren und darauf zu halten, daß die Verwaltung statutenmäßig geführt und jeder seiner Beschlüsse, sowie jeder Beschluß der General-Versammlung pünktlich ausgeführt werde.

Er hat das Recht, jederzeit die Vereinsacten, sowie die Buchführung einzusehen und die Vorzeigung der Kassenbestände zu verlangen, besonders aber die Pflicht:

a) die vom Rechner aufzustellende Bilanz zu prüfen, spätestens bis 1. Mai jedes Jahres die Rechnung des vorhergehenden Jahres zu revidiren, abzuschließen und darüber der General-Versammlung Bericht zu erstatten;

b) über die dem Vorstande zu ertheilende Ermächtigung zu Prozessen, soweit solche nicht wegen Beitreibung von Darlehn erforderlich sind, zu beschließen;

c) *die Bürgschaften für sämmtliche ausstehende Darlehn, den Wechselverkehr und die laufenden Rechnungen vierteljährlich in regelmäßigen Sitzungen zu revidiren, über der sofortigen Kündigung und Einziehung gefährdeter Ausstände zu wachen*, und mindestens einmal jährlich eine außergewöhnliche Geschäfts- und Kassen-Revision selbst abzuhalten oder durch eine gewählte Deputation abhalten zu lassen.

§. 18.

Der Verwaltungs-Rath hat sich zur Abwicklung seiner Geschäfte in regelmäßigen Zwischenräumen, mindestens viermal jährlich, zu versammeln, und zwar in allen Fällen auf Einladung des Vorsitzenden nach Analogie des § . 10 der Statuten. Die Versammlungstage zu den regelmäßigen Sitzungen werden von der General-Versammlung festgesetzt. Die Beschlußfähigkeit des Verwaltungs-Rathes ist vorhanden, wenn einschließlich des Vorsitzenden oder dessen Stellvertreters mehr als die Hälfte seiner Mitglieder anwesend ist. Bei Stimmengleichheit entscheidet die Stimme des Vorsitzenden.

§. 19.

Findet der Verwaltungs-Rath, daß der Vorsteher, oder der Gesammtvorstand, oder der Rechner Vorschriften der Statuten oder des Gesetzes nicht beachtet, oder das Interesse des Vereins sonst geschädigt haben, so steht ihm das Recht zu, alle die Maßregeln zu ergreifen, welche ihm nöthig scheinen, das Vereins-Interesse zu wahren. Er ist befugt, sowohl jedes Mitglied des Vorstandes, als auch den Gesammtvorstand und den Rechner, außer Funktion zu setzen, hat aber dann, sowie überhaupt, wenn er das Interesse des Vereins gefährdet glaubt, sofort eine General-Versammlung zu berufen und dieser den Fall zur Entscheidung vorzulegen. Bezüglich der Ladung zu dieser General-Versammlung und des Vorsitzes in derselben tritt der Vorsitzende des Verwaltungs-Rathes an die Stelle des Vereins-Vorstehers.

Sowohl der Vorstand, als der Rechner sind dem Verwaltungs-Rathe zur Ertheilung jeder Auskunft, sowie zur Vorlage der Vereinsacten, Bücher und Kassenbestände verpflichtet.

Im Uebrigen finden für den Verwaltungs-Rath die Vorschriften der §§. 28 und 29 des Gesetzes vom 4. Juli 1868 Anwendung und erfolgt die Legitimations-Führung desselben für Prozesse und Verträge durch die Wahl-Protokolle der General-Versammlung und des Verwaltungs-Rathes.

General-Versammlung.

§. 20.

Die sämmtlichen Rechte des Vereins werden von der aus den männlichen Vereinsmitgliedern bestehenden *General-Versammlung* ausgeübt. Dadurch, daß durch die gegenwärtigen Statuten und künftige Beschlüsse einzelne Functionen auf Vereinsbeamte und Ausschüsse übertragen werden, sollen diese Rechte nicht beeinträchtigt werden und soll es der Generalversammlung jederzeit freistehen, überall da, wo sie es für nöthig findet, in jeder ihrer beliebigen Weise einzugreifen, die sämmtlichen Geschäfte, besonders auch die Thätigkeit des Verwaltungs-Rathes zu beaufsichtigen und die Beschlüsse und Instructionen des letzteren abzuändern.

Außer den in den §§. 36 und 37 gedachten Fällen ist die General-Versammlung in jeder Zahl beschlußfähig, wenn die Einladung unter Angabe der zur Verhandlung kommenden Gegenstände vorschriftsmäßig ergangen ist.

Die Beschlüsse sind für die sämmtlichen Vereins-Mitglieder bindend, wenn sie von absoluter Majorität der Anwesenden gefaßt worden sind, selbstredend unter Ausschluß der oben gedachten Fälle.

§. 21.

Die General-Versammlung findet *mindestens zwei Mal in jedem Jahre,* und zwar, nach näherer Bestimmung derselben, im Frühjahre und Herbste regelmäßig statt, außerdem aber, so oft es der Vorstand, Verwaltungsrath, oder mindestens ein Zehntel der Vereins-Mitglieder, letztere in schriftlichem, an den Vorsteher, bezw. Vorsitzenden des Verwaltungs-Rathes gerichteten, Zweck und Gründe enthaltenden Antrage, für nöthig halten. Unterläßt der Vorsteher, bezw. Vorsitzende des Verwaltungs-Rathes und deren Stellvertreter die rechtzeitige Einladung, so ist jedes andere Mitglied des Vorstandes oder Verwaltungs-Rathes dazu befugt oder kann die Einladung auch von den dieselbe beantragenden Vereins-Mitgliedern erfolgen.

Der General-Versammlung steht es zu, auf den in der Versammlung zu stellenden Antrag dem Vorsteher den Vorsitz zu entziehen und diesen einem anderen Vereins-Mitgliede zu übertragen.

Besonderem Beschlusse der Versammlung bleibt es vorbehalten, auf das unentschuldigte Ausbleiben von Mitgliedern in ihren Sitzungen eine Konventionalstrafe zu setzen, zu deren Zahlung dann die Mitglieder verpflichtet sind.

§. 22.

Die General-Versammlung *wählt* in ihren regelmäßigen Frühjahrs-Sitzungen aus den männlichen Mitgliedern in getrennten Wahlgängen:

1) den Vorsteher,
2) dessen Stellvertreter,
3) den Rechner,
4) die Beisitzer des Vorstandes,
5) die Mitglieder des Verwaltungs-Raths

mit absoluter Stimmenmehrheit. Wird solche bei der ersten Abstimmung nicht erreicht, so kommen bei der zweiten als letzten Abstimmung nur die zwei Mitglieder in die Wahl, welche die meisten Stimmen erhalten haben. Bei Stimmengleichheit entscheidet das Loos. Die Ausgeschiedenen sind wieder wählbar.

Die *Rechnung* des vorhergehenden Jahres, bezüglich welcher der Rechner auf Antrag des Verwaltungs-Rathes zu entlasten ist, jedesmal in den Versammlungen offen zu legen, und es ist von dem Vorsteher über den Stand der Vereins-Angelegenheiten, unter Mittheilung der Bilanz des vergangenen Jahres, übersichtlicher Bericht zu erstatten.

§. 23.

Die *Abstimmung* erfolgt durch Aufstehen und Sitzenbleiben, oder durch Händeaufheben, wenn die Versammlung in einzelnen Fällen nicht ausdrücklich die Abstimmung durch verdeckte Stimmzettel, Kugelung oder durch Namens-Aufruf beschließt.

Die *Wahlen* erfolgen, je nach Beschluß der Versammlung, entweder durch verdeckte Stimmzettel oder durch Kugelung auf Vorschlag.

Rechner, Rechnungswesen.

§. 24.

Die Kassen- und Buchführung des Vereins erfolgt durch einen auf 4 Jahre mit dreimonatlicher Kündigungsfrist anzustellenden Rechner.

Dieser hat:

a) nach der Instruction (§. 36), sowie nach den Anweisungen des Vorstehers, die sämmtlichen Einnahmen und Ausgaben des Vereins pünktlich zu bewirken, die Bücher zu führen, sowie die Kassenbestände und Werthpapiere aufzubewahren;

b) am Schlusse jedes Rechnungsjahres, welches mit dem Kalenderjahre zusammenfällt, die Bilanz zu ziehen und dem Vorsteher vor dem 1. März jedes Jahres die Rechnung des vorhergehenden, mit den zu einem Hefte vereinigten Belegen und einer Vermögens-Nachweisung, vorzulegen.

§. 25.

Die *Bilanz* muß nach kaufmännischen Grundsätzen aufgestellt werden und in einer summarischen Zusammenstellung enthalten:

I. das Vereins-Vermögen (Activa), und zwar:

1) den Kassenbestand in Baar und in Werthpapieren, letztere zum Tagescourse angesetzt,
2) die Geschäfts-Aufstände nach ihren verschiedenen Arten, wobei jedoch etwaige unsichere Forderungen nur nach ihrem wahrscheinlichen Werthe aufzuführen, definitiv uneinziehbare aber ganz auszuscheiden sind,
3) den Werth der Mobilien nach Abzug der gewöhnlichen Abnutzungskosten,
4) den Werth der Immobilien,

II. Die Vereinsschulden (Passiva) nämlich:

1) den Vorschuß nach der letzten Rechnung,
2) die Geschäftsschulden nach ihren verschiedenen Arten,
3) das Vereins-Capital.

Der Ueberschuß der Activa über die Passiva bildet den Reingewinn, der Ueberschuß der Passiva über die Activa den Verlust des Vereins.

§. 26.

Der *Rechner* darf weder Mitglied des Vorstandes, noch des Verwaltungs-Rathes sein. Dagegen hat er den Vorstands-Sitzungen, soweit sie die Bewilligung von Darlehn betreffen, als berathendes Mitglied beizuwohnen. Er ist dem Vereine für die Vereinsgelder, sowie für die pünktliche Geschäftsführung verantwortlich. Er hat dieserhalb einen zahlfähigen Bürgen als Selbstschuldner und Zahlsmann, oder eine von der General-Versammlung zu bestimmende Kaution zu stellen, welche, wie auch der Bürge, für die Kosten der Ermittelung, Feststellung und Beitreibung des etwaigen Defectes zu haften hat.

Im Allgemeinen.

§. 27.

Die Mitglieder des Vorstandes und des Verwaltungs-Rathes üben ihr Amt als Ehrenamt aus und haben nur den Ersatz ihrer Baarauslagen zu beanspruchen. Der Rechner erhält im Verhältnisse seiner Mühewaltung Vergütung. Die Höhe dieser Vergütung setzt die General-Versammlung durch besonderen Beschluß fest. Zur Erstattung baarer Auslagen an Vereins-Mitglieder genügt der Beschluß des Vereins-Vorstandes.

Sowohl für den Vorstand, als den Verwaltungs-Rath und die General-Versammlung, ist je ein *Protokollbuch* anzulegen. Alle Beschlüsse der betreffenden Versammlung sind in dieselben einzutragen. Die Unterzeichnung erfolgt bei beiden erstern nach Vorlesung und Genehmigung von den Anwesenden. Die Beschlüsse der General-Versammlung jedoch werden nach erfolgter Vorlesung und Genehmigung der Versammlung nur von den anwesenden Mitgliedern des Vorstandes und des Verwaltungs-Rathes unterzeichnet.

Abschnitt IV.

Beschaffung und Verwendung der Vereinsmittel, sowie Wirksamkeit des Vereins.

Im Allgemeinen.

§. 28.

Die *Geldmittel* des Vereins werden aufgebracht durch Anlehn, Provision, Zinsüberschüsse, in gewissen Fällen auch Eintrittsgeld. Sie werden verwendet zu verzinslichen Darlehn an die Mitglieder, zu den Vereinskosten und zur Ansammlung eines Vereins-Kapitals.

Anlehn, Provision, Zinsüberschüsse, Eintrittsgeld.

§. 29.

Die Höhe der anzuleihenden Kapitalien, unter welchen bei Verbindung einer Sparkasse mit der Vereinskasse auch die Spareinlagen zu rechnen sind, und die von den Vereinsmitgliedern von den Darlehn zu zahlenden Provisionen und Zinsen setzt die Generalversammlung durch besondere Beschlüsse fest. Es soll hierbei jedoch als Grundsatz gelten, daß das durch Provision und Zinsüberschüsse anzusammelnde Vereinskapital bis zu solcher Höhe stetig wächst, daß der Verein mit eigenen Mitteln wirthschaften kann. Nach hinreichender Ansammlung eines Vereinskapitals ist so bald als möglich auf Herabsetzung der Zinsen und der Provision Bedacht zu nehmen.

Ob und in welcher Höhe nach Ansammlung eines Vereins-Kapitals von den später hinzutretenden Mitgliedern ein Eintrittsgeld zu zahlen ist, bleibt dem Beschlusse der General-Versammlung vorbehalten. Die Witwen und Kinder verstorbener Mitglieder sollen von Zahlung desselben befreit belieben. - Das Eintrittsgeld ist Eigenthum des Vereins und wird dem Vereinskapitale zugeschlagen. Eine Erstattung an die Mitglieder findet in keinem Falle statt.

Darlehn.

§. 30.

Darlehn können an Vereinsmitglieder vom Vorstande bewilligt werden:

a) auf kürzere Fristen bis zu einem Jahre, welche von dem Vorstande verlängert werden können, jedoch höchstens bis auf die Gesammtdauer von 2 Jahren;

b) auf längere Dauer bis zu 10 Jahre, nach hinreichender Ansammlung des Vereins-Kapitals, bleibt nähere Festsetzung der General-Versammlung vorbehalten.

Die jährlichen Rückzahlungs-Termine setzt letztere durch besonderen Beschluß fest. Die außerdem vorzubehaltende vierwöchentliche Kündigungsfrist soll nur benutzt werden, wenn die vom Vereine angeliehenen Kapitalien massenweise gekündigt werden oder die Vereinsschuldner oder deren Bürgen in Verhältnisse gerathen, welche die Sicherheit der Darlehn gefährden.

c) auf laufende Rechnung.

Die Festsetzung des Maximums der Darlehn, bezw. Kredite, über welches hinaus keinem Mitgliede, sei es in *einer* Summe oder in mehreren Beträgen zusammen, von dem Vorstande Darlehn, bezw. Vorschüsse verabfolgt werden dürfen, bleibt besonderer Beschlußfassung der General-Versammlung vorbehalten.

Wo es nöthig scheint, ist die gute Verwendung der Darlehn so viel als möglich vorher festzustellen und später zu controliren.

Ueber Beschwerden wegen zurückgewiesener Anträge auf Darlehn entscheidet der Verwaltungs-Rath oder in letzter Instanz die General-Versammlung.

§. 31.

Die Sicherstellung der Darlehn, bezw. Kredite (§. 30) dem Vereine gegenüber muß in allen Fällen in so ausreichender Weise stattfinden, daß für den Verein keinerlei Gefahr vorhanden ist; sie kann erfolgen durch Stellung von Bürgen, welche hinreichendes Immobiliarvermögen besitzen, durch Hypotheken oder durch Hinterlegen von inländischen Staatspapieren, deren Werth die Darlehn, bezw. die Kredite auf laufende Rechnungen, um mindestens ein Drittel übersteigt.

Erwerbung von Verkaufsprotokollen.

§. 32.

Um dem nachtheiligen Handel mit Verkaufsprotokollen (Kaufschillingen, Güterzielern, Steigerungsgeldern) von Immobilien und auch Mobilien zu begegnen, wird der Vereins-Vorstand ermächtigt, solche Protokolle für den Fall anzukaufen, daß sowohl die Käufer als die Bürgen dem Verein hinreichende Sicherheit wegen Einzahlung der Kaufverträge bieten. Wenn erforderlich, ist durch die Verkäufer noch die Verpflichtung zu übernehmen, daß sie allenfallsige Ausfälle tragen und daß sie, im Falle sie selbst nicht die nöthige Sicherheit bieten können, dazu einen Bürgen stellen.

Die Festsetzung einer Provision für die Ankäufe solcher Protokolle ist der General-Versammlung vorbehalten.

Sonstige Wirksamkeit.

§. 33.

Wenn es auch nach §. 2 der Statuten in erster Linie Absicht ist, den Mitgliedern die nöthigen Geldmittel zu beschaffen, so soll doch nach dem Schlußsatze dieses § der Verein auch dazu dienen, deren Verhältnisse in jeder Beziehung zu verbessern. Die Einrichtung des Vereins und die vorhandenen Mittel sollen deshalb dazu benutzt werden, durch Bildung einer Sparkasse, sowie von Konsum-, Verkaufs-, Gant- sowie sonstiger Genossenschaften den Vereinsmitgliedern alle möglichen Vortheile zu verschaffen. Besondere Beschlüsse hierüber bleiben der General-Versammlung vorbehalten. Dabei soll der Grundsatz festgehalten werden, daß das Darlehns-Geschäft in keiner Weise mit den übrigen Geschäften vermischt werden darf und die letzteren für sich getrennt erfolgen müssen, lediglich auf Kosten und Gefahr der dabei Betheiligten, welche zu diesem Zwecke für jeden einzelnen Fall unter sich eine Unter-Genossenschaft bilden. Nur für die Sparkassen-Einlagen sind sämmtliche Mitglieder des Vereins, wie für alle anderen Verbindlichkeiten, solidarisch haftbar. (§. 6 der Statuten.)

Vereinskapital.

§. 34.

Der nach §. 25 zu ermittelnde Gewinn soll als Vereins-Capital angesammelt werden. Das letztere hat vorab den Zweck, Ausfälle und Verluste des Vereins zu decken. Es bleibt Eigenthum des Vereins. Die Mitglieder haben persönlich keinen Antheil an demselben und können keine Theilung verlangen. Bei Auflösung des Vereins soll dasselbe für gemeinnützige Zwecke, worüber alsdann die General-Versammlung zu bestimmen hat, verwendet werden.

Ist der Fall des §. 29 eingetreten, hat nämlich das Vereins-Capital die darin angegebene Höhe erreicht, so steht es der General-Versammlung zu, über die Zinsen desselben, sowie über den etwa ferner eingehenden Gewinn, zu gemeinnützigen Zwecken, besonders im Vortheile der Vereins-Mitgleider, zu verfügen, in erster Linie durch Gründung von Fortbildungsschulen.

Abschnitt V.

Allgemeine Bestimmungen.

Zentralbank.

§. 35.

Der Verein ermächtigt den Vorstand, der "Rheinischen landwirthschaftlichen Genossenschafts-Bank, eingetragene Genossenschaft", deren Statuten vom 17. Juni 1872 hier angeheftet und den Vereins-Mitgliedern bekannt gemacht sind, als Mitglied beizutreten und mit derselben in Geschäfts-Verbindung zu treten.

Ausführung und Abänderung der Statuten.

§. 36.

Der Verwaltungs-Rath wird ermächtigt, zur Ausführung gegenwärtiger Statuten und deren Bestimmungen die Instruction zu erlassen, welche vom Vorstande und dem Rechner zu beachten ist.

Die Statuten können von der General-Versammlung abgeändert werden. Zu dem desfallsigen Beschlusse ist die Anwesenheit von mehr als der Hälfte der Mitglieder erforderlich, sowie die kurze Bezeichnung der vorzuschlagenden Abänderungen in der vorgeschriebenen Einladung an die Mitglieder, mindestens acht Tage vor der Sitzung.

Erscheint auf die erste Einladung die vorbestimmte Zahl der Mitglieder nicht, so ist in gleicher Weise eine zweite Versammlung zu berufen, welche zu jeder Zahl beschlußfähig ist. Letzteres ist in der zweiten Einladung ausdrücklich zu bemerken.

Die Abänderung des §. 34, sowie des gegenwärtigen §, soweit sich derselbe auf §. 34 bezieht, kann nur stattfinden, wenn fünf Sechstel aller Mitglieder sich in zwei vorschriftsmäßigen Sitzungen (§. 10), zwischen welchen ein Zwischenraum von mindestens 4 Wochen liegen muß, einverstanden erklären.

Auflösung, Liquidation und Verjährung.

§. 37.

Zur freiwilligen Auflösung des Vereins ist die Zustimmung von mindestens fünf Sechstel aller Mitglieder, in zwei vorschriftsmäßigen, mindestens 4 Wochen auseinandergelegenen Sitzungen (§. 10) erforderlich, sowie ferner, daß der dahin gehende Antrag 14 Tage vor den Sitzungen nachweislich sämmtlichen Mitgliedern zugestellt worden ist.

Die Auflösung ist zu drei verschiedenen Malen in den Lokalblättern bekannt zu machen. Die Liquidation erfolgt unter Einhaltung der Vorschriften des Genossenschaftsgesetzes.

Ausschließung des gerichtlichen Prozeßverfahrens.

§. 38.

Streitigkeiten über die Bestimmungen der Vereins-Statuten, oder zwischen Mitgliedern des Vereins über sonstige Vereins-Angelegenheiten, werden endgültig durch die General-Versammlung geschlichtet. Die Mitglieder erklären ausdrücklich, sich der Entscheidung dieser Versammlung zu unterwerfen und auf den Rechtsweg zu verzichten.

Statuten, verfaßt 1874 von der k. k. Landwirtschaftsgesellschaft Wien, enthalten in: Verhandlungen und Mittheilungen der k. k. Landwirthschafts-Gesellschaft in Wien (28. Juli 1874) 57 ff

Statuten
der .... Darlehens- und Sparcassen
(Registrirte Genossenschaft mit unbeschränkter Haftung)

I. Abschnitt.

Gründung und Zweck.

§. 1.

Die Unterzeichneten bilden eine Darlehens- und Sparcassa unter der Firma: "...... Darlehens- und Sparcassa" (registrirte Genossenschaft mit unbeschränkter Haftung). Die Genossenschaft hat ihren Sitz zu .....

§. 2.

Die Genossenschaft hat den Zweck, ihren Mitgliedern die zu ihrem Geschäfts- oder Wirtschaftsbetriebe nöthigen Geldmittel unter gemeinschaftlicher Haftung durch verzinsliche Darlehen zu beschaffen, die Anlage von Geldern zu erleichtern und auf diese Weise, sowie durch Bildung von Untergenossenschaften und Herbeiführung sonstiger geeigneter Einrichtungen, die Verhältnisse der Mitglieder in sittlicher und materieller Beziehung zu verbessern.

II. Abschnitt.

Mitgliedschaft, Rechte und Pflichten der Mitglieder.

§. 3.

Mitglieder der Genossenschaft können nur Einwohner .... sein, welche sich im Vollgenusse der bürgerlichen Rechte befinden und nicht Mitglieder eines anderen derartigen Creditvereines sind.

Die Aufnahme neuer Mitglieder bedarf der Genehmigung des Genossenschaftsvorstandes. Gegen dessen ablehnende Entscheidung steht die Berufung an den Ausschuß offen, bei Verschiedenheit der Entscheidungen über Berufung des Vorstandes, an die General-Versammmlung.

§. 4.

Die Mitgliedschaft geht verloren:

a) durch freiwilligen Austritt;
b) durch Wegzug aus dem Genossenschaftsbezirke;
c) durch Ausschließung;
d) durch den Tod.

Die Austrittserklärung ist beim Vorstande schriftlich anzumelden, welcher darüber eine Empfangsbescheinigung auszustellen hat. Die Mitgliedschaft endigt mit Ablauf des Jahres, in welchem die Austrittserklärung, beziehungsweise der Wegzug, erfolgt.

Die Ausschließung kann erfolgen bei Nichterfüllung der statutenmäßigen Verpflichtungen, insbesondere wegen wiederholter Zahlungssäumnisse; sie muß jedoch stattfinden in Folge des Verlustes der bürgerlichen Rechte; ferner, wenn ein Genossenschafter in einem anderen derartigen Creditvereine Mitglied geworden ist, endlich nach eingetretener Zahlungsunfähigkeit oder wegen einer Handlungsweise, welche dem Interesse der Genossenschaft widerspricht.

Die Ausschließung geschieht über Antrag des Vorstandes durch Beschluß des Ausschusses, gegen welchen dem Ausgeschlossenen binnen drei Monaten Berufung an die General-Versammlung zusteht.

Im Falle der Ausschließung endigt die Mitgliedschaft mit dem Ablaufe dreier Monate nach dem darüber gefaßten Beschlusse des Ausschusses, oder, wenn Berufung des Ausgeschlossenen an die General-Versammlung ergriffen wurde, mit dem die Ausschließung bestätigenden Beschlusse der letzteren.

Der Tod eines Mitgliedes endigt die Mitgliedschaft.

§. 5.

Die Mitglieder haben das Recht, an den General-Versammlungen der Genossenschaft stimmberechtigt theilzunehmen und jederzeit Einsicht in das Protokoll der General-Versammlung zu nehmen.

Dieses Recht geht für freiwillig ausgeschiedene Mitglieder mit dem Tage der Austrittserklärung, beziehungsweise des Wegzuges, verloren und wird für ausgeschlossenen Mitglieder mit dem Tage des betreffenden Ausschußbeschlusses suspendiert.

Das Stimmrecht muß in Person ausgeübt und kann auf andere nicht übertragen werden.

§. 6.

Die Mitglieder verpflichten sich durch Unterzeichnung der Statuten:

a) für die von der Genossenschaft aufgenommenen Anlehen, sowie überhaupt für alle Verbindlichkeiten derselben unter sich zu gleichen Theilen, Dritten gegenüber jedoch solidarisch und mit ihrem ganzen Vermögen nach Vorschrift des Gesetzes über Erwerbs- und Wirthschafts-Genossenschaften vom 9.April 1873 zu haften;
b) die Statuten genau zu beobachten, sowie das Interesse der Genossenschaft in jeder Beziehung zu wahren;
c) zur Entrichtung einer von der General-Versammlung festzusetzenden Beitrittsgebühr, welche dem Genossenschaftscapitale zuzuschlagen ist. Für später eintretende Mitglieder kann die Beitrittsgebühr durch die General-Versammlung erhöht werden.

Antheile der Mitglieder am Geschäfte werden nicht gebildet.

Die ausgetretenen oder ausgeschlossenen Mitglieder, sowie die Erben verstorbener Mitglieder haften den Gläubigern der Genossenschaft für alle bis zu ihrem Ausscheiden von der Genossenschaft eingegangenen Verbindlichkeiten bis zum Ablaufe der gesetzlichen Verjährungsfrist.

III. Abschnitt.
Verwaltung der Genossenschaft.

a) Organe.

§. 7.

Die Genossenschaft verwaltet ihre Angelegenheiten durch:

a) den Vorstand (§§. 8-15);
b) den Ausschuß (§§. 16-19);
c) die General-Versammlung (§§. 20-23);
d) den Cassier (Cassa- und Rechnungsführer) (§§. 24-26).

b) Vorstand.

§. 8.

Der Vorstand besteht aus dem Vorsteher und 5 Mitgliedern, im Ganzen also aus 6 Mitgliedern (§.21.)

Der Vorstand wird auf 3 Jahre gewählt; jedes Jahr scheidet ein Drittheil aus.
Die beiden ersten Male werden die Ausscheidenden durch das Loos bestimmt.

§. 9.

Bei dem Austritte oder bei dauernder Verhinderung von Vorstandsmitgliedern hat der Ausschuß bis zur nächsten ordentlichen General-Versammlung, welche die Ergänzungswahl vorzunehmen hat, Ersatzmänner zu ernennen. Die auf diese Weise vom Ausschusse gewählten Stellvertreter, sowie die auf Grund der §§. 17 und 22 von dem Ausschusse oder der General-Versammlung etwa neu gewählten Vorstandsmitgliedern sind von dem neuen Vorstande, beziehungsweise den übrig gebliebenen Vorstandsmitgliedern, dem Handelsgerichte, unter Vorlage einer Ausfertigung der Wahlverhandlungen anzuzeigen.

Die Stellvertreter und neu gewählten Vorstandsmitglieder haben diese Anzeige in Person zu machen und nach Vorschrift des §.10 vor dem Gerichte zu zeichnen oder ihre Unterschrift in beglaubigter Form einzureichen.

Die Amtsdauer der auf diese Weise gewählten Vorstandsmitglieder ist diejenige der ausgeschiedenen Mitglieder, an deren Stelle die Wahl erfolgte.

§. 10.

Die Legitimation des Vorstandes erfolgt durch das Protokoll der General-Versammlung über die Wahl seiner Mitglieder. Die Vorstandsmitglieder haben unter Einreichung einer Ausfertigung der Wahlverhandlungen dem Handelsgerichte oder der mit Führung des Genossenschaftsregisters beauftragten Behörde ihre Wahl persönlich anzuzeigen und dabei ihre Unterschriften vor Gericht zu zeichnen, oder dieselben dem Gerichte in gerichtlich oder notariell beglaubigter Form einzureichen.

Die Zeichnung für die Genossenschaft erfolgt, indem der Firma die Unterschriften der Zeichnenden hinzugefügt werden. Die Zeichnung hat nur dann verbindliche Kraft, wenn sie vom Vorsteher oder dessen Stellvertreter und mindestens zwei Mitgliedern erfolgt ist.

Bei Anlehen von 25 fl. und darunter, so wie bei Einlagen in die mit der Genossenschaftscasse verbundene Sparcasse bis zu der von der General-Versammlung festgesetzten Höhe genügt die Unterzeichnung durch den Cassier und ein vom Vorstande dazu bestimmtes Vorstandsmitglied, um dieselbe für die Genossenschaft rechtsverbindlich zu machen.

§. 11.

Die Genossenschaft wird vom Vorstande gerichtlich und außergerichtlich vertreten. In Bezug auf diese Vertretung und überhaupt die Befugnisse und Pflichten des Vorstandes sind die Bestimmungen des Genossenschafts-Gesetzes maßgebend.

Die Vertretung in Prozessen erfolgt in erster Linie durch den Vorsteher, beziehungsweise dessen Stellvertreter, und im Falle beide verhindert sein sollten, durch ein vom Vorstande zu bestimmendes anderes Vorstandsmitglied.

Der Genossenschaft gegenüber ist der Vorstand dafür verantwortlich, daß diese Statuten, sowie die Beschlüsse des Ausschusses und der General-Versammlung pünktlich angewendet und durchgeführt werden. Besonders ist er verpflichtet, bei den für die Genossenschaft zu machenden Anlehen sich innerhalb der von der General-Versammlung festzusetzenden Grenzen zu halten, sowie zu allen für die Genossenschaft abzuschließenden Verträgen und Prozessen, mit Ausnahme von Klagen gegen Genossenschaftsmitglieder wegen Eintreibung von Darlehen, wozu keine Ermächtigung erforderlich ist, die vorherige Zustimmung des Ausschusses einzuholen. Diese Zustimmung ist auch zu allen sonstigen Handlungen erforderlich, welche die Genossenschaft in irgend einer Weise verpflichten sollen.

§. 12.

Zu allen Sitzungen des Vorstandes sind sämmtliche Mitglieder desselben einzuladen (§. 15 d). Diese Einladungen sowie auch jene zu den General-Versammlungen, erfolgen schriftlich mindestens drei Tage vor der Sitzung, unter Angabe der Gegenstände, welche zur Behandlung kommen sollen. Die Einladung zur Generalversammlung kann auch nach näherem Beschlusse der letzteren öffentlich erfolgen.

Alle für die Öffentlichkeit bestimmten und für die Genossenschaften bestimmten Bekanntmachungen sind, vom Vorsteher oder dessen Stellvertreter unterzeichnet, in den zum Genossenschaftsbezirke gehörigen Ortschaften durch Maueranschlag zu verlautbaren.

§. 13.

Beschlüsse des Vorstandes sind giltig, wenn sie in vorschriftsmäßiger Sitzung vom Vorsteher oder dessen Stellvertreter und mindestens drei Mitgliedern gefaßt sind.

Bei Stimmengleichheit entscheidet die Stimme des Vorsitzenden.

Zur Beschließung über die Anträge auf Bewilligung von Darlehen muß sich der Vorstand in regelmäßigen Sitzungen mindestens einmal monatlich, außerdem aber so oft versammeln, als es die Erledigung der Geschäfte nothwendig macht.

§. 14.

Der Vorstand hat insbesondere:

a) die für die Genossenschaft verbindlichen Schuldurkunden über die von der Genossenschaft aufzunehmenden Anlehen innerhalb der von der General-Versammlung festgesetzten Grenze aufzustellen;
b) über die Aufnahme von Mitgliedern, über alle Einnahmen und Ausgaben, so wie über die Bewilligung von Darlehen zu beschließen, über pünktliche Zurückzahlung der letzteren zu machen und über die Ausschließung von Mitgliedern Anträge an den Ausschuß zu stellen;
c) mit dem die Mitsperre führenden Vorsteher das Cassen-und Rechnungswesen zu beaufsichtigen, die Cassenabschlüsse zu prüfen, sowie auf die sichere verzinsliche Anlage der Cassenbestände zu halten;
d) vor dem 15. Jänner die Bilanz und vor dem 1. April jeden Jahres die Rechnung des vorhergehenden Jahres zu prüfen.

Bei den Beschlüssen über Bewilligung von Darlehen ist der Cassier als berathendes Mitglied zuzuziehen.

§. 15.

Der Vorsteher hat nach der ihm ertheilten Instuction die bezüglichen Geschäfte der Genossenschaft auszuführen, beziehungsweise zu überwachen, besonders:

a) die Correspondenz zu führen und die Acten aufzubewahren;
b) die Nachweisungen über die Mitglieder an die zuständige Gerichtsbehörde einzureichen;
c) das Cassen- und Rechnungswesen speciell zu beaufsichtigen, die Zahlungsanweisungen zu ertheilen, die Controle zu führen, die Cassenabschlüsse zu machen und mit dem Cassier am 31. December die Bilanz aufzustellen.
   Auf den Antrag des Vorstehers kann der Vorstand ein anderes Mitglied aus seiner Mitte mit der Cassencontrole beauftragen, welche indeß auch in diesem Falle unter der Oberleitung des Vorstehers erfolgen muß;
d) zu den Sitzungen des Vorstandes und der General-Versammlung die Einladungen zu erlassen;
e) in den Sitzungen des Vorstandes und der General-Versammlung den Vorsitz zu führen und einen Protokollführer zu bestimmen.

c) Ausschuß

§. 16.

Der Ausschuß besteht aus 9 Mitgliedern, welche von der General-Versammlung auf 3 Jahre zu wählen sind. Bei der Wahl ist darauf Rücksicht zu nehmen, daß der Ausschuß in seiner Gesammtheit eine möglichst genaue Kenntniß der Verhältnisse der Einwohner des Genossenschafts-Bezirkes habe. Die Zahl kann von der General-Versammlung beliebig erhöht werden, jedoch so, daß sie durch drei theilbar ist.

Jedes Jahr, die beiden erste Male durch das Loos, scheidet ein Drittheil der Mitglieder aus.

Beim Ausscheiden von Mitgliedern durch den Tod oder auf sonstige Weise muß sich der Ausschuß bis zur nächsten General-Versammlung, welche die Ergänzungswahlen vorzunehmen hat, durch Wahl aus den übrigen Mitgliedern der Genossenschaft vervollständigen. Der Ausschuß wählt jedes Jahr aus seiner Mitte einen Vorsitzenden und dessen Stellvertreter.

§. 17.

Der Ausschuß hat die Verpflichtung, die Interessen der Genossenschaft in jeder Beziehung zu wahren und darauf zu halten, daß die Verwaltung statutenmäßig geführt und jeder seiner Beschlüsse, sowie jeder Beschluß der General-Versammlung pünktlich ausgeführt werde; er hat das Recht, jederzeit die Acten, sowie die Buchführung und Cassagebarung einzusehen. Findet er, daß der Vorsteher, oder der Gesammtvorstand, oder der Cassier Vorschriften der Statuten oder des Gesetzes nicht beachtet, oder das Interesse der Genossenschaft sonst geschädigt haben, so steht ihm das Recht zu, alle die Maßregeln zu ergreifen, welche ihm nöthig scheinen, das Interesse der Genossenschaft zu wahren. Er ist befugt, sowohl jedes Mitglied des Vorstandes, als auch den Gesammtvorstand und den Cassier außer Function zu setzen, hat aber dann, sowie überhaupt, wenn er das Interesse der Genossenschaft gefährdet glaubt, sofort eine General-Versammlung einzuberufen und dieser den Fall zur Entscheidung vorzulegen.

Bezüglich der Einladung zu dieser General-Versammlung und des Vorsitzes in derselben tritt der Vorsitzende des Ausschusses an die Stelle des Genossenschaftsvorstehers..

Sowohl der Vorstand als der Cassier sind dem Ausschusse zur Ertheilung jeder Auskunft, sowie zur Vorlage der Acten, Bücher und Cassenbestände verpflichtet.

Im Uebrigen finden auf den Ausschuß die für den Aufsichtsrath im Genossenschaftsgesetze befindlichen Bestimmungen Anwendung und erfolgt die Legitimation desselben für

Prozesse und Verträge durch die Wahlprotokolle der General-Versammlung und des Ausschusses. Die Durchführung erfolgt durch den Vorsitzenden oder dessen Stellvertreter in Gemeinschaft mit einem Ausschußmitgliede.

§. 18.

Der Ausschuß hat speciell die Pflicht:

a) die Instruction für den Vorstand und den Cassier zu erlassen;
b) die vom Cassier aufzustellende Bilanz des vorhergehenden Jahres vor dem 1. Februar zu prüfen und festzustellen, spätestens bis 1. Mai jeden Jahres die Rechnung des vorhergehenden zu revidiren und darüber in der nächsten General-Versammlung Bericht zu erstatten;
c) über die dem Vorstande zu ertheilende Ermächtigung zu Processen, soweit solche nicht wegen Eintreibung von Darlehen erforderlich sind, zu beschließen und die Genossenschaft in Prozessen gegen den Vorstand zu vertreten (Schlußsatz des (§ .17);
d) die Bürgschaften für sämmtliche ausstehende Darlehen, den Wechselverkehr und die laufenden Rechnungen zu revidiren, über die sofortige Kündigung und Einziehung gefährdeter Ausstände zu wachen und mindestens einmal jährlich eine außergewöhnliche Geschäfts- und Kassenrevision selbst abzuhalten oder durch eine gewählte Kommission abhalten zu lassen;
e) bei dem Austritte oder bei dauernder Verbindung von Vorstandsmitgliedern bis zur nächsten ordentlichen General-Versammlung, welche die Ergänzungswahl vorzunehmen hat, Ersatzmänner zu ernennen.

Der Vorsitzende des Ausschusses ist der Genossenschaft gegenüber für die Erfüllung vorstehender Pflichten verantwortlich.

Im Falle es nöthig werden sollte, hat der Ausschuß die Beseitigung säumiger Mitglieder desselben und deren Ersetzung durch Neuwahl (§. 22) zu veranlassen.

§. 19.

Der Ausschuß hat sich zur Abwicklung seiner Geschäfte mindestens alle 3 Monate einmal zu versammeln, und zwar in allen Fällen auf Einladung des Vorsitzenden, in der Art, wie §. 12 für den Vorstand vorschreibt. Der Ausschuß ist beschlußfähig, wenn, einschließlich des Vorsitzenden oder dessen Stellvertreters, mehr als die Hälfte seiner Mitglieder anwesend sind. Bei Stimmengleichheit entscheidet die Stimme des Vorsitzenden.

d) General-Versammlung.

§. 20.

Die General-Versammlung vertritt die Gesammtheit der Mitglieder. Sie übt ihre Rechte aus theils unmittelbar in den ihrer eigenen Entscheidung vorbehaltenen Angelegenheiten, theils mittelbar durch den von ihr gewählten Vorstand und Ausschuß.

§. 21.

Zum besonderen Wirkungskreise der General-Versammlung gehört das Recht:

a) die Geschäftsgebahrung des Vorstandes und des Ausschusses zu beaufsichtigen, deren Beschlüsse, insofern sie den Statuten oder dem Zwecke und den Interessen der Genossenschaft widerstreiten, unbeschadet der hiedurch etwa erworbenen Rechte dritter Personen, aufzuheben oder abzuändern;
b) dem Ausschusse für dessen Amtsführung einen entsprechende Instruction zu ertheilen;
c) den Ausschuß oder einzelne Mitglieder desselben ihres Amtes zu entheben und durch Neuwahl zu ersetzen;
d) über Berufungen in den Fällen der §§. 3,4 und 30 zu entscheiden;

e) den übersichtlichen Bericht des Vorstehers über den Stand der Genossenschaftsangelegenheiten unter Mittheilung der Bilanz des Vorjahres entgegenzunehmen und über Antrag des Ausschusses den Vorstand, beziehungsweise den Cassier, in Begriff der letzten Jahresrechnung durch Ertheilung des Absolutoriums zu entlassen;
f) die Grenze festzusetzen, innerhalb welcher der Vorstand ermächtigt ist, für die Genossenschaft Anlehen aufzunehmen;
g) den Genossenschaftsmitgliedern Darlehen über 10 Jahre hinaus zu bewilligen oder zu verlängern;
h) die von den Genossenschaftsmitgliedern zu entrichtende Beitrittsgebühr festzusetzen resp. zu erhöhen.

Die General-Versammlung wählt in ihren ordentlichen Frühjahrssitzungen in getrennten Wahlgängen: den Vorsteher, dessen Stellvertreter, den Cassier, die Mitglieder des Vorstandes und des Ausschusses, mit absoluter Stimmenmehrheit. Wird solche bei der ersten Abstimmung nicht erreicht, so kommen bei der zweiten als letzten Abstimmung nur jene Mitglieder in die engere Wahl, welche nach den mit absoluter Mehrheit Gewählten die relativ meisten Stimmen erhalten haben. Die Zahl der in die engere Wahl zu bringenden Personen ist immer die doppelte der noch zu wählenden Mitglieder. Bei Stimmengleichheit entscheidet das Loos, gezogen durch die Hand des Vorsitzenden. Die Ausgeschiedenen sind wieder wählbar. Ergänzungswahlen können außerdem in außerordentlichen Sitzungen zu jeder Zeit vorgenommen werden.

§. 22.

Die General-Versammlung findet mindestens zweimal in jedem Jahre und zwar nach näherer Bestimmung derselben im Frühjahre und Herbste regelmäßig statt, außerdem aber, so oft es der Vorstand, Ausschuß oder mindestens ein Zehntel der Genossenschaftsmitglieder, letztere in schriftlichem, an den Vorsteher, beziehungsweise Vorsitzenden des Ausschusses gerichteten, Zweck und Gründe enthaltenden Antrage, für nöthig erachten.

Unterlassen der Vorsteher, beziehungsweise Vorsitzende des Ausschusses und deren Stellvertreter die rechtzeitige Einladung, so ist jedes andere Mitglied des Vorstandes oder Ausschusses dazu befugt, oder kann die Einladung auch von den dieselbe beantragenden Vereinsmitgliedern erfolgen.

Außer den in den §§. 35 und 36 gedachten Fällen ist die General-Versammlung bei Anwesenheit von ... Mitgliedern beschlußfähig, wenn die Einladung unter Angabe der zur Verhandlung kommenden Gegenstände 8 Tage früher ergangen ist.

Im Programme nicht enthaltene Gegenstände, mit Ausnahme des Antrages auf Einberufung einer außerordentlichen General-Versammlung, können zwar zur Debatte, nicht aber zur Beschlußfassung zugelassen werden.

Die Beschlüsse sind für die sämmtlichen Genossenschaftsmitglieder bindend, wenn sie von absoluter Majorität der Anwesenden gefaßt worden sind. Bei Stimmengleichheit entscheidet die Stimme des Vorsitzenden.

§. 23.

Die Abstimmung erfolgt durch Händeaufheben, wenn die Versammlung in einzelnen Fällen nicht ausdrücklich die geheime Abstimmung durch Stimmzettel beschließt.

Die Wahlen erfolgen durch Abgabe von Stimmzetteln. Behufs Feststellung der Abstimmung in allen Versammlungen hat der Vorsitzende zwei Stimmenzähler zu ernennen.

e) Cassa- und Rechnungswesen.

§. 24.

Die Cassa- und Buchführung der Genossenschaft erfolgt durch einen mit dreimonatlicher Kündigungsfrist anzustellenden Cassier.

Dieser hat:

a) nach der Instruktion (§. 18 a), sowie nach den Anweisungen des Vorstehers, die sämmtlichen Einnahmen und Ausgaben der Genossenschaft pünktlich zu besorgen, die Bücher zu führen, sowie die Cassenbestände und Werthpapiere unter Mitsperre aufzubewahren;
b) am Schlusse des Rechnungsjahres, welches mit dem Kalenderjahre zusammenfällt, die Bilanz zu ziehen und dem Vorsteher vor dem 1. März jeden Jahres die Rechnung des verflossenen in zwei Exemplaren, mit den zu einem Hefte vereinigten Belegen und einer Vermögensnachweisung vorzulegen.

§. 25.

Der Cassier darf weder Mitglied des Vorstandes noch des Ausschusses sein, dagegen hat er den Vorstandssitzungen, soweit sie die Bewilligung von Darlehen betreffen, als berathendes Mitglied beizuwohnen; er ist der Genossenschaft für die Genossenschaftsgelder, sowie für die pünktliche Geschäftsführung verantwortlich; er hat dieserhalb einen zahlungsfähigen Bürgen als Schuldner und Zahler, oder eine von der General-Versammlung zu bestimmende Caution zu stellen, welche, wie auch der Bürge, für die Kosten der Ermittlung, Feststellung und Eintreibung des etwaigen Deficites zu haften hat.

§. 26.

Die Bilanz muß nach kaufmännischen Grundsätzen aufgestellt werden und in einer summarischen Zusammenstellung enthalten:

I. Das Genossenschaftsvermögen (Activa) und zwar:

1. den Cassenbestand in Baarem und in Werthpapieren, letztere zum Tagescurse angesetzt;
2. die Ausstände nach ihren verschiedenen Arten, wobei jedoch etwaige unsichere Forderungen nur nach ihrem wahrscheinlichen Werthe aufzuführen, definitiv uneinbringliche aber ganz auszuscheiden sind;
3. den Werth der Mobilien nach Abzug der gewöhnlichen Abnützungskosten von mindestens fünf Percent;
4. den jeweiligen Werth der Immobilien;
5. das Guthaben an Zinsen, welche erst im nächsten Rechnungsjahre zahlbar werden, bis zum Jahresschlussse berechnet.

II. Die Genossenschaftsschulden (Passiva), nämlich:

1. den Uebertrag von der letzten Rechnung;
2. die Geschäftsschulden nach ihren verschiedenen Arten;
3. das Genossenschaftscapital;
4. die schuldigen Zinsen, welche erst im nächsten Rechnungsjahre zahlbar sind bis zum Jahresschlusse berechnet.

Der Ueberschuß der Activa über die Passiva bildet den Reingewinn, der Ueberschuß der Passiva über die Activa den Verlust der Genossenschaft.

f) Im Allgemeinen.

§. 27.

Die Mitglieder des Vorstandes und des Ausschusses üben ihr Amt als Ehrenamt aus und haben nur den Ersatz ihrer Baarauslagen zu beanspruchen.

Der Cassier erhält im Verhältnisse seiner Mühewaltung eine Vergütung, deren Höhe die General-Versammlung durch besonderen Beschluß festsetzt. Zur Erstattung baarer Auslagen an Genossenschaftsmitglieder genügt der Beschluß des Vorstandes.

Sowohl für den Vorstand als den Ausschuß und die General-Versammlung ist je ein paginirtes Protokollbuch anzulegen. Alle Beschlüsse der betreffenden Versammlung sind in dasselbe einzutragen.

Die Unterzeichnung erfolgt bei den beiden ersteren nach Vorlesung und Genehmigung von den Anwesenden. Die Beschlüsse der General-Versammlung jedoch werden nach erfolgter Genehmigung durch die Versammlung von deren Vorsitzenden und je zwei Mitgliedern des Vorstandes und Ausschusses unterzeichnet.

Die regelmäßige Amtsperiode der Vorstands- und Ausschußmitglieder, sowie des Cassiers, beginnt und endigt am 1. Juli.

IV. Abschnitt.

Beschaffung und Verwendung der Genossenschaftsmittel, sowie Wirksamkeit der Genossenschaft.

§. 28.

Die Geldmittel der Genossenschaft werden aufgebracht durch Anlehen, Spareinlagen, Provisionen, Zinsüberschüsse und Beitrittsgebühren. Sie werden verwendet zu verzinslichen Darlehen an die Mitglieder, zu den Geschäftskosten, zur Ansammlung eines Genossenschaftscapitals und zu gemeinnützigen Zwecken.

Nur Mitglieder können Darlehen erhalten.

§. 29.

Die Höhe der aufzunehmenden Capitalien, zu welchen auch die Spareinlagen zu rechnen sind, setzt die General-Versammlung fest.

§. 30.

Darlehen können vom Vorstande auf die Dauer bis zu fünf Jahren bewilligt werden.

Die Gewährung von Darlehen auf die Frist über fünf bis zu zehn Jahren, sowie die Verlängerung eines vom Vorstande bewilligten Darlehens bis zu dieser Maximalfrist steht dem Ausschusse zu.

Ueber Bewilligung oder Verlängerung von Darlehen über zehn Jahre hinaus bleibt die nähere Festsetzung der General-Versammlung vorbehalten.

In diesem Falle bestimmt dieselbe auch die jährlichen Rückzahlungsfristen. Die etwa vorbehaltene dreimonatliche Kündigungsfrist soll nur dann benützt werden, wenn die von der Genossenschaft angeliehenen Capitalien massenweise gekündigt werden, oder die Genossenschaftsschuldner oder deren Bürgen in Verhältnisse gerathen, welche die Sicherheit der Darlehen gefährden.

Ueber die Nothwendigkeit der bücherlichen Sicherstellung von Darlehen entscheidet der Vorstand.

Darlehen auf länger als drei Jahre müssen auf dem unbeweglichen Besitze des Schuldners oder des Bürgen intabulirt werden.

Darlehen können vom Vorstande auch auf laufende Rechnung bewilligt werden.

Die Festsetzung des Maximums der Darlehen, beziehungsweise Kredite, über welches hinaus keinem Mitgliede, sei es in einem oder in mehreren Beiträgen von dem Vorstande Darlehen, beziehungsweise Vorschüsse verabfolgt werden dürfen, bleibt einer besonderen Beschlußfassung des Ausschusses vorbehalten.

Die gute Verwendung der Darlehen ist so viel als möglich vorher sicherzustellen und später zu controliren.

Ueber Beschwerden wegen zurückgewiesener Anträge auf Darlehen entscheidet der Ausschuß, in letzter Instanz die General-Versammlung.

§. 31.

Die Sicherstellung der Darlehen, beziehungsweise Credite (§. 30), muß in allen Fällen in so ausreichender Weise stattfinden, daß für die Genossenschaft keinerlei Gefahr vorhanden ist; sie kann erfolgen durch Stellung von verläßlichen Bürgen, welche womöglich hinreichendes Immobiliarvermögen besitzen sollen, durch Hypotheken oder durch Hinterlegung von gesetzlich als Pupillaranlage anerkannten Effecten, deren Werth die Darlehen, beziehungsweise die Kredite auf laufende Rechnung, um mindestens ein Drittel übersteigt.

§. 32.

Bei Versteigerung von Mobilien oder Immobilien ist der Vorstand berechtigt, im Namen der Genossenschaft mitzubieten und sich auch von allfälligen Ersteher deren Rechte übertragen zu lassen. Es sind hiebei jene Maßnahmen zu ergreifen, welche zur Sicherung des Erwerbes und der Interessen der Genossenschaft nothwendig sind.

§. 33.

Wenn es auch nach §. 2 der Statuten in erster Linie Absicht ist, den Mitgliedern die nöthigen Geldmittel zu beschaffen, so soll doch nach dem Schlußsatze dieses Paragraphes die Genossenschaft auch dazu dienen, deren Verhältnisse in sittlicher und materieller Beziehung zu verbessern. Mit jeder derartigen Creditgenossenschaft ist daher eine Sparcassa zu verbinden. Die Einrichtung der Genossenschaft und die vorhandenen Mittel sollen ferner dazu benützt werden, durch Bildung von allen Arten landwirthschaftlicher Genossenschaften, durch Consumvereine, sowie durch allenfallsige sonstige Einrichtungen, z.B. Uebernahme der Feuer- und Lebensversicherung u. a. m. den Genossenschaftsmitgliedern alle möglichen Vortheile zu verschaffen. Besondere Beschlüsse hierüber bleiben der General-Versammlung vorbehalten. Dabei soll der Grundsatz festgehalten werden, daß das Darlehensgeschäft in keiner Weise mit den übrigen Geschäften vermischt werden darf, und die letzteren für sich getrennt erfolgen müssen und zwar lediglich auf Kosten und Gefahr der dabei Betheiligten, welche zu diesem Zwecke für jeden einzelnen Fall unter sich eine Untergenossenschaft bilden.

Nur für die Sparcasseneinlagen sind sämmtliche Mitglieder der Genossenschaft wie für alle Verbindlichkeiten der letzteren, solidarisch haftbar (§. 6).

§. 34.

Der nach §. 26 zu ermittelnde Gewinn soll als Genossenschaftscapital angesammelt werden.

Das letztere hat vorerst den Zweck, Verluste der Genossenschaft zu decken. Es bleibt Eigenthum der Genossenschaft. Die Mitglieder haben persönlich keinen Antheil an demselben und können keine Theilung verlangen. Bei Auflösung der Genossenschaft soll dasselbe für gemeinnützige Zwecke, worüber die General-Versammlung zu bestimmen hat, verwendet werden.

V. Abschnitt.

Allgemeine Bestimmungen.

§. 35.

Die Statuten können von der General-Versammlung abgeändert werden. Diese Abänderung kann mit Ausnahme der im letzten Absatz des gegenwärtigen Paragraphen enthaltenen Bestimmungen erfolgen, wenn mehr als die Hälfte der Mitglieder anwesend sind und die absolute Majorität sich dafür entscheidet.

Die vorgeschriebene Einladung, welche mindestens acht Tage vor der Sitzung zu ergehen hat, muß die vorzuschlagenden Abänderungen kurz enthalten. Erscheint in diesem Falle auf die erste Einladung die vorbestimmte Zahl der Mitglieder nicht, so ist in gleicher Weise eine zweite Versammlung einzuberufen, welche in jeder Zahl beschlußfähig ist. Letzteres ist in der zweiten Einladung ausdrücklich zu bemerken.

Die Abänderung des §. 34 bezüglich des Genossenschaftscapitales, sowie des gegenwärtigen Paragraphen, bezüglich der Statutenabänderung, ferner die Abänderung des §. 36 bezüglich der Auflösung der Genossenschaft, endlich der in den §§. 3, 6 und 28 enthaltenen Grundsätze kann nur stattfinden, wenn mehr als die Hälfte der Genossenschaftsmitglieder anwesend ist und wenigstens zwei Drittheile derselben dafür stimmen, und zwar in vorschriftsmäßiger Sitzung.

§. 36.

die freiwillige Auflösung der Genossenschaft kann erfolgen, wenn mehr als die Hälfte der Mitglieder anwesend ist und drei Viertheile sich für die Auflösung aussprechen.

Der Antrag auf Auflösung muß nachweislich jedem Mitgliede 14 Tage vor der betreffenden Sitzung der General-Versammlung schriftlich zugestellt werden.

Die Veröffentlichung der allenfallsigen Auflösung und die Liquidation erfolgt nach Vorschrift des Genossenschaftsgesetzes.

§. 37.

Streitigkeiten über die Bestimmungen des Genossenschaftsstatutes, oder zwischen Mitgliedern der Genossenschaft über sonstige Genossenschaftsangelegenheiten, werden endgiltig durch die General-Versammlung geschlichtet. Die Mitglieder erklären ausdrücklich, sich der Entscheidung diese Versammlung zu unterwerfen und auf den Rechtsweg zu verzichten.

Revidiertes Statut der k. k. Landwirtschaftsgesellschaft Wien aus dem Jahre 1876, enthalten in: Österreichisches Staatsarchiv, Allgemeines Verwaltungsarchiv, k. k. Ackerbauministerium, Signatur L 4 ex 1876, Beilagen zu dem Schreiben des Zentralausschusses der k. k. Landwirtschaftsgesellschaft Wien vom 13. Juni 1876 (abgedruckt nur neugefaßte Teile)

Statuten
der .... Darlehens- und Spargenossenschaft.
(Registrirte Genossenschaft mit unbeschränkter Haftung.)

1. Abschnitt

Gründung und Zweck.

§. 1.

Die Unterzeichneten bilden eine Darlehens- und Spargenossenschaft unter der Firma: ".. Darlehens- und Spargenossenschaft" (registrirte Genossenschaft mit unbeschränkter Haftung).

Die Genossenschaft hat ihren Sitz zu .....

§. 6.

Die Mitglieder treten durch Unterzeichnung der Statuten in die Genossenschaft ein und verpflichten sich hierdurch:

a) für die von der Genossenschaft aufgenommenen Anlehen, sowie überhaupt für alle Verbindlichkeiten derselben unter sich zu gleichen Theilen, Dritten gegenüber jedoch solidarisch und mit ihrem ganzen Vermögen nach Vorschrift des Gesetzes über Erwerbs- und Wirthschafts-Genossenschaften vom 9. April 1873 zu haften;

b) die Statuten genau zu beobachten, sowie das Interesse der Genossenschaft in jeder Beziehung zu wahren;

c) zur Entrichtung einer vorläufig auf ö.W.fl. ... festgesetzten Beitrittsgebühr, welche dem Genossenschaftscapitale zuzuschlagen ist. Für später eintretende Mitglieder kann die Beitrittsgebühr durch die General-Versammlung erhöht werden;

d) zur Bildung eines Genossenschafts-Antheiles in der Höhe von ö.W.fl. ... zahlen. Dieser Geschäftsantheil darf während der Dauer der Mitgliedschaft weder ganz noch theilweise zurückgezogen werden. Jedes Mitglied erhält über seinen Geschäftsantheil ein Buch, in welches von dem Vorstande der Zuwachs oder Abgang eingetragen wird.

Die ausgetretenen oder ausgeschlossenen Mitglieder, sowie die Erben verstorbener Mitglieder haften den Gläubigern der Genossenschaft für alle bis zu ihrem Ausscheiden von der Genossenschaft eingegangenen Verbindlichkeiten bis zum Ablaufe der gesetzlichen Verjährungsfrist (§.73 Genossenschafts-Gesetz).

Im Paragraph 10 entfällt der dritte Absatz

§. 12.

Zu allen Sitzungen des Vorstandes sind sämmtliche Mitglieder desselben einzuladen (§. 15 d). Diese Einladungen sowie auch jene zu den General-Versammlungen erfolgen schriftlich mindestens drei Tage vor der Sitzung, unter Angabe der Gegenstände, welche zur Verhandlung kommen sollen. Die Einladung zur General-Versammlung sowie alle für die Oeffentlichkeit bestimmten Bekanntmachungen geschehen außer der schriftlichen Verständigung der Mitglieder auch durch Maueranschläge in den zum Genossenschafts-Bezirke gehörigen Ortschaften unter der Firma der Genossenschaft.

§. 14.

e) Sorge zu tragen, daß die erforderlichen Bücher der Genossenschaft geführt werden. (§. 22 Genossenschafts-Gesetz).

§. 15.

b) das Genossenschaftsregister zu führen und dasselbe ordnungsmäßig der zuständigen Gerichtsbehörde vorzulegen. (§. 14 Genossenschafts-Gesetz).

§. 18.

b) die vom Kassier aufzustellende Bilanz des vorhergehenden Jahres vor dem 1.März zu prüfen und festzustellen, spätestens bis 1.Mai jeden Jahres die Rechnung des vorhergehenden zu revidiren und darüber in der nächsten General-Versammlung Bericht zu erstatten;

§. 22, Absatz 3

Außer den in den §§. 35 und 36 gedachten Fällen ist die General-Versammlung bei Anwesenheit von .. Mitgliedern beschlußfähig, wenn die Einladung unter Angabe der zur Verhandlung kommenden Gegenstände statutenmäßig erfolgt ist.

Im Programme nicht enthaltene Gegenstände, mit Ausnahme des Antrages auf Einberufung einer außerordentlichen General-Versammlung, können zwar zur Debatte, nicht aber zur Beschlußfassung zugelassen werden.

§. 24

b) am Schlusse des Rechnungsjahres, welches mit dem Kalenderjahre zusammenfällt, die Bilanz zu ziehen und dem Vorsteher vor dem 15. Februar jeden Jahres die Rechnung des verflossenen in zwei Exemplaren, mit den zu einem Hefte vereinigten Belegen und einer Vermögensnachweisung vorzulegen.

§. 26

II. Die Genossenschaftsschulden (Passiva), nämlich:
1. den Uebertrag von der letzten Rechnung;
2. die Geschäftsantheile der Mitglieder und die Geschäftsschulden nach ihren verschiedenen Arten;
3. das Genossenschaftscapital und den Reservefonds;

Im Paragraph 33 entfällt der zweite Absatz

§. 34.

Von dem nach §. 26 ermittelten Reingewinne wird vorerst eine 5%ige Verzinsung der Geschäftsantheile der Mitglieder bestritten. Von dem sonach erübrigten Reingewinne werden zwei Drittheile dem Reservefonds zugeführt, der mit diesem Betrage und der von den Mitgliedern zu bestimmenden Beitrittsgebühr das Genossenschaftscapital bildet. Das verbleibende Drittel wird an die Mitglieder vertheilt, beziehungsweise bei nicht vollendeter Einzahlung des Geschäftsantheiles diesem zugeschrieben.

Das Genossenschaftscapital hat vorerst den Zweck, Verluste der Genossenschaft zu decken. Es bleibt Eigenthum der Genossenschaft. Die Mitglieder haben persönlich keinen Antheil an demselben und können keine Theilung verlangen. Bei Auflösung der Genossenschaft soll dasselbe für gemeinnützige Zwecke, worüber die General-Versammlung zu bestimmen hat, verwendet werden.

§. 35.

Die Statuten können von der General-Versammlung abgeändert werden. Diese Abänderung kann mit Ausnahme der im letzten Absatze des gegenwärtigen Paragraphen enthaltenen Bestimmungen erfolgen, wenn mehr als die Hälfte der Mitglieder anwesend sind und die absolute Majorität sich dafür entscheidet.

Die Abänderung des §.34 bezüglich des Genossenschaftscapitales, sowie des gegenwärtigen Paragraphen bezüglich der Statutenabänderung, ferner die Abänderung des §. 36 bezüglich der Auflösung der Genossenschaft, endlich der in den §§. 3, 6 und 28 enthaltenen Grundsätze kann nur stattfinden, wenn mehr als die Hälfte der Genossenschaftsmitglieder anwesend ist und wenigstens zwei Drittheile derselben dafür stimmen, und zwar in vorschriftsmäßiger Sitzung.

Die vorgeschriebene Einladung, welche mindestens acht Tage vor der Sitzung zu ergehen hat, muß die vorzuschlagenden Abänderungen kurz enthalten. Erscheint in diesem Falle auf die erste Einladung die vorbestimmte Zahl der Mitglieder nicht, so ist in gleicher Weise eine zweite Versammlung einzuberufen, welche in jeder Zahl beschlußfähig ist. Letzteres ist in der zweiten Einladung ausdrücklich zu bemerken.

Statuten, verfaßt von *Marchet* im Jahre 1876, enthalten in: Dr. *Gustav Marchet*, Zur Organisation des landwirthschaftlichen Credites in Österreich (Wien 1876) 94 ff

Statuten
des
landwirthschaftlichen Darlehens- und Sparvereins in....
(Registrirte Genossenschaft mit unbeschränkter Haftung)

I. Abschnitt.

Gründung und Zweck.

§. 1.

Die Unterzeichneten bilden einen landwirthschaftlichen Darlehens- und Sparverein unter der Firma: *"Landwirthschaftlicher Darlehens- und Sparverein"* (registrirte Genossenschaft mit unbeschränkter Haftung).

Die Genossenschaft hat ihren Sitz zu

§. 2.

Die Genossenschaft hat den Zweck, ihren Mitgliedern die zu ihrem Wirthschaftsbetriebe nöthigen Geldmittel unter gemeinschaftlicher Haftung durch verzinsliche Darlehen zu beschaffen, Spareinlagen zu sammeln, deren Verwendung zu landwirthschaftlichen Zwekken zu vermitteln und Vereinigungen von Genossenschaftsmitgliedern zu speciellen landwirthschaftlichen Zwecken (Beschaffung von Saatgut, Zuchtvieh etc.) zu fördern.

II. Abschnitt.

Mitgliedschaft, Rechte und Pflichten der Mitglieder.

§. 3.

Mitglieder der Genossenschaft können nur solche Personen sein, welche in einer der das Gebiet der Genossenschaft bildenden Gemeinden: .... ihren ständigen Wohnsitz oder Grundbesitz haben, welche sich im Vollgenusse der bürgerlichen Rechte befinden und nicht Mitglieder eines anderen derartigen Creditvereines sind.

Die Aufnahme neuer Mitglieder erfolgt durch den Genossenschaftsvorstand, welcher dieselbe ohne Angabe von Gründen verweigern kann. Gegen dessen ablehnende Entscheidung steht die Berufung an den Ausschuss offen, bei Verschiedenheit der Entscheidungen über Berufung des Vorstandes an die Generalversammlung.

§. 4.

Die Mitgliedschaft geht verloren:

a) durch freiwilligen Austritt;
b) durch Wegzug aus dem Genossenschaftsbezirke;
c) durch Ausschliessung;
d) durch den Tod.

Die Austrittserklärung ist beim Obmann des Vorstandes schriftlich anzumelden, welcher darüber eine Empfangsbescheinigung auszustellen hat. Die Mitgliedschaft endigt mit Ablauf des Jahres, in welchem die Austrittserklärung, beziehungsweise der Wegzug, erfolgt.

Die Ausschliessung kann erfolgen bei Nichterfüllung der statutenmässigen Verpflichtungen, insbesondere wegen wiederholter Zahlungssäumnisse; sie muss jedoch stattfinden in Folge des Verlustes der bürgerlichen Rechte, ferner, wenn ein Genossenschafter in einem anderen derartigen Creditvereine Mitglied geworden ist, endlich nach eingetretener Zahlungsunfähigkeit oder wegen einer Handlungsweise, welche dem Interesse der Genossenschaft widerspricht.

Die Ausschliessung geschieht über Antrag des Vorstandes durch Beschluss des Ausschusses, gegen welchen dem Ausgeschlossenen binnen 30 Tagen Berufung an die Generalversammlung zusteht.

Im Falle der Ausschliessung endigt die Mitgliedschaft 30 Tage nach dem darüber gefassten Beschluss des Ausschusses, oder wenn Berufung des Ausgeschlossenen an die Generalversammlung ergriffen wurde, mit dem die Ausschliessung bestätigenden Beschlusse der letzteren.

Der Tod eines Mitgliedes endigt die Mitgliedschaft.

§. 5.

Die Mitglieder haben das Recht, an den Generalversammlungen der Genossenschaft stimmberechtigt theilzunehmen und jederzeit Einsicht in das Protokoll der Generalversammlung zu nehmen.

Dieses Recht geht für freiwillig ausgeschiedene Mitglieder mit dem Tage der Austrittserklärung, beziehungsweise des Wegzuges, verloren und wird für ausgeschlossene Mitglieder mit dem Tage des betreffenden Ausschussbeschlusses suspensirt.

Das Stimmrecht muß in Person ausgeübt und kann auf Andere nicht übertragen werden; kein Mitglied kann mehr als *eine* Stimme haben.

§. 6.

Die Mitglieder treten durch Unterzeichnung der Statuten in die Genossenschaft ein und verpflichten sich hierdurch:

a) für die von der Genossenschaft aufgenommenen Anlehen, sowie überhaupt für alle Verbindlichkeiten derselben unter sich zu gleichen Theilen, Dritten gegenüber jedoch solidarisch und mit ihrem ganzen Vermögen nach Vorschrift des Gesetzes über Erwerbs- und Wirthschaftsgenossenschaften vom 9. April 1873 zu haften;

b) die Statuten genau zu beobachten, sowie das Interesse der Genossenschaft in jeder Beziehung zu wahren;

c) zur Entrichtung einer vorläufig auf ö. W. fl. 1 festgesetzten Beitrittsgebühr, welche dem Genossenschaftskapitale zuzuschlagen ist; die Beitrittsgebühr kann durch Beschluss der Generalversammlung erhöht werden;

d) zur Einzahlung mindestens *eines* Genossenschaftsantheiles in der Höhe von ö. W. fl. 5. Derselbe ist entweder auf einmal oder in mehreren, höchstens aber fünf gleichen Monatsraten einzuzahlen. Dieser Geschäftsantheil darf während der Dauer der Mitgliedschaft weder ganz noch theilweise zurückgezogen werden. Jedes Mitglied erhält über seinen Geschäftsantheil ein Buch, in welches der Zuwachs oder Abgang eingetragen wird.

Die ausgetretenen oder ausgeschlossenen Mitglieder, sowie die Erben verstorbener Mitglieder haften den Gläubigern der Genossenschaft für alle bis zu ihrem Ausscheiden von der Genossenschaft eingegangenen Verbindlichkeiten bis zum Ablaufe der gesetzlichen Verjährungsfrist (§. 73 Genossenschaftsgesetz).

III. Abschnitt.

Verwaltung der Genossenschaft.

a) Organe.

§. 7.

Die Genossenschaft verwaltet ihre Angelegenheiten durch:

a) den Vorstand (§§. 8 - 15);
b) den Ausschuss (Aufsichtsrat) (§§. 16 - 19);
c) die Generalversammlung (§§. 20 - 23);
d) den Cassier (Cassa- und Rechnungsführer) (§§ . 24 - 26);

b) Vorstand.

§. 8.

Der Vorstand besteht aus dem Obmanne und anderen fünf Mitgliedern; die Functionsdauer beträgt drei Jahre in der Art, dass jedes Jahr die beiden ältesten Mitglieder austreten.

Die beiden ersten Jahre werden die Ausscheidenden durch das Loos bestimmt.

§. 9.

Bei dem Austritte oder bei dauernder Verhinderung von Vorstandsmitgliedern hat der Ausschuss bis zur nächsten ordentlichen Generalversammlung, welche die Ergänzungswahl vorzunehmen hat, Ersatzmänner zu ernennen. Die auf diese Weise vom Ausschusse gewählten Stellvertreter, so wie die auf Grund der §§. 17 und 22 von dem Ausschusse oder der Generalversammlung etwa neu gewählten Vorstandsmitglieder sind von dem neuen Vorstande, beziehungsweise den übriggebliebenen Vorstandsmitgliedern, dem Handelsgerichte, unter Vorlage einer Ausfertigung der Wahlverhandlungen anzuzeigen.

Die Stellvertreter und neu gewählten Vorstandsmitglieder haben diese Anzeige in Person zu machen und nach Vorschrift des §. 10 vor dem Gerichte zu zeichnen oder ihre Unterschrift in beglaubigter Form einzureichen.

Die Amtsdauer der auf diese Weise gewählten Vorstandsmitglieder ist diejenige der ausgeschiedenen Mitglieder, an deren Stelle die Wahl erfolgte.

§. 10.

Die Legitimation des Vorstandes erfolgt durch das Protokoll der Generalversammlung über die Wahl seiner Mitglieder. Die Vorstandsmitglieder haben unter Einreichung einer Ausfertigung der Wahlverhandlungen dem Handelsgerichte oder der mit Führung des Genossenschaftsregisters beauftragten Behörde ihre Wahl persönlich anzuzeigen und dabei ihre Unterschriften vor Gericht zu zeichnen, oder dieselben dem Gerichte in gerichtlich oder notariell beglaubigter Form einzureichen.

Die Zeichnung für die Genossenschaft erfolgt, indem der Firma die Unterschriften der Zeichnenden hinzugefügt werden. Die Zeichnung hat nur dann verbindliche Kraft, wenn sie vom Obmann des Vorstandes oder dessen Stellvertreter und mindestens zwei Vorstandsmitgliedern erfolgt ist.

§. 11.

Die Genossenschaft wird vom Vorstande gerichtlich und aussergerichtlich vertreten. In Bezug auf diese Vertretung und überhaupt die Befugnisse und Pflichten des Vorstandes sind die Bestimmungen des Genossenschaftsgesetzes massgebend.

Die Vertretung in Processen erfolgt in erster Linie durch den Obmann, beziehungsweise dessen Stellvertreter, und im Falle beide verhindert sein sollten, durch ein vom Obmanne zu bestimmendes anderes Vorstandsmitglied.

Der Genossenschaft gegenüber ist der Vorstand dafür verantwortlich, dass diese Statuten, sowie die Beschlüsse des Ausschusses und der Generalversammlung pünktlich angewendet und durchgeführt werden. Besonders ist er verpflichtet, bei den für die Genossenschaft zu machenden Anlehen sich innerhalb der von der Generalversammlung festzusetzenden Grenzen zu halten, sowie zu allen für die Genossenschaft abzuschliessenden Verträgen und Processen, mit Ausnahme von Klagen gegen Genossenschaftsmitglieder wegen Eintreibung von Darlehen, wozu keine Ermächtigung erforderlich ist, die vorherige Zustimmung des Ausschusses einzuholen. Diese Zustimmung ist auch zu allen sonstigen Handlungen erforderlich, welche die Genossenschaft in irgend einer Weise verpflichten sollen.

§. 12.

Zu allen Sitzungen des Vorstandes sind sämmtliche Mitglieder desselben einzuladen (§. 15 d). Diese Einladungen sowie auch jene zu den Generalversammlungen erfolgen schriftlich mindestens drei Tage vor der Sitzung, unter Angabe der Gegenstände, welche zur Verhandlung kommen sollen. Die Einladung zur Generalversammlung, sowie alle für die Oeffentlichkeit bestimmten Bekanntmachungen geschehen ausser der schriftlichen Verständigung der Mitglieder auch durch Maueranschläge in den zum Genossenschaftsbezirke gehörigen Ortschaften unter der Firma der Genossenschaft.

§. 13.

Beschlüsse des Vorstandes sind giltig, wenn sie in vorschriftsmässiger Sitzung vom Obmanne oder dessen Stellvertreter und mindestens drei Mitgliedern gefasst sind. Bei Stimmengleichheit entscheidet die Stimme des Vorsitzenden.

Zur Beschließung über die Anträge auf Bewilligung von Darlehen muss sich der Vorstand in regelmässigen Sitzungen mindestens einmal monatlich, ausserdem aber so oft versammeln, als es die Erledigung der Geschäfte nothwendig macht.

§. 14.

Der Vorstand hat insbesondere:

a) die für die Genossenschaft verbindlichen Schuldurkunden über die von der Genossenschaft aufzunehmenden Anlehen innerhalb der von der Generalversammlung festgesetzten Grenze auszustellen;

b) über die Aufnahme von Mitgliedern, über alle Einnahmen und Ausgaben, sowie über die Bewilligung von Darlehen zu beschliessen, über pünktliche Zurückzahlung der letzteren zu wachen und über die Auschliessung von Mitgliedern Anträge an den Ausschuss zu stellen;

c) mit dem die Mitsperre führenden Obmanne das Cassen- und Rechnungswesen zu beaufsichtigen, die Cassenabschlüsse zu prüfen, sowie auf die sichere verzinsliche Anlage der Cassenbestände zu halten;

d) vor dem 15. Jänner die Bilanz und vor dem 1. April jeden Jahres die Rechnungen des vorhergehenden Jahres zu prüfen;

e) Sorge zu tragen, dass die erforderlichen Bücher der Genossenschaft geführt werden (§. 22 Genossenschaftsgesetz).

Bei den Beschlüssen über Bewilligung von Darlehen ist der Cassier als berathendes Mitglied zuzuziehen.

§. 15.

Der Obmann hat nach der ihm ertheilten Instruction die bezüglichen Geschäfte der Genossenschaft auszuführen, beziehungsweise zu überwachen, besonders:

a) die Correspondenz zu führen und die Acten aufzubewahren;

b) das Genossenschaftsregister zu führen und dasselbe ordnungsmässig der zuständigen Gerichtsbehörde vorzulegen (§ . 14 Genossenschaftsgesetz);

c) das Cassen- und Rechnungswesen speciell zu beaufsichtigen, die Zahlungsanweisungen zu ertheilen, die Controle zu führen, mit dem Cassier Mitsperre der Cassa zu führen, die Cassenabschlüsse zu machen und mit dem Cassier am 31. December die Bilanz aufzustellen.

Auf den Antrag des Obmannes kann der Vorstand ein anderes Mitglied aus seiner Mitte mit der Cassencontrole beauftragen, welche indeß auch in diesem Falle unter der Oberleitung des Obmannes erfolgen muss;

d) zu den Sitzungen des Vorstandes und der Generalversammlung die Einladungen zu erlassen;

e) in den Sitzungen des Vorstandes und der Generalversammlung den Vorsitz zu führen und einen Protokollführer zu bestimmen.

c) Ausschuss.

§. 16.

Der Ausschuss besteht aus neun Mitgliedern, welche von der Generalversammlung auf drei Jahre zu wählen sind. Bei der Wahl ist darauf Rücksicht zu nehmen, dass der Ausschuss in seiner Gesammtheit eine möglichst genaue Kenntniss der Verhältnisse der Einwohner des Genossenschaftsbezirkes habe. Die Zahl kann von der Generalversammlung beliebig erhöht werden, jedoch so, dass sie durch drei theilbar ist.

Jedes Jahr, die beiden ersten Male durch das Loos, scheidet ein Drittheil der Mitglieder aus.

Beim Ausscheiden von Mitgliedern durch den Tod oder auf sonstige Weise muss sich der Ausschuss bis zur nächsten Generalversammlung, welche die Ergänzungswahlen vorzunehmen hat, durch Wahl aus den übrigen Mitgliedern der Genossenschaft vervollständigen. Der Ausschuss wählt jedes Jahr aus seiner Mitte einen Vorsitzenden und dessen Stellvertreter.

§. 17.

Der Ausschuss hat die Verpflichtung, die Interessen der Genossenschaft in jeder Beziehung zu wahren und darauf zu halten, dass die Verwaltung statutenmässig geführt und jeder seiner Beschlüsse, so wie jeder Beschluss der Generalversammlung pünktlich ausgeführt werde; er hat das Recht, jederzeit die Acten, sowie die Buchführung und Cassagebahrung einzusehen. Findet er, dass der Obmann oder der Gesammtvorstand, oder der Cassier Vorschriften der Statuten oder des Gesetzes nicht beachtet, oder das Interesse der Genossenschaft sonst geschädigt haben, so steht ihm das Recht zu, alle jene Massregeln zu ergreifen, welche ihm nöthig scheinen, das Interesse der Genossenschaft zu wahren. Er ist befugt, sowohl jedes Mitglied des Vorstandes, als auch den Gesammtvorstand und den

Cassier ausser Function zu setzen, hat aber dann, sowie überhaupt, wenn er das Interesse der Genossenschaft gefährdet glaubt, sofort eine Generalversammlung einzuberufen und dieser den Fall zur Entscheidung vorzulegen.

Bezüglich der Einladung zu dieser Generalversammlung und des Vorsitzes in derselben tritt der Vorsitzende des Ausschusses an die Stelle des Genossenschafts-Obmannes.

Sowohl der Vorstands-Obmann als der Cassier sind dem Ausschusse zur Ertheilung jeder Auskunft, sowie zur Vorlage der Acten, Bücher und Cassenbestände verpflichtet.

Im Uebrigen finden auf den Ausschuss die für den Aufsichtsrath im Genossenschaftsgesetze befindlichen Bestimmungen Anwendung und erfolgt die Legitimation desselben für Processe und Verträge durch die Wahlprotokolle der Generalversammlung und des Ausschusses. Die Durchführung erfolgt durch den Vorsitzenden oder dessen Stellvertreter in Gemeinschaft mit einem Ausschussmitgliede.

§. 18.

Der Ausschuss hat speciell die Pflicht:

a) die Instruction für den Obmann des Vorstandes und den Cassier zu erlassen;

b) die vom Cassier aufzustellende Bilanz des vorhergehenden Jahres vor dem 1. März zu prüfen und festzustellen, spätestens bis 1. Mai jeden Jahres die Rechnung des vorhergehenden zu revidiren und darüber in der nächsten Generalversammlung Bericht zu erstatten;

c) über die dem Vorstande zu ertheilende Ermächtigung zu Processen, soweit solche nicht wegen Eintreibung von Darlehen erforderlich sind, zu beschliessen und die Genossenschaft in Processen gegen den Vorstand zu vertreten (Schlusssatz des §. 17);

d) die Bürgschaften für sämmtliche ausstehende Darlehen, den Wechselverkehr und die laufenden Rechnungen zu revidiren, über die sofortige Kündigung und Einziehung gefährdeter Ausstände zu wachen und mindestens einmal jährlich eine aussergewöhnliche Geschäfts- und Cassenrevision selbst abzuhalten oder durch eine gewählte Commission abhalten zu lassen;

e) bei dem Austritte oder bei dauernder Verhinderung von Vorstandsmitgliedern bis zur nächsten ordentlichen Generalversammlung, welche die Ergänzungswahl vorzunehmen hat, Ersatzmänner zu ernennen.

Der Vorsitzende des Ausschusses ist der Genossenschaft gegenüber für die Erfüllung vorstehender Pflichten verantwortlich.

Im Falle es nöthig werden sollte, hat der Ausschuss die Beseitigung säumiger Mitglieder desselben und deren Ersetzung durch Neuwahl (§. 21) zu veranlassen.

§. 19.

Der Ausschuss hat sich zur Abwicklung seiner Geschäfte mindestens alle drei Monate einmal zu versammeln, und zwar in allen Fällen auf Einladung des Vorsitzenden in der Art, wie §. 12 für den Vorstand vorschreibt. Der Ausschuss ist beschlussfähig, wenn, einschliesslich des Vorsitzenden oder dessen Stellvertreters, mehr als die Hälfte seiner Mitglieder anwesend sind. Bei Stimmengleichheit entscheidet die Stimme des Vorsitzenden.

d) Generalversammlung.

§. 20.

Die Generalversammlung vertritt die Gesammtheit der Mitglieder. Sie übt ihre Rechte aus, theils unmittelbar in den ihrer eigenen Entscheidung vorbehaltenen Angelegenheiten, theils mittelbar durch den von ihr gewählten Vorstand und Ausschuss.

§. 21.

Der Generalversammlung ist vorbehalten:

a) die Geschäftsgebahrung des Vorstandes und des Ausschusses zu beaufsichtigen, deren Beschlüsse, insofern sie den Statuten oder dem Zwecke und den Interessen der Genossenschaft widerstreiten, unbeschadet der hierdurch etwa erworbenen Rechte dritter Personen, aufzuheben oder abzuändern;
b) dem Ausschusse für dessen Amtsführung eine entsprechende Instruction zu ertheilen;
c) den Ausschuss oder einzelne Mitglieder desselben ihres Amtes zu entheben und durch Neuwahl zu ersetzen;
d) über Berufungen in den Fällen der §§. 3, 4 und 30 zu entscheiden;
e) den übersichtlichen Bericht des Vorstehers über den Stand der Genossenschaftsangelegenheiten unter Mittheilung der Bilanz des Vorjahres entgegenzunehmen und über Antrag des Ausschusses den Vorstand, beziehungsweise den Cassier, in Betreff der letzten Jahresrechnung durch Ertheilung des Absolutoriums zu entlasten;
f) die Grenze festzusetzen, innerhalb welcher der Vorstand ermächtiget ist, für die Genossenschaft Anlehen aufzunehmen;
g) die im §. 6 lit. c festgesetzte Beitrittsgebühr zu ändern.

Die Generalversammlung wählt in ihren ordentlichen Frühjahrssitzungen in getrennten Wahlgängen: den Obmann des Vorstandes, dessen Stellvertreter, den Cassier, die Mitglieder des Vorstandes und des Ausschusses, mit absoluter Stimmenmehrheit. Wird solche bei der ersten Abstimmung nicht erreicht, so kommen bei der zweiten als letzten Abstimmung nur jene Mitglieder in die engere Wahl, welche nach den mit absoluter Mehrheit Gewählten die relativ meisten Stimmen erhalten haben. Die Zahl der in die engere Wahl zu bringenden Personen ist immer die doppelte der noch zu wählenden Mitglieder. Bei Stimmengleichheit entscheidet das Loos, gezogen durch die Hand des Vorsitzenden. Die Ausgeschiedenen sind wieder wählbar. Ergänzungswahlen können ausserdem in ausserordentlichen Sitzungen zu jeder Zeit vorgenommen werden.

§. 22.

Die Generalversammlung findet mindestens zweimal in jedem Jahre und zwar nach näherer Bestimmung derselben im Frühjahre und Herbste regelmässig statt, ausserdem aber, so oft es der Vorstand, Ausschuss oder mindestens ein Zehntel der Genossenschaftsmitglieder, letztere in schriftlichem, an den Obmann des Vorstandes, beziehungsweise Vorsitzenden des Ausschusses gerichteten, Zweck und Gründe enthaltenden Antrage, für nöthig erachten.

Unterlassen der Obmann des Vorstandes, beziehungsweise Vorsitzende des Ausschusses und deren Stellvertreter die rechtzeitige Einladung, so ist jedes andere Mitglied des Vorstandes oder Ausschusses dazu befugt, oder kann die Einladung auch von den dieselbe beantragenden Vereinsmitgliedern erfolgen.

Ausser den in den §§. 35 und 36 bezeichneten Fällen ist die Generalversammlung bei Anwesenheit von einem Drittel der Genossenschaftsmitglieder beschlussfähig, wenn die Einladung unter Angabe der zur Verhandlung kommenden Gegenstände statutenmässig erfolgt ist.

Im Programm nicht enthaltene Gegenstände, mit Ausnahme des Antrages auf Einberufung einer ausserordentlichen Generalversammlung, können zwar zur Debatte, nicht aber zur Beschlussfassung zugelassen werden.

Die Beschlüsse sind für die sämmtlichen Genossenschaftsmitglieder bindend, wenn sie von absoluter Majorität der Anwesenden gefaßt worden sind, bei Stimmengleichheit entscheidet die Stimme des Vorsitzenden.

§. 23.

Die Abstimmung erfolgt durch Händeaufheben, wenn die Versammlung in einzelnen Fällen nicht ausdrücklich die geheime Abstimmung durch Stimmzettel beschliesst.

Die Wahlen erfolgen durch Abgabe von Stimmzetteln.

e) Cassa- und Rechnungswesen.

§. 24.

Die Cassa- und Buchführung der Genossenschaft erfolgt durch einen mit dreimonatlicher Kündigungsfrist anzustellenden Cassier.

Dieser hat:

a) nach der Instruction (§. 18 a), sowie nach den Anweisungen des Obmannes des Vorstandes, die sämmtlichen Einnahmenund Ausgaben der Genossenschaft pünktlich zu besorgen, die Bücher zu führen, sowie die Cassenbestände und Werthpapiere unter Mitsperre aufzubewahren;

b) am Schlusse des Rechnungsjahres, welches mit dem Kalenderjahre zusammenfällt, die Bilanz zu ziehen und dem Obmanne vor dem 15. Februar jedes Jahres die Rechnung des verflossenen in zwei Exemplaren, mit den zu einem Hefte vereinigten Belegen und einer Vermögensnachweisung vorzulegen.

§. 25.

Der Cassier darf weder Mitglied des Vorstandes noch des Ausschusses sein, dagegen hat er den Vorstandssitzungen, soweit sie die Bewilligung von Darlehen betreffen, als berathendes Mitglied beizuwohnen; er ist der Genossenschaft für die Genossenschaftsgelder, sowie für die pünktliche Geschäftsführung verantwortlich; er hat dieserhalb einen zahlungsfähigen Bürgen als Schuldner und Zahler, oder eine von der Generalversammlung zu bestimmende Caution zu stellen, welche, wie auch der Bürge, für die Kosten der Ermittlung, Feststellung und Eintreibung des etwaigen Deficits zu haften hat.

§. 26.

Die Bilanz muss nach kaufmännischen Grundsätzen aufgestellt werden und in einer summarischen Zusammenstellung enthalten:

I. Das Genossenschaftsvermögen (Activa) und zwar:

1. den Cassenbestand in Baarem und in Werthpapieren, letztere zum Tagescurse angesetzt;
2. die Ausstände nach ihren verschiedenen Arten, wobei jedoch etwaige unsichere Forderungen nur nach ihrem wahrscheinlichen Werthe aufzuführen, definitiv uneinbringliche aber ganz auszuscheiden sind;
3. den Werth der Mobilien nach Abzug der gewöhnlichen Abnützungskosten von mindestens fünf Percent;
4. den jeweiligen Werth der Immobilien;
5. das Guthaben an Zinsen, welche erst im nächsten Rechnungsjahre zahlbar werden, bis zum Jahresschlusse berechnet.

II. Die Genossenschaftsschulden (Passiva), nämlich:

1. den Uebertrag von der letzten Rechnung;
2. die Geschäftsantheile der Mitglieder und die Geschäftsschulden nach ihren verschiedenen Arten;

3. das Genossenschaftscapital und den Reservefond;
4. die schuldigen Zinsen, welche erst im nächsten Rechnungsjahre zahlbar sind, bis zum Jahresschlusse berechnet.

Der Ueberschuss der Activa über die Passiva bildet den Reingewinn, der Ueberschuss der Passiva über die Activa den Verlust der Genossenschaft.

f) Im Allgemeinen.

§. 27.

Die Mitglieder des Vorstandes und des Ausschusses üben in der Regel ihr Amt als Ehrenamt aus und haben nur den Ersatz ihrer Baarauslagen zu beanspruchen.

Der Cassier erhält im Verhältnisse seiner Mühewaltung eine Vergütung, deren Höhe die Generalversammlung durch besonderen Beschluss festsetzt. Zur Erstattung baarer Auslagen an Genossenschaftsmitglieder genügt der Beschluss des Vorstandes.

Sowohl für den Vorstand, als den Ausschuss und die Generalversammlung ist je ein paginirtes Protokollbuch anzulegen. Alle Beschlüsse der betreffenden Versammlung sind in dasselbe einzutragen.

Die Unterzeichnung erfolgt bei den beiden ersteren nach Vorlesung und Genehmigung von den Anwesenden. Die Beschlüsse der Generalversammlung jedoch werden nach erfolgter Genehmigung durch die Versammlung von deren Vorsitzenden und je zwei Mitgliedern des Vorstandes und Ausschuss unterzeichnet.

Die regelmässige Amtsperiode der Vorstands- und Ausschussmitglieder, sowie des Cassiers beginnt und endigt am 1. Juli.

IV. Abschnitt.

Beschaffung und Verwendung der Genossenschaftsmittel, sowie Wirksamkeit der Genossenschaft.

§. 28.

Die Geldmittel der Genossenschaft werden aufgebracht durch Anlehen, Spareinlagen, Geschäftsantheile, Provisionen, Zinsüberschüsse und Beitrittsgebühren. Sie werden verwendet zu verzinslichen Darlehen an die Mitglieder, zu den Geschäftskosten, zur Ansammlung eines Genossenschaftscapitals und zu gemeinnützigen landwirthschaftlichen Zwekken.

Nur Mitglieder können Darlehen erhalten.

§. 29.

Die Höhe der aufzunehmenden Capitalien, zu welchen auch die Spareinlagen zu rechnen sind, setzt die Generalversammlung fest.

§. 30.

Ueber die Bewilligung oder Ablehnung eines Darlehenansuchens, beziehungsweise über die Höhe des zu bewilligenden Darlehens entscheidet der Vorstand.

Darlehen können vom Vorstande auf die Dauer bis zu fünf Jahren bewilligt werden.

Zur Gewährung von Darlehen auf die Frist über fünf Jahre, sowie zu jeder Verlängerung eines Darlehens über fünf Jahre bedarf der Vorstand der vorhergehenden Genehmigung des Ausschusses.

Bei Bewilligung von Darlehen seitens der Genossenschaft ist eine dreimonatliche Kündigungsfrist vorzubehalten. Dieselbe soll aber nur dann benützt werden, wenn die von der Genossenschaft angeliehenen Capitalien massenweise gekündigt werden, oder die Genossenschaftsschuldner oder deren Bürgen in Verhältnisse gerathen, welche die Sicherheit der Darlehen gefährden.

Ueber die Nothwendigkeit der bücherlichen Sicherstellung von Darlehen entscheidet der Vorstand.

Darlehen auf länger als drei Jahre müssen auf dem unbeweglichen Besitze des Schuldners oder des Bürgen intabulirt werden.

Darlehen können vom Vorstande auch auf laufende Rechnung bewilligt werden.

Die Festsetzung des Maximums der Darlehen, beziehungsweise Credite, bis zu welchem dem einzelnen Genossenschafter, sei es in einem oder in mehreren Beträgen von dem Vorstande Darlehen, beziehungsweise Vorschüsse verabfolgt werden dürfen, bleibt dem Ausschusse vorbehalten.

Die gute Verwendung der Darlehen ist so viel als möglich vorher sicherzustellen und später zu controliren.

Ueber Beschwerden wegen zurückgewiesener Anträge auf Darlehen entscheidet der Ausschuss, in letzter Instanz die Generalversammlung.

§. 31.

Die Sicherstellung der Darlehen, beziehungsweise Credite (§. 30), muss in allen Fällen in so ausreichender Weise stattfinden, dass für die Genossenschaft keinerlei Gefahr vorhanden ist; sie kann erfolgen durch Stellung von verlässlichen Bürgen, welche womöglich hinreichendes Immobilarvermögen besitzen sollen, durch Hypotheken oder durch Hinterlegung von gesetzlich als Pupillaranlage anerkannten Effecten, deren Werth die Darlehen, beziehungsweise die Credite auf laufende Rechnung, um mindestens ein Drittel übersteigt.

§. 32.

Bei Versteigerung von Mobilien oder Immobilien ist der Vorstand berechtigt, im Namen der Genossenschaft mitzubieten und sich auch von allfälligen Erstehern deren Rechte übertragen zu lassen. Es sind hiebei jene Massnahmen zu ergreifen, welche zur Sicherung der Interessen der Genossenschaft notwendig sind.

§. 33.

Die Genossenschaft nimmt Spareinlagen von Mitgliedern und Nichtmitgliedern an; für die Verzinsung und Rückzahlung dieser Einlagen haften die Genossenschafter solidarisch. Der jeweilige Zinsfuss wird vom Vorstande bestimmt, welchem es auch zusteht, die Annahme von Spareinlagen nöthigenfalls zeitweilig einzustellen.

§. 34.

Die Genossenschaft hat die Vereinigung von Genossenschaftsmitgliedern zur Erreichung specieller landwirthschaftlicher Zwecke, z. B. zur Beschaffung von Saatgut, Dünger, Zuchtvieh, Haushaltungsgegenständen, Geräthschaften, die Entstehung von Baugenossenschaften u. s. w. durch Gewährung von Darlehen zu fördern. Diese Darlehen können jedoch nur dann gewährt werden, wenn sich diese Mitglieder zur Rückzahlung des Darlehens solidarisch verpflichten. Dabei ist der Grundsatz festzuhalten, dass die Genossenschaft sich von der unmittelbaren Theilnahme an der Ausführung dieser speciellen Unternehmungen ihrer Mitglieder zu enthalten habe, so dass das Darlehensgeschäft mit dem Erfolge dieser Unternehmungen selbst in keinen Zusammenhang gebracht werde.

§. 35.

Von dem nach §. 26 ermittelten Reingewinne wird vorerst eine Verzinsung der Geschäftsantheile der Mitglieder bis zur Höhe von 4% bestritten. Von dem sonach erübrigten Reingewinne werden zwei Dritttheile dem Reservefond zugeführt, der mit diesem Betrage und der von den Mitgliedern zu bestimmenden Beitrittsgebühr das Genossenschaftscapital bildet. Das verbleibende Drittel wird an die Mitglieder vertheilt, beziehungsweise bei nicht vollendeter Einzahlung des Geschäftsantheiles diesem zugeschrieben.

Das Genossenschaftscapital hat vorerst den Zweck, eventuelle Verluste der Genossenschaft zu decken. Es bleibt Eigenthum der Genossenschaft. Die Mitglieder haben persönlich keinen Antheil an demselben und können keine Theilung verlangen. Reicht das Genossenschaftscapital zur Deckung der erlittenen Verluste nicht hin, so werden die Geschäftsantheile, nach deren Aufzehrung die Solidarhaft (§. 6 lit. a) herangezogen. Eventuelle, nach der Abschreibung von den Geschäftsantheilen sich ergebende Verzinsung und Dividenden werden an die Mitglieder nicht baar ausbezahlt, sondern den Geschäftsantheilen so lange zugeschrieben, bis dieselben wieder die statutenmässig festgesetzte Höhe (§. 6 lit. d) erreicht haben. Bei Auflösung der Genossenschaft soll das Genossenschaftscapital für gemeinnützige landwirthschaftliche Zwecke, worüber die Generalversammlung zu bestimmen hat, verwendet werden.

V. Abschnitt.

Allgemeine Bestimmungen.

§. 36.

Die Statuten können von der Generalversammlung abgeändert werden. Diese Abänderung kann mit Ausnahme der im letzten Absatze des gegenwärtigen Paragraphen enthaltenen Bestimmungen erfolgen, wenn mehr als die Hälfte der Mitglieder anwesend sind und die absolute Majorität sich dafür entscheidet.

Die Abänderung des §. 34 bezüglich des Genossenschaftscapitales, sowie des gegenwärtigen Paragraphen bezüglich der Statutenabänderung, ferner die Abänderung des §. 37 bezüglich der Auflösung der Genossenschaft, endlich der in den §. 3, 6 und 28 enthaltenen Grundsätze kann nur stattfinden, wenn mehr als die Hälfte der Genossenschaftsmitglieder anwesend ist und wenigstens zwei Dritttheile derselben dafür stimmen, und zwar in vorschriftsmässiger Sitzung.

Die vorgeschriebene Einladung, welche mindestens acht Tage vor der Sitzung zu ergehen hat, muss die vorzuschlagenden Abänderungen kurz enthalten. Erscheint in diesem Falle auf die erste Einladung die vorbestimmte Zahl der Mitglieder nicht, so ist in gleicher Weise eine zweite Versammlung einzuberufen, welche in jeder Zahl beschlussfähig ist. Letzteres ist in der zweiten Einladung ausdrücklich zu bemerken.

§. 37.

Die freiwillige Auflösung der Genossenschaft kann erfolgen, wenn mehr als die Hälfte der Mitglieder anwesend ist und drei Viertheile sich für die Auflösung aussprechen.

Der Antrag auf Auflösung muss nachweislich jedem Mitgliede 14 Tage vor der betreffenden Sitzung der Generalversammlung schriftlich zugestellt werden.

Die Veröffentlichung der allenfallsigen Auflösung und die Liquidation erfolgt nach Vorschrift des Genossenschaftsgesetzes.

§. 38.

Streitigkeiten über die Bestimmungen des Genossenschaftsstatutes, oder zwischen Mitgliedern der Genossenschaft über sonstige Genossenschaftsangelegenheiten, werden endgiltig durch die Generalversammlung geschlichtet. Die Mitglieder erklären ausdrücklich, sich der Entscheidung dieser Versammlung zu unterwerfen und auf den Rechtsweg zu verzichten.

§. 39.

Sobald sich ein landwirthschaftlicher Darlehens- und Spar-Centralverein im Lande bildet, welcher sich seinem Statute nach als Centralpunkt für die Wirksamkeit der nach dem gegenwärtigen Statute gebildeten Ortsvereine darstellt, wird die Genossenschaft demselben als Mitglied beitreten und ist der Ausschuss ermächtigt, im Sinne des §. 3 Genossenschaftsgesetz die Beitrittserklärung abzugeben. Der Antrag auf Austritt aus dem Centralvereine kann nur von der Generalversammlung beschlossen werden.

§. 40.

Im Falle als eine oder mehrere der im Gebiete dieser Genossenschaft liegenden Gemeinden der Genossenschaft für eine bestimmte Summe die Garantie leistet, in dem Sinne, dass sie nach Erfüllung aller gesetzlichen Pflichten der Genossenschaft und ihrer Mitglieder den eventuell noch nicht völlig befriedigten Darlehensgebern bis zu jener Summe haftet, werden der betreffenden Gemeindevertretung folgende Rechte eingeräumt:

1. Ein von der Gemeindevertretung zu bestimmender Delegirter hat das Recht, die Gebahrung des Genossenschaftsvorstandes zu überwachen, die Bücher jederzeit einzusehen und wahrgenommene Uebelstände dem Ausschusse mitzutheilen, beziehungsweise die Einberufung einer Generalversammlung zu beantragen. Geht der Ausschuß auf diesen Antrag nicht ein, so kann der Delegirte (nach §. 28 Genossenschaftsgesetz) die Generalversammlung einberufen.
2. Im Falle der Auflösung der Genossenschaft fällt der Reservefond an die garantirende Gemeinde, respective nach einem von der Generalversammlung festzusetzenden Quotenverhältnisse an die garantirenden Gemeinden.

§. 41.

In diesem § sind nach §. 5 al. 13 des Genossenschaftsgesetzes die Mitglieder des ersten Vorstandes oder diejenigen Personen, welche die Registrirung zu erwirken haben, zu benennen.

Änderungsvorschläge des k.k. Justizminsteriums bezüglich des Statutenentwurfes für einen landwirtschaftlichen Darlehens- und Sparverein, registrierte Genossenschaft mit unbeschränkter Haftung, enthalten in: Österreichisches Staatsarchiv, Allgemeines Verwaltungsarchiv, k. k. Ackerbauministerium, Signatur L 4 ex 1879, PZ 8780/420, Beilage Justizministerium Nr. 9709

I. Abschnitt.

An Stelle der Titels Gründung und Zwecks ist "Firma und Gegenstand des Unternehmens" zu setzen.

§. 2.

Der Anfang des ersten Satzes ist wie folgt umzuändern: "Der Gegenstand des Unternehmens besteht darin, den Mitgliedern der Genossenschaft die zu ihrem Wirthschaftsbetriebe ...."

§. 4.

Der zweite Absatz "Die Austrittserklärung ..." steht im Widerspruch zu §. 5 Abs. 2 der Statuten. Dieses gilt auch für den fünften Absatz "Im Falle der Ausschließung ...."

§§. 4 und 5.

Diese sind im Inhalt nach den §§. 55 und 78 des Genossenschaftsgesetzes neu zu formulieren.

III. Abschnitt.

Statt a) Organe nur Organe, statt b) Vorstand a) Vorstand.

§. 9.

Absatz zwei kann in Hinblick auf die Bestimmungen des §. 16 des Genossenschaftsgesetzes entfallen, er entspricht außerdem nicht der Verordnung vom 17. Mai 1873, R.G.Bl. Nr.71.

§. 10.

Die Formulierung im Absatz eins "oder der mit der Führung des Genossenschaftsregisters beauftragte Behörde" ist zu streichen, zu der Formulierung "ihre Wahl persönlich anzuzeigen" gilt der Hinweis zu §. 9.

§. 12.

Hier fehlt die Bestimmung, welche Rechtswirkung dem Anschlage der Einladung zur Generalversammlung zukommt, ebenso gilt dies für die erwähnte Individualeinladung.

§. 14.

c) Die Mitsperre regelt §. 15 c)

§. 15

b) Entspricht nicht §. 14 des Genossenschaftsgesetzes, demzufolge am Sitz der Genossenschaft, bzw. bei jeder Zweigniederlassung ein Register zu führen ist.

§. 17.

Der letzte Absatz ist unklar formuliert, da nur Prozesse, aber keine Verträge durchgeführt werden können.

§. 18.

b) Steht im Widerspruch zu §. 15 c) der Statuten, in §. 18 c) fehlt Hinweis auf §. 11 Absatz 3.

§. 20.

Der erste Satz ist falsch, da die Generalversammlung die Gesamtheit der Mitglieder ist. Kann außerdem nach §. 27 Genossenschaftsgesetz entfallen. Hinweis auf Bevollmächtigte laut §. 25 des Genossenschaftsgesetzes fehlt.

§. 21

e) Die Formulierung "den übersichtlichen Bericht des Vorstehers" muß wohl "den übersichtlichen Bericht des Vorstandes" heißen.

§. 24

b) Widerspricht §. 15 c) der Statuten.

§. 26 II 3.

Es fehlt der Hinweis, was genau unter Genossenschaftskapital zu verstehen ist, eine ähnliche Unklarheit besteht in den §§. 6 c) und 35 der Statuten.

f) Im Allgemeinen, soll heißen: f) Allgemeine Bestimmungen über die Verwaltung

§. 27.

Faßt die Generalversammlung einen Beschluß, dann ist dieser selbstverständlich genehmigt. Daher ist der vierte Absatz zu ändern.
Der fünfte Absatz deckt sich nicht mit §. 24 b).

§§. 30 und 31.

Es fehlen genaue Angaben, wie die Sicherstellung zu erfolgen hat.

§. 35.

Die Formulierung im ersten Absatz "von den Mitgliedern zu bestimmenden Beitrittsgebühr" muß "von den Mitgliedern zu entrichtenden Beitrittsgebühr" heißen. Die Bestimmung des letzten Satzes des Absatzes zwei, daß bei der Auflösung der Genossenschaft das Genossenschaftscapital für gemeinnützige landwirthschaftliche Zwecke zu verwenden ist, ist fraglich. Es ist nicht klar, ob nach dem Genossenschaftsgesetz der Reingewinn gemeinnützigen Zwecken zugeführt werden darf. Diese, sich an deutschen Vorbildern orientierende Bestimmung, sollte daher zweckmäßigerweise unterbleiben.

§. 36.

Die Paragraphenangabe im ersten Satz des zweiten Absatzes muß §. 35 heißen, da §. 34 nicht vom Genossenschaftscapital handelt.

§. 39.

Es muß geprüft werden, ob eine Centralisation nach dem Genossenschaftsgesetz überhaupt erfolgen kann.

§. 40.

Die genauen Bedingungen der Gemeindebürgschaft fehlen. Die Rechte der Delegierten und ihre Stellung zu den genossenschaftlichen Organen sind nicht exakt definiert.

Statuten der russischen Vorschussvereine, enthalten in: *P. Schwanebach*: Die Vorschuss-Vereine in Russland (St. Petersburg 1874) Beilage 3

Statuten des (Name) .... Vorschuss-Vereins.

Zweck und Organisation des Vereins.

§. 1.

Der (Name) ... Vorschuss-Verein wird in (Name des Dorfes oder der Stadt), Kreis ... , Gouvernement ... gegründet mit dem Zwecke den Mitgliedern desselben

a) Vorschüsse zu gewähren und
b) deren Ersparnisse zinstragend anzulegen.

§. 2.

Mitglieder des Vereins können sein:

a) alle Einwohner (Name des Orts) nach vollendetem 21-sten Lebensjahre und
b) Genossenschaften und Artelle die an dem genannten Orte auf Grundlage eines gesetzlichen Vertrages oder Statutes bestehen und deren Mitglieder dem Vereine gegenüber solidarisch verpflichtet sind.

§. 3.

Die Aufnahme der Mitglieder erfolgt durch die Generalversammlung (§. 107, a) auf Grundlage geheimer Abstimmung. Zur Aufnahme ist die einfache Stimmenmehrheit der Abstimmenden erforderlich.

§. 4.

Die Aufnahme neuer Mitglieder kann zu jeder Zeit stattfinden.

§. 5.

Über die in §. 2, b genannten Genossenschaften und Artelle wird wie über einfache Mitglieder laut §. 3 abgestimmt.

§. 6.

Das Mitglied, welches freiwillig oder in Folge von Nichteinzahlung des Geschäftsantheiles (§. 10, a und b) aus dem Vereine ausgeschieden ist, darf sich zur Wiederaufnahme nicht früher als nach Ablauf von ... Jahren melden. Das Mitglied, welches in Folge versäumter Rückzahlung eines Vorschusses ausgeschlossen wird, darf nicht vor Ablauf von ... Jahren (längere Frist) von neuem in den Verein aufgenommen werden.

§. 7.

Das Vereinsmitglied hat das Recht:

a) an den Abstimmungen der Generalversammlung theilzunehmen §. 100);
b) zu Mitgliedern des Directoriums und des Aufsichtsraths gewählt zu werden (§§. 76 und 87);
c) Bürgschaft zu leisten für die vom Verein gewährten Vorschüsse (§. 42);
d) dem Verein Spareinlagen anzuvertrauen (§. 29);

e) Vorschüsse zu empfangen (§. 40);
f) an dem Gewinn des Vereines zu participiren (§. 70), und
g) dem Verein darüber Anzeige zu machen, wem oder zu welchem Zweck sein Geschäftsantheil nach seinem Tode, auszuzahlen ist (§. 110 e).

§. 8.

Die Vereinsmitglieder sind verpflichtet:

a) durch fortlaufende Einschüsse sich einen Geschäftsantheil zu bilden (§. 17);
b) solidarisch für die Verpflichtungen des Vereines einzustehen (§§. 27 und 28);
c) die Bestimmungen gegenwärtiger Statuten und die Beschlüsse der Generalversammlung zu befolgen und keine Handlungen vorzunehmen, aus denen dem Verein Schaden erwachsen könnte.

§. 9.

Die Haftbarkeit des Mitgliedes beginnt mit dem Tage seiner Aufnhame in den Verein und hört an dem Tage auf, an welchem ihm sein Geschäftsantheil zurückgezahlt wird (§. 19).

§. 10.

Das Vereinsmitglied gilt als ausgeschieden:

a) wenn es seinen Austritt dem Directorium mündlich oder schriftlich angezeigt hat;
b) wenn es die Einzahlungen behufs Bildung seines Geschäftsantheiles versäumt (§. 17) und
c) wenn der Geschäftsantheil des Mitgliedes zur Deckung des ihm gewährten Vorschusses oder der von ihm dem Vereine gegenüber übernommenen Bürgschaft verwandt werden muss.

§. 11.

Im ersten Falle (§. 10 a) gilt als Tag des Austrittes der auf den Tag der Anzeige folgende Tag; im zweiten (§. 10 b) - der auf den Tag des Einzahlungstermins folgende, im dritten (§. 10 c) der auf den Verfalltermin der Schuld folgende Tag.

§. 12.

Das Mitglied, welches den Verein freiwillig verlässt (§. 10a), ist verpflichtet vorher dem Vereine gegenüber seine Verpflichtungen aus Vorschuss oder Bürgschaft zu erfüllen.

Die Geschäftsantheile der Mitglieder.

§. 13.

Jedes Mitglied darf nur Besitzer eines einzigen Geschäftsantheiles sein.

§. 14.

Der Geschäftsantheil ist Eigenthum des Mitgliedes und dient ausschliesslich zur Dekkung seiner Schulden an den Verein und der Schulden des Vereins Dritten gegenüber.

§. 15.

Der Versatz oder die Cession des Geschäftsantheiles ist unstatthaft und hat dem Vereine gegenüber keine verbindliche Kraft.

§. 16.

Der Betrag der Geschäftsantheile wird, gleichmässig für alle Mitglieder, auf ... Rubel festgesetzt.

§. 17.

Der Geschäftsantheil wird durch regelmässige Einschüsse (Angabe des Betrages und des Termins) gebildet. Es ist jedem Mitgliede freigestellt mehrere Raten, oder auch den vollen Betrag des Geschäftsantheiles, mit einem Male vorauszuzahlen.

§. 18.

Die Erhöhung des Betrages des Geschäftsantheiles oder der Einschussraten erfolgt auf Beschluss der Generalversammlung, jedoch nicht eher als bis nicht weniger als ... aller Mitglieder volleingezahlte Geschäftsantheile besitzen.

§. 19.

Dem ausgeschiedenen Mitgliede wird dessen Geschäftsantheil zurückgezahlt nachdem der Rechenschaftsbericht des laufenden Jahres von der Generalversammlung bestätigt worden ist, jedenfalls aber erst nach Ablauf von 12 Monaten nach erfolgtem Austritt. Aus dem Geschäftsantheile werden die Schulden des Ausscheidenden aus Vorschuss und Bürgschaft in Abzug gebracht, dessgleichen sein Antheil an den Vereinsschulden, die vor seinem Austritt contrahirt waren, im Falle die Geschäftsantheile zur Deckung solcher Schulden heranzuziehen sind.

§. 20.

Im Todesfalle eines Mitgliedes wird sein Geschäftsantheil nach den in §. 19 ausgeführten Grundsätzen seinen Erben ausgezahlt oder zu den von ihm angegebenen und im Testaments-Buche verzeichneten Zwecken verwandt (§. 110 e).

§. 21.

Jedes Mitglied erhält bei seiner Aufnahme ein auf seinen Namen lautendes Büchlein, in welchem alle seine Geschäftsumsätze mit dem Verein, mit Ausnahme der Spaareinlagen, zu verzeichnen sind (§. 110 b).

Das Umsatzkapital des Vereins.

§. 22.

Das Umsatzkapital des Vereins besteht aus:
a) den Geschäftsantheilen der Mitglieder (§. 17);
b) einem Theile des Reservekapitals (§. 68);
c) den Spaareinlagen (§. 29), und
d) den vom Verein contrahirten Anleihen (§. 38).

§. 23.

Die unbenutzten Summen des Umsatzkapitals können in zinstragenden Kassenscheinen oder in öffentlichen oder privaten Creditinstituten angelegt werden.

§. 24.

Die Umsätze des Vereins bestehen in:

a) der Annahme von Spaareinlagen (§. 29);
b) dem Abschliessen von Anleihen (§. 38), und
c) dem Ertheilen von Vorschüssen an die Mitglieder des Vereins (§§. 40 - 64).

§. 25.

Die Schulden des Vereins aus Spaareinlagen und Anleihen (§. 24 a, b) dürfen die effectiv eingezahlten Geschäftsantheile der Mitglieder und den Theil des Reservekapitals, welches in Werthpapieren angelegt (§. 67) ist, nicht mehr als 10 Mal übersteigen.

§. 26.

Die behufs Gründung des Vereins angeschlossene Anleihe wird hiebei (§. 25) nicht in Betracht gezogen.

§. 27.

Als Garantie der Vereinsverpflichtungen dienen:

a) der Jahres-Reingewinn;
b) das Reservekapital;
c) die Geschäftsantheile, und
d) das sonstige Vermögen der Mitglieder.

§. 28.

Zur Deckung der Schulden des Vereins, werden, im Falle von dessen Zahlungsunfähigkeit, in nachstehender Reihenfolge herangezogen:

a) der Jahres-Reingewinn;
b) das Reservekapital;
c) die Geschäftsantheile der Mitglieder im Verhältniss der von einem jeden geleisteten Einzahlungen, und
d) das sonstige Vermögen der Mitglieder, wobei der Ausfall gleichmässig von allen Mitgliedern zu tragen ist. Im Falle des Zahlungsunfähigkeit einiger derselben, ist deren Antheil gleichmässig unter alle zahlungsfähigen Mitglieder zu vertheilen.

Die Spaareinlagen.

§. 29.

Spaareinlagen werden, in den durch gegenwärtige Statuten bestimmten Grenzen (§. 25), von einem jeden Mitgliede bis zur doppelten Höhe des für die Geschäftsantheile normirten Betrages angenommen und in nicht geringeren Beträgen als ... Kopeken. Zur Annahme von Spaareinlagen von Personen, die nicht Mitglieder des Vereins sind, ist die Genehmigung der Generalversammlung erforderlich (§. 107 b).

§. 30.

Spaareinlagen dürfen angenommen werden:

a) unter der Bedingung jederzeitiger Rückzahlung;
b) auf unbestimmte Frist, wobei jedoch der Spaareinleger die Verbindlichkeit hat eine von der Generalversammlung zu bestimmende Kündigungsfrist (§. 107 c) einzuhalten, und
c) auf von der Generalversammlung zu bestimmende Termine (§. 107 c).

§. 31.

Termineinlagen (§. 30 b, c) dürfen nicht vor Ablauf der Termine zurückgefordert werden. Desgleichen hat der Verein nicht das Recht vor Ablauf der Termins die Bedingungen, unter denen die Spaareinlage erfolgt ist, zu modificiren.

§. 32.

Der Zinssatz für Spaareinlagen wird von der Generalversammlung auf ... Monate voraus festgestellt. Der veränderte Zinssatz findet nur in Hinsicht auf die jederzeit rückforderbaren Einlagen Anwendung, und zwar erst nach Ablauf eines Monats nach der Bekanntmachung über die Veränderung des Zinssatzes.

§. 33.

Die Zinsen für Spaareinlagen werden ausgezahlt:

a) nach Ablauf von ... (Fristbestimmung), und
b) bei Rückzahlung der Einlagen. Zeiträume unter ... (Fristbestimmung) werden hiebei nicht in Betracht gezogen.

§. 34.

Für den Zeitraum wo eine Termineinlage, nach abgelaufener Frist, nicht erhoben wird, findet keine Zinsvergütung statt.

§. 35.

Desgleichen findet für nicht rechtzeitig erhobene Zinsen keine Zinsvergütung statt.

§. 36.

Jeder Spaareinleger erhält ein auf den Namen lautendes Büchlein zur Eintragung der Spaareinlagen.

§. 37.

Der Eigenthümer einer Spaareinlage darf dieselbe cediren, doch ist dazu die Anzeige an das Directorium erforderlich und dürfen hiebei die ursprünglichen Bedingungen der Spaareinlage nicht verändert werden.

Anleihen.

§. 38.

Der Verein hat das Recht, jedoch nur zum Zweck der Verstärkung seines Umsatzkapitals und in den durch gegenwärtige Statuten bestimmten Gränzen (§. 25), Anleihen, sowohl bei seinen Mitgliedern als auch bei dritten Personen zu contrahiren.

§. 39.

Bedingungen und Betrag der Anleihe sind in jedem einzelnen Falle von der Generalversammlung festzustellen (§. 107 h).

(Ist dem Verein, behufs dessen Gründung, von einer Privatperson, Landschaft oder Corporation, ein Vorschuss bewilligt worden, so sind die Bedingungen desselben in einem besonderen Documente auszuführen, welches den Vereinsstatuten beizufügen ist. Laut diesem Documente kann dem Vorschussgeber, für die Dauer des Vorschusses, eine gewisse Theilnahme an der Verwaltung des Vereines, oder Controllbefugnisse der Geschäftsthätigkeit desselben eingeräumt werden).

Vorschüsse.

§. 40.

Vorschüsse dürfen nur an Vereinsmitglieder ertheilt werden.

§. 41.

Einem jeden Mitgliede kann ohne Bürgschaft ein Vorschuss von ... (nicht mehr als der anderthalbfache Betrag des effectiv eingezahlten Geschäftsantheiles) gewährt werden.

§. 42.

Ein Vorschuss in höherem Betrage, der jedoch in keinem Falle das in §. 51 festgesetzte Maximum übersteigen darf, muss durch Bürgschaft eines oder mehrerer Vereinsmitglieder garantirt werden.

§. 43.

Der Maximalbetrag des Vorschusses (§. 51) kann entweder auf einmal oder in mehreren Beträgen erhoben werden.

§. 44.

Jedes Mitglied darf bis zum Betrage von ... Rub. Bürgschaft leisten. (Nicht höher als ein Viertel des in §. 17 für die Geschäftsantheile fixirten Betrages).

§. 45.

Jedes Mitglied darf für ein oder mehrere Mitglieder Bürgschaft leisten; jedoch darf der Gesammtbetrag der von demselben übernommenen Bürgschaften nicht den in §. 44 festgestellten Betrag übersteigen.

§. 46.

Die von einem Mitgliede übernommenen Bürgschaften berauben dasselbe nicht des Anrechtes auf Vorschüsse für eigene Rechnung.

§. 47.

Vom Tage des Austritts des Mitgliedes aus dem Verein verliert dasselbe das Recht Vorschüsse zu erhalten und Bürgschaft zu leisten.

§. 48.

Die Vorschuss-Quittung wird auf einfachem (ungestempeltem) Papier geschrieben. Ist der Vorschussempfänger des Schreibens unkündig, so muss die Quittung, die ein anderer an seiner Statt ausstellt, von 2 Mitgliedern des Directoriums oder von 2 Zeugen beglaubigt werden.

§. 49.

Das Directorium ertheilt die Vorschüsse in der Reihenfolge in welcher um dieselben gebeten wurde; übersteigen die gleichzeitigen Forderungen den disponiblen Baarbestand so ... (Bestimmung des Verfahrens).

§. 50.

Klagen über die Verweigerung von Vorschüssen oder über Nichtseinhalten der festgesetzten Reihenfolge werden an den Aufsichtsrath gebracht (§. 91 d).

§. 51.

Das Maximum des Vorschusses, den ein Mitglied beanspruchen darf, wird auf ... Rubel festgestellt. (Dieses Maximum darf den in §. 16 fixirten Betrag der Geschäftsantheile nicht mehr als um 3 Mal übersteigen).

§. 52.

Der Vorschuss-Maximalbetrag (§. 51) darf, laut Bestimmung der Generalversammlung, erhöht werden (§. 107), jedoch in keinem Falle früher als bis ... der Vereinsmitglieder volleingezahlte Geschäftsantheile besitzen (§. 16).

§. 53.

Die Vorschüsse dürfen auf ... (nicht länger als neun) Monate ertheilt werden.

§. 54.

Prolongationen, falls die Generalversammlung dieselben für zulässig erklärt (§. 107 d) sind statthaft auf ... (nicht länger als drei) Monate. Ist der Vorschuss durch Bürgschaft gedeckt, so ist zur Prolongation Einwilligung der Bürgen, oder Vorstellung neuer Bürgen erforderlich.

§. 55.

Eine zweimalige Prolongation darf in keinem Falle stattfinden.

§. 56.

Der Vorschuss kann vor dem Termins zurückerstattet werden, sowohl im vollem Betrage als auch theilweise, jedoch im letzten Falle nicht anders als in vollen Rubeln.

§. 57.

Der Zinssatz für Vorschüsse muss zum mindesten, den für Spaareinlagen und Anleihen um 2% übersteigen. Der Zinssatz wird von der Generalversammlung auf ... Monate vorausbestimmt.

§. 58.

Veränderungen des Zinssatzes finden für die bereits ertheilten Vorschüsse nicht statt.

§. 59.

Die Zinsen für Vorschüsse werden erhoben ... (bei der Aus- oder Rückzahlung des Vorschusses).

§. 60.

Muss, in Folge versäumter Rückzahlung des Vorschusses, Execution gegen den säumigen Schuldner erfolgen, so richtet sich dieselbe in nachstehender Reihenfolge auf:

a) den Geschäftsantheil,
b) die Spaareinlagen und
c) das Vermögen des Schuldners.

In gleicher Weise erfolgt die Execution gegen den Bürgen, falls das Vermögen des Hauptschuldners nicht ausreicht um den Ausfall zu decken.

§. 61.

Dem Verkauf unterliegt zuerst das bewegliche und dann das unbewegliche Vermögen des Schuldners, mit Ausnahme: des Hauses, des nothwendigsten Hausgeräthes, der täglichen Kleidung, der Lebensmittel und des Feuerungsmaterials die zur Erhaltung des Hausstandes im Laufe eines Monats erforderlich sind, eines Pferdes, einer Kuh, eines Karrens nebst Anspann, eines Stückes von jeder Art landwirthschaftlicher Geräthe und 25 Pud Saaten. Alles übrige unterliegt dem Verkauf.

§. 62.

Der Verkauf (§. 61) findet in der Gemeinde- oder Policeiverwaltung, nicht später als 7 Tage nach Aufforderung der Vereins-Directoriums und im Beisein eines Vertreters desselben, statt.

§. 63.

Nachdem die Execution gegen den Hauptschuldner vollstreckt worden ist, ohne dass dadurch der Ausfall voll gedeckt wurde, findet Execution gegen die Bürgen statt, wobei denselben jedoch eine 7-tägige Zahlungsfrist gegeben ist.

§. 64.

Der säumige Schuldner hat, ausser den Executionsunkosten, eine Strafe von ... per Monat zu entrichten. Ergiebt sich bei dem Verkauf des Vermögens ein Ueberschuss, so wird derselbe dem Eigenthümer zurückerstattet.

Das Reservekapital des Vereins.

§. 65.

Das Reservekapital dient zur Deckung der Verluste des Vereins die aus dem Jahresreingewinn nicht gedeckt werden können. Dasselbe ist Eigenthum des Vereins und wird nach Liquidation desselben verwendet ... (Angabe des Zweckes).

§. 66.

Das Reservekapital wird gebildet aus:

a) einem Theile des jährlichen Reingewinns (nicht weniger als 5%) (§. 70);
b) den Zinsen des Theiles des Reservekapitals, welcher in Werthpapieren angelegt ist (§. 67), und
c) den Kopeken-Bruchtheilen, welche sich bei Vertheilung des Reingewinns ergeben.

§. 67.

Solange das Reservekapital nicht weniger als (Angabe des Minimum) der effectiv eingeschossenen Geschäftsantheile der Mitglieder beträgt, muss dasselbe in Staatspapieren angelegt sein.

§. 68.

Der Ueberschuss über den im §. 67 angegebenen Betrag darf zu den Umsätzen des Vereins verwandt werden (§. 24).

Vertheilung des Gewinnes und der Verluste des Vereins.

§. 69.

Als Reingewinn ist zu betrachten der Theil des Brutto-Ertrages der sich nach Abzug: a) der Zinsen auf Spaareinlagen und Anlehen, b) der Verwaltungsunkosten und c) der Verluste herausstellt.

§. 70.

Nach Abzug des laut §. 66 zum Reservekapital zu schlagenden Betrages, wird der restirende Theil des Reingewinnes unter den Mitgliedern vertheilt im Verhältniss zur Höhe des Geschäftsantheiles den ein jeder bei Beginn des Geschäftsjahres eingeschossen hatte. Die Auszahlung des Reingewinnes findet ... (Angabe des Termins) nach Bestätigung des Rechenschaftsberichtes durch die Generalversammlung statt.

§. 71.

Die Deckung der Verluste findet in der in §. 29 angegebenen Weise statt.

Verwaltung des Vereines.

§. 72.

Mit der Verwaltung der Vereinsangelegenheiten sind betraut:

a) das Directorium,

b) der Aufsichtsrath, und

c) die Generalversammlung.

§. 73.

Der Verein besitzt ein Siegel mit Angabe der Vereins-Firma.

Das Directorium.

§. 74.

Das Directorium ist der gesetzliche Vertreter des Vereins und bedarf als solcher keiner besonderen Vollmacht.

§. 75.

Die Mitglieder des Directoriums haften mit ihrem gesammten Vermögen für alle Verluste die dem Vereine aus Uebertretungen gegenwärtiger Statuten und der Beschlüsse der Generalversammlung erwachsen.

§. 76.

Das Directorium besteht aus ... (nicht weniger als drei) Vereinsmitgliedern, die von der Generalversammlung auf ... Jahre gewählt werden.

§. 77.

Im Verhinderungsfalle werden die Mitglieder des Directoriums durch Vereinsmitglieder vertreten die von dem Aufsichtsrath zu bezeichnen sind.

§. 78.

Alljährlich scheiden ... Mitglieder des Directoriums aus, zuerst durch Ausloosung, später nach Anciennetät.

§. 79.

Die ausscheidenden Mitglieder sind wiederwählbar.

§. 80.

Der Generalversammlung steht das Recht zu, auf Antrag des Aufsichtsraths oder des fünften Theiles aller Vereinsmitglieder, die Mitglieder des Directoriums, einzeln oder insgesammt, des Amtes zu entsetzen und zur Wahl neuer Directionsmitglieder zu schreiten.

§. 81.

Die Generalversammlung ist befugt den Directionsmitgliedern ein Gehalt auszusetzen (§. 107 f).

§. 82.

Die Obliegenheiten des Directoriums bestehen in:

a) der Führung der Bücher und der Abfassung des Rechenschaftsberichtes;

b) der Aufbewahrung der Gelder und der Werthpapiere des Vereins;

c) der Annahme des Geschäftsantheile;

d) der Annahme der Spaareinlagen;

e) der Gewährung von Vorschüssen;

f) der Gewährung von Prolongationen, falls solches von der Generalversammlung als zulässig erkannt ist (§. 107 d);

g) der Abschliesung von Anleihen im Namen des Vereins auf Grundlage der von der Generalversammlung festgesetzten Bestimmungen (§. 107 i);

h) der Ergreifung von Massnahmen gegen säumige Schuldner;

i) der Einberufung der ordentlichen Generalversammlungen (§. 99 a);

j) die Ertheilung der nöthigen Auskünfte an die Mitglieder und

k) der Anstellung des Dienstpersonals auf Grundlage der Beschlüsse der Generalversammlung (§. 107 f).

§. 83.

Die Geschäftsordnung des Directoriums wird von demselben festgestellt und von dem Aufsichtsrath bestätigt (§. 91 b).

§. 84.

Die Sitzungen des Directoriums finden nicht seltener als ... Mal die Woche statt.

§. 85.

Die baaren Summen, Werthpapiere und Dokumente werden in einer Kiste mit zwei verschiedenen Schlössern aufbewahrt, deren Schlüssel sich bei zwei Directoriumsmitgliedern befinden.

§. 86.

Beschwerden und Klagen gegen das Directorium sind bei dem Aufsichtsrath geltend zu machen (§. 91 d).

Der Aufsichtsrath.

§. 87.

Der Aufsichtsrath besteht aus ... (nicht weniger als 5) Vereinsmitgliedern, die von der Generalversammlung auf ... Jahre gewählt werden (§. 107 f).

§. 88.

Alljährlich scheiden ... Mitglieder des Aufsichtsrathes aus, zuerst durch Ausloosung, später nach Anciennetät.

§. 89.

Das ausscheidende Mitglied ist wiederwählbar.

§. 90.

Den Mitgliedern des Aufsichtsrathes kann von der Generalversammlung ein Gehalt ausgesetzt werden (§. 107 f).

§. 91.

Zu den Obliegenheiten des Aufsichtsrathes gehören:

a) die Überwachung der strikten Einhaltung der statuarischen Bestimmungen, der Beschlüsse der Generalversammlung, der Geschäftsordnung und der Rechenschaftsablegung;
b) die Bestätigung der von dem Directorium festgestellten Geschäftsordnung;
c) die Revision der Bücher, Documente, Cassenbestände und Werthpapiere des Vereins;
d) die Untersuchung der gegen das Directorium eingereichten Klagen und Beschwerden (§. 86);
e) die Berufung der ausserordentlichen Gerenalversammlungen (§. 99 b), und
f) die Ausübung der ihm von der Generalversammlung übertragenen Befugnisse (§. 109).

§. 92.

Die Mitglieder des Aufsichtsrathes erwählen aus ihrer Mitte einen Vorsitzenden und einen Stellvertreter desselben.

§. 93.

Der Aufsichtsrath stellt selbständig seine Geschäftsordnung fest.

§. 94.

Die Beschlüsse des Aufsichtsrathes kommen durch einfache Stimmenmehrheit zu Stande; im Falle der Stimmengleichheit giebt die Stimme des Vorsitzenden oder dessen Stellvertreters den Ausschlag.

§. 95.

Die Beschlüsse des Aufsichtsrathes werden in einem besonderen Buche verzeichnet und vom Vorsitzenden und den anwesenden Mitgliedern unterschrieben.

§. 96.

Die Sitzungen des Aufsichtsrathes finden nicht seltener als ... Mal im Monat statt.

§. 97.

Der Aufsichtsrath ist beschlussfähig, wenn der Vorsitzende oder dessen Stellvertreter und nicht weniger als ... Mitglieder anwesend sind.

§. 98.

Klagen und Beschwerden gegen der Aufsichtsrath sind an die Generalversammlung zu bringen.

Die Generalversammlung.

§. 99.

Die gewöhnlichen Generalversammlungen werden von dem Directorium ... (nicht seltener als ein Mal im Jahr) berufen.

Die ausserordentlichen Generalversammlungen werden auf ausdrückliches Verlangen des Aufsichtsrathes oder ... (nicht weniger als ein Zehntel) der Mitglieder anberaumt.

§. 100.

Jedes Mitglied führt in der Generalversammlung nur eine Stimme die nicht übertragen werden darf; Genossenschaften und Artelle, die Mitglieder des Vereines sind (§. 5), werden in der Generalversammlung durch je einen Vertreter representirt.

§. 101.

Die Mitglieder sind rechtzeitig vom Sitzungstage der Generalversammlung in Kentniss zu setzen.

§. 102.

Die Generalversammlung ist beschlussfähig wenn (nicht weniger als ein Viertel) Mitglieder anwesend sind, mit Ausnahme der Fälle, wenn die in §. 107 j, k, l angegebenen Gegenstände auf der Tagesordnung stehen. In diesem Falle ist die Anwesenheit von zwei Drittel aller Mitglieder erforderlich.

§. 103.

Ging die Generalversammlung auseinander ohne beschlussfähig zu sein, so wird, nach Ablauf einer Woche, eine neue Versammlung berufen, welche, unabhängig von der Zahl der anwesenden Mitglieder, als beschlussfähig gilt. Doch ist dieselbe befugt nur über die Gegenstände zu beschliessen, die auf der Tagesordnung der ersten Generalversammlung standen.

§. 104.

Die Minderheit der Generalversammlung, so wie die abwesenden Mitglieder, sind durch die Beschlüsse der Majorität gebunden.

§. 105.

Der Präsident des Aufsichtsrathes oder dessen Stellvertreter führt den Vorsitz in der Generalversammlung.

§. 106.

Die Beschlüsse der Generalversammlung werden in ein besonderes Buch eingetragen und vom Vorsitzenden, den anwesenden Mitgliedern des Directoriums und des Aufsichtsrathes und ...(nicht weniger als 2) schriftkundigen Mitgliedern des Vereins unterschrieben.

§. 107.

Die Generalversammlung beschliesst über:

a) die Aufnahme der Vereinsmitglieder (§. 3);
b) die Ertheilung der Erlaubniss an das Directorium Spaareinlagen von Nichtmitgliedern des Vereins anzunehmen (§. 29);
c) die Festsetzung der Auszahlungstermine für Spaareinlagen (§. 30 b, c);
d) die Zulässigkeit von Prolongationen bei Vorschüssen (§. 54);
e) die Höhe des Zinsfusses für Spaareinlagen (§. 32) und Vorschüsse (§. 57);
f) die Anstellung des Dienstpersonals und dessen Besoldung (§. 82);
g) die Wahl der Mitglieder des Directoriums und des Aufsichtsrathes, sowie die Festsetzung ihres Gehalts (§§. 76, 81, 87, 90);
h) die Entfernung von Mitgliedern des Directoriums für den in §. 80 vorhergesehenen Fall;
i) die Zulässigkeit von Anleihen und die Bedingungen derselben (§. 38);
j) die Annahme der Rechenschaftsberichte des Directoriums (§. 114);
k) die gegen den Aufsichtsrath vorgebrachten Klagen (§. 98);
l) die Erhöhung der Beträge der Geschäftsantheile (§. 17) und der Vorschüsse (§. 52);
m) die Auflösung des Vereins (§. 120), und
n) die Abänderungen der Vereinsstatuten.

§. 108.

Ueber die in §. 107 l, m, n benannten Gegenstände muss mit einer ... Stimmenmajorität entschieden werden; zum Beschluss über die übrigen Gegenstände ist einfache Majorität genügend.

§. 109.

Die Entscheidung der in §. 107 a, b, c, d benannten Gegenstände kann von der Generalversammlung an den Aufsichtsrath übertragen werden.

Buchführung und Rechenschaftsablegung.

§. 110.

Das Directorium ist verpflichtet folgende Bücher zu führen:

a) ein Kassa-Buch;
b) ein Memorial-Buch, in das die Umsätze aus Geschäftsantheilen, Spaareinlagen, Vorschüssen und Anleihen einzutragen sind;
c) ein Haupt-Buch;
d) ein Buch zum Verzeichnen der Mitglieder;
e) ein Buch zur Aufnahme der testamentarischen Anordnungen der Mitglieder;
f) ein Buch zum Verzeichnen der Gesuche um Vorschüsse;
g) ein Buch zum Verzeichnen des Vereins-Inventars.

§. 111.

Die in §. 110 a, b, c benannten Bücher dienen nur für ein Jahr und müssen nach Ablauf desselben während 10 Jahren aufbewahrt werden.

§. 112.

Für den Gebrauch der übrigen Bücher findet keine Fristbestimmung statt.

§. 113.

Das Geschäftsjahr wird vom 1 Januar bis zum 31 December gerechnet. Eröffnet jedoch der Verein seine Thätigkeit im Laufe des Jahres, so wird das erste Geschäftsjahr vom Tage der Eröffnung bis zum 31 December des Jahres gerechnet.

§. 114.

Das Directorium ist verpflichtet ... (nicht seltener als ein Mal im Jahre) die Bücher abzuschliessen und einen Rechenschaftsbericht vorzulegen.

§. 115.

Der Rechenschaftsbericht muss für eine jede, im Laufe des Jahres stattgefundene Operation, Einnahme, Ausgabe und Rest aufweisen.

§. 116.

Der Rechenschaftsbericht wird von den Mitgliedern des Directoriums aufgestellt und unterschrieben. Er wird der Generalversammlung vorgelegt und muss mindestens 2 Wochen vor deren Zusammentritt und spätestens einen Monat nach Abschluss der Bücher, beendigt sein.

§. 117.

Der Rechenschaftsbericht unterliegt, bevor er der Generalversammlung vorgelegt wird, der Revision des Aufsichtsrathes, der seine Bemerkungen über denselben auf dem Documente selbst verzeichnet und mit seiner Unterschrift versieht.

§. 118.

Ausserdem steht der Generalversammlung das Recht zu den Rechenschaftsbericht und die Bücher durch gewählte Commissäre zu revidiren. Dieselben statten über das Resultat der Untersuchung der Generalversammlung Bericht ab.

§. 119.

Der von der Generalversammlung bestätigte Rechenschaftsbericht ist aufzubewahren; eine Kopie desselben ist an die Minister der Finanzen und des Innern einzusenden.

Liquidation.

§. 120.

Der Verein liquidirt:

a) in Folge eines Beschlusses der Generalversammlung (§§. 107 k, 108), und
b) in Folge eines richterlichen Erkentnisses.

§. 121.

Im ersten Falle (§. 120, a) ist das Directorium verpflichtet:

a) mit der Annahme von Geschäftsantheilen und Spaareinlagen und Ertheilung von Vorschüssen einzuhalten;
b) die ertheilten Vorschüsse einzutreiben und die angenommenen Spaareinlagen und contrahirten Anlehen zurückzuzahlen;
c) den Mitgliedern den Theil ihrer Geschätsantheile zurückzuzahlen der nach Tilgung der Vereinsschulden übrigbleibt (§§. 29, 38), und
d) vorschriftsgemäss mit dem Reservekapital zu verfahren.

§. 122.

Im zweiten Falle (§. 120 b) sind die Vereinsgläubiger befugt aus ihrer Mitte nicht mehr als zwei Personen zu erwählen um dem Directorium bei Erfüllung der in §. 121 angegebenen Pflichten behilflich zu sein.

§. 123.

Die Liquidation des Vereins ist dem Finanz-Ministerium anzuzeigen.

§. 124.

Zweifel, die bei der Interpretation gegenwärtiger Statuten entstehen, sind vom Finanzminister zu entscheiden.

Statutenentwurf der Zeitschrift "Der Praktische Landwirth" (26. Mai 1881) 285 ff

Statut des Darlehens- und Sparcassenvereines zu ...., eingetragene Genossenschaft mit unbeschränkter Haftung.

Abschnitt I.

Gründung und Zweck.

§. 1.

Gründung und Sitz.

Die Unterzeichneten bilden einen Darlehens- und Sparcassenverein unter der Firma: Darlehens- und Sparcassenverein zu .... , eingetragene Genossenschaft mit unbeschränkter Haftung.

Der Verein hat seinen Sitz in ....

§. 2.

Zweck.

Der Verein hat den Zweck, den Mitgliedern die zu ihrem Geschäfts- oder Wirthschaftsbetriebe nöthigen Geldmittel in verzinslichen Darlehen zu gewähren, sowie Gelegenheit zu geben, Gelder verzinslich anzulegen, unter solidarischer Haftpflicht der Mitglieder nach dem Gesetze vom 9. April 1873, R. G. Bl. Nr. 70.

Abschnitt II.

Mitgliedschaft, Rechte und Pflichten der Mitglieder.

§. 3.

Mitgliedschaft, Aufnahme von Mitgliedern.

Mitglieder des Vereines können nur dispositionsfähige Einwohner der Gemeinden .... sein, welche sich im Vollgenuße der bürgerlichen Ehrenrechte befinden und nicht Mitglieder eines anderen derartigen Darlehenscassenvereines sind. Erworben wird die Mitgliedschaft durch Unterschrift des Statutes oder schriftliche Beitrittserklärung nach vorgängiger förmlicher Aufnahme Seitens des Vereinsvorstandes. Gegen dessen ablehnende Entscheidung steht dem Antragsteller Berufung an den Verwaltungsrath zu, der in seiner nächsten Sitzung endgiltig darüber entscheidet.

§. 4.

Verlust der Mitgliedschaft.

Die Mitgliedschaft geht verloren:

a) durch freiwilligen Austritt,
b) durch Wegzug aus dem Vereinsbezirke,
c) durch Ausschließung,
d) durch Verlust der Voraussetzungen für die Erwerbung der Mitgliedschaft (§. 3),
e) durch Tod.

Die Ausschließung kann erfolgen bei Nichterfüllung der statutenmäßigen Verpflichtungen, sowie wenn Mitglieder über sechs Monate mit den festgesetzten Zahlungen auf die Geschäftsantheile (§. 27) im Rückstande bleiben. Sie muß stattfinden, wenn Mitglieder es wegen Rückzahlung von aus der Vereinscasse gewährten Darlehen öfters zu gerichtlichen Klagen kommen lassen.

Die Ausschließung geschieht durch Beschluß des Vorstandes, gegen welchen dem Ausgeschlossenen binnen drei Monaten Berufung an den Verwaltungsrath zusteht. Die Austrittserklärung ist dem Vereinsvorsteher schriftlich einzureichen, welcher darüber eine Empfangsbestätigung auszustellen hat. Die Mitgliedschaft endigt mit Ablauf des Jahres, in welchem die Austrittserklärung, bez. der Wegzug erfolgt. Im Falle der Ausschließung endigt die Mitgliedschaft mit dem Ablaufe dreier Monate nach dem darüber gefaßten Beschlusse des Vorstandes, oder, wenn Berufung des Ausgeschlossenen an den Verwaltungsrath stattgefunden hat, nach dem Beschlusse des letzteren.

Nach dem Tode eines Mitgliedes geht die Mitgliedschaft auf die Witwe über, sobald letztere solches verlangt. Dieselbe hat alsdann die Statuten zu unterzeichnen.

§. 5.

Rechte der Mitglieder.

Die Mitglieder haben das Recht:

a) an den Generalversammlungen des Vereines Theil zu nehmen und darin zu stimmen. Dieses Recht geht für freiwillig ausgeschiedene Mitglieder mit dem Tage der Austrittserklärung, bez. des Verzuges verloren und wird für ausgeschlossene Mitglieder mit dem Tage des betreffenden Vorstandsbeschlusses suspendirt.
Das Stimmrecht muß in Person ausgeübt und kann auf Andere nicht übertragen werden.

b) nach Vorschrift gegenwärtiger Statuten aus der Vereinscasse, soweit deren Mittel reichen, Darlehen zu beanspruchen und bei derselben Gelder verzinslich anzulegen.

Abschnitt III.

Verwaltung des Vereines.

A. Organe.

§. 6.

Organe. Der Verein verwaltet seine Angelegenheiten durch

a) den Vorstand (§§. 7 - 14),
b) den Verwaltungsrath (§§. 15 - 18),
c) die Generalversammlung (§§. 19 - 22),
d) den Cassier (§§. 23 - 25).

B. Vorstand.

§. 7.

Zusammensetzung des Vorstandes und Legitimation desselben.

Der Vorstand der Genossenschaft besteht aus dem Vereinsvorsteher, dessen Stellvertreter und einem Beisitzer. Jedes Jahr scheidet ein Mitglied des Vorstandes aus.

In den ersten zwei Jahren wird das ausscheidende Mitglied durch das Los bestimmt, vom dritten Jahre ab scheidet allemal dasjenige Mitglied aus, welches drei Jahre lang amtirt hat.

Jede Neuwahl ist im Gesellschaftsblatte bekannt zu machen. Diese Bekanntmachung dient und genügt zur Legitimation des betreffenden Vorstandsmitgliedes.

§. 8.

Ergänzung des Vorstandes.

Bei dem Austritte oder bei dauernder Verhinderung von Vorstandsmitgliedern hat der Verwaltungsrath bis zur nächsten Generalversammlung, welche die Ergänzungswahl vorzunhemen hat, Stellvertretung anzuordnen.

Die Amtsdauer der auf diese Weise gewählten Vorstandsmitglieder ist diejenige der ausgeschiedenen, an deren Stelle die Wahl erfolgte.

§. 9.

Zeichnung des Vorstandes.

Die Zeichnung für den Verein erfolgt in der Weise, daß zwei Mitglieder des Vorstandes der Firma der Genossenschaft ihre Namen hinzufügen.

§. 10.

Befugnisse des Vorstandes, sowie Vertretung des Vereines durch denselben.

Dem Vereine gegenüber ist der Vorstand dafür verantwortlich, daß die Statuten, sowie die Beschlüsse des Verwaltungsrathes und der Generalversammlung beachtet werden. Besonders ist er verpflichtet, bei den für den Verein zu machenden Anlehen sich innerhalb der von der Generalversammlung festzusetzenden Grenze zu halten, sowie zu allen für den Verein abzuschließenden Verträgen und Processen, mit Ausnahme von Klagen gegen Vereinsmitglieder wegen Einziehung von Darlehen und Geschäftsantheilen, bez. Resten, wozu keine Ermächtigung erforderlich ist, die vorherige Zustimmung des Verwaltungsrathes einzuholen.

Speculationen in Mobilien und Immobilien für den Verein zu unternehmen, ist dem Vorstande ausdrücklich verboten.

§. 11.

Einladungen, Bekanntmachungen.

Zu den regelmäßigen Sitzungen des Vorstandes sind keine besonderen Einladungen (§. 14d) erforderlich. Die Einladungen zu den übrigen Sitzungen des Vorstandes, sowie zu der Generalversammlung erfolgen durch den Vereinsvorsteher schriftlich, unter Angabe der Gegenstände, welche zur Verhandlung kommen sollen. Die Einladung zur Generalversammlung erfolgt durch einmalige öffentliche Bekanntmachung in dem Gesellschaftsblatte.

Alle öffentlichen Bekanntmachungen erfolgen in der Form, daß dieselben mit der Gesellschaftsfirma und den Namen zweier Vorstandsmitglieder beziehentlich, wofern die Bekanntmachung vom Aufsichtsrathe ausgeht, mit dem Namen des Vorsitzenden des Aufsichtsrathes unterzeichnet werden.

§. 12.

Sitzungen und Bechlüsse des Vorstandes.

Zur Beschlußfassung über die Anträge auf Bewilligung von Darlehen muß sich der Vorstand in regelmäßigen Sitzungen mindestens einmal monatlich, außerdem aber so oft versammeln, als es die Erledigung der Geschäfte nothwendig macht.

Beschlüsse des Vorstandes sind giltig, wenn sie in vorschriftsmäßiger Sitzung von allen Vorstandsmitgliedern gefaßt sind.

§. 13.

Specielle Verpflichtungen des Vorstandes.

Der Vorstand ist insbesondere:

a) zur Beobachtung und Ausführung aller Bestimmungen der Vereinsstatuten und der Vorschriften des Genossenschaftsgesetzes, der künftigen Abänderungen und Ergänzungen, sowie der von der Generalversammlung und dem Verwaltungsrathe giltig gefaßten Beschlüsse und gegebenen Instructionen verpflichtet und dafür dem Vereine verantwortlich.

Derselbe hat

b) die für den Verein verbindlichen Schuldurkunden über die Vereinsanlehen auszustellen;

c) über die Aufnahme und den Ausschluß von Mitgliedern, über alle Einnahmen und Ausgaben, sowie über die Bewilligung von Darlehen zu beschließen und über pünktliche Zurückzahlung der letzteren zu wachen;

d) mit dem Vorsteher das Cassen- und Rechnungswesen zu beaufsichtigen, die Cassenabschlüsse zu prüfen, sowie auf die sichere und verzinsliche Anlegung der Cassenbestände zu achten;

e) vor dem 1. April jedes Jahres die Bilanz und die Rechnung des vorhergehenden Jahres zu prüfen.

Bei den Beschlüssen über Bewilligung von Darlehen ist in der Regel der Cassier als berathendes Mitglied zuzuziehen.

§. 14.

Verpflichtungen des Vereinsvorstehers.

Der Vereinsvorsteher hat nach der Instruction die bezüglichen Geschäfte des Vereines auszuführen, bez. zu überwachen, besonders:

a) die Vereinscorrespondenz zu führen und die Vereinsacten aufzubewahren;

b) die Nachweisungen über die Vereinsmitglieder an die Gerichtsbehörde einzureichen und innerhalb der ersten 6 Monate die Bilanz des vorhergehenden Jahres, sowie die Zahl der seit der vorjährigen Bekanntmachung aufgenommenen oder ausgeschiedenen, sowie die Zahl der zur Zeit der Genossenschaft angehörigen Mitglieder zu veröffentlichen;

c) das Cassen- und Rechnungswesen speciell zu beaufsichtigen, die Zahlungsanweisungen zu ertheilen, die Controle zu führen, die Cassenabschlüsse zu machen und mit dem Cassier die Bilanz aufzustellen.

Auf Antrag des Vorstehers kann der Vorstand ein anderes Mitglied aus seiner Mitte mit der Cassencontrole beauftragen, welche indeß auch in diesem Falle unter Oberleitung des Vereinsvorstandes erfolgen muß.

d) Zu den Sitzungen des Vorstandes und der Generalversammlung die Einladungen zu erlassen (§. 11), welche mit Ausnahme der in §§. 33 und 34 bezeichneten Fällen mindestens drei Tage vor den Sitzungen erfolgen müssen;

e) in den Sitzungen des Vorstandes und der Generalversammlung den Vorsitz zu führen und die Protokollführer zu ernennen;

f) für jedes Jahr einen Verwaltungsbericht anzufertigen und diesen in den ordentlichen Frühjahrsgeneralversammlungen vorzutragen.

C. Verwaltungsrath.

§. 15.

Zusammensetzung und Ergänzung des Verwaltungsrathes.

Der Verwaltungsrath, welcher jedesmal auf ein Jahr unter sich einen Vorsitzenden und einen Stellvertreter wählt, besteht aus sechs Mitgliedern, welche in dem Vereinsbezirk so zu vertheilen sind, daß sie in ihrer Gesammtheit eine möglichst genaue Kenntniß der Verhältnisse der Einwohner des Bezirkes haben. Die Zahl kann von der Generalversammlung beliebig erhöht werden, jedoch so, daß sie durch 3 theilbar ist.

Die Mitglieder werden auf drei Jahre gewählt. Jedes Jahr, die beiden ersten Male durch das Los, scheidet ein Drittel derselben aus. Beim Ausscheiden von Mitgliedern durch den Tod oder auf sonstige Weise muß sich der Verwaltungsrath bis zur nächsten Generalversammlung, welche die Ergänzungswahlen vorzunehmen hat, durch Wahl aus den übrigen Vereinsmitgliedern vervollständigen.

§. 16.

Allgemeine Verpflichtungen des Verwaltungsrathes.

Der Verwaltungsrath hat die Verpflichtung, die Interessen des Vereines in jeder Beziehung zu wahren und zu achten, daß die Verwaltung statutengemäß geführt und jeder seiner Beschlüsse, sowie jeder Beschluß der Generalversammlung pünktlich ausgeführt werde; er hat das Recht, jederzeit die Vereinsacten, sowie die Buchführung einzusehen und die Vorzeigung der Cassenbestände zu verlangen. Findet er, daß ein Vorstandsmitglied oder der Gesammtvorstand, oder der Cassier Vorschriften des Gesetzes, der Statuten oder der Instruction nicht beachtet, oder das Interesse des Vereines sonst geschädigt haben, so steht ihm das Recht zu, alle die Maßregeln zu ergreifen, welche ihm nöthig erscheinen, das Vereinsinteresse zu wahren. Er ist befugt, sowohl jedes Mitglied des Vorstandes, als auch den Gesammtvorstand und den Cassier außer Function zu setzen, hat aber dann, sowie überhaupt, wenn er das Interesse des Vereines gefährdet glaubt, sofort eine Generalversammlung zu berufen und dieser den Fall zur Entscheidung vorzulegen. Bezüglich der Einladung zu dieser Generalversammlung und des Vorsitzes in derselben tritt der Vorsitzende des Verwaltungsrathes an die Stelle des Vereinsvorstehers, wenn letzterer sich der Einberufung nicht unterzieht, bez. selbst dem Verwaltungsrathe Veranlassung zur Einberufung der Versammlung gegeben hat.

Im Uebrigen finden für den Verwaltungsrath die betreffenden Vorschriften des Genossenschaftsgesetzes Anwendung und erfolgt die Legitimationsführung desselben für Processe, welche gegen den Vorstand gerichtet sind, und für etwa mit letzterem abzuschließende Verträge, durch öffentliche Bekanntmachung in dem Gesellschaftsblatte. Die Ausführung erfolgt durch den Vorsitzenden oder dessen Stellvertreter in Gemeinschaft mit einem sonstigen Verwaltungsrathsmitgliede als Bevollmächtigtem des Verwaltungsrathes.

§. 17.

Specielle Verpflichtungen des Verwaltungsrathes.

Der Verwaltungsrath hat speciell die Pflicht:

a) die Instruction für den Vorstand und den Cassier zu erlassen;

b) die Bilanz und die Jahresrechnung vor dem 1. Mai festzustellen:

c) über die dem Vorstande zu ertheilende Ermächtigung zu Processen, soweit solche nicht wegen Eintreibung von Darlehen erforderlich sind, zu beschließen und den Verein in Processen gegen den Vorstand zu vertreten (Schlußsatz des §. 16);

d) die Bürgschaften für sämmtliche außenstehende Darlehen, sowie die Bewilligung von Darlehen vierteljährlich in regelmäßigen Sitzungen zu revidiren, auf die sofortige Kündigung und Einziehung gefährdeter Außenstände zu achten und mindestens einmal jährlich eine außergewöhnliche Geschäfts- und Cassenrevision selbst abzuhalten oder durch eine gewählte Commission abhalten zu lassen.

Sowohl über die regelmäßig vierteljährigen, als auch über die außergewöhnlichen Revisionen sind in dem Protokollbuche des Verwaltungsrathes Protokolle zu führen.

Der Vorsitzende des Verwaltungsrathes ist dem Vereine gegenüber für die Erfüllung vorstehender Verpflichtungen verantwortlich. Im Falle es nöthig werden sollte, hat er die Beseitigung säumiger Mitglieder des Verwaltungsrathes und die Ersetzung derselben durch Neuwahlen zu veranlassen.

§. 18.

Sitzungen und Beschlüsse des Verwaltungsrathes.

Der Verwaltungsrath hat sich zur Abwickelung seiner Geschäfte in regelmäßigen Zwischenräumen mindestens viermal jährlich zu versammeln, und zwar in allen Fällen auf Einladung des Vorsitzenden, nach Analogie des §. 11 der Statuten. Die Versammlungstage zu den regelmäßigen Sitzungen werden von der Generalversammlung festgesetzt. Die Beschlußfähigkeit des Verwaltungsrathes ist vorhanden, wenn, einschließlich des Vorsitzenden oder dessen Stellvertreters, mehr als die Hälfte seiner Mitglieder anwesend ist. Bei Stimmengleichheit entscheidet die Stimme des Vorsitzenden.

D. Generalversammlung.

§. 19.

Rechte der Generalversammlung.

Die Generalversammlung hat die sämmtlichen Geschäfte, besonders auch die Thätigkeit des Verwaltungsrathes zu beaufsichtigen, und überhaupt diejenigen Maßregeln zu ergreifen, welche sie im Interesse des Vereins für nothwendig hält.

Ebenso bleibt derselben vorbehalten, über die Entlastung des Cassiers und Vorstandes bezüglich der Rechnungsstellung und Geschäftsführung zu beschließen. Beschluß hierüber *muß* in jeder ordentlichen Frühjahrsgeneralversammlung, betreffs der Rechnung des vorhergehenden Jahres, erfolgen.

§. 20.

Sitzungen und Beschlüsse der Generalversammlung.

Die Generalversammlung findet meistens zweimal in jedem Jahre, und zwar nach näherer Bestimmung derselben im Frühjahre und Herbst regelmäßig statt, außerdem aber, so oft es der Vorstand, Verwaltungsrath, oder mindestens ein Zehntel der Vereinsmitglieder, letztere in schriftlichem, an den Vorsteher, bez. Vorsitzenden des Verwaltungsrathes gerichteten, Zweck und Gründe enthaltendem Antrage, für nöthig halten. Unterlassen der Vorsteher, bez. Vorsitzende des Verwaltungsrathes und deren Stellvertreter die rechtzeitige Einladung, so ist jedes andere Mitglied des Vorstandes oder Verwaltungsrathes dazu befugt, oder kann die Einladung auch von den dieselbe beantragenden Vereinsmitgliedern erfolgen.

Außer den in §§. 33 und 34 gedachten Fällen ist die Generalversammlung in jeder Zahl beschlußfähig, wenn die Einladung unter Angabe der zur Verhandlung kommenden Gegenstände im Gesellschaftsblatte vorschriftsmäßig ergangen ist.

Die Beschlüsse sind für die sämmtlichen Vereinsmitglieder bindend, wenn sie von absoluter Majorität der Anwesenden gefaßt worden sind, selbstredend unter Ausschluß der eben gedachten Fälle. Bei Stimmengleichheit entscheidet die Stimme des Vorsitzenden.

Der Generalversammlung steht es zu, auf den in der Versammlung zu stellenden Antrag dem Vorsteher den Vorsitz zu entziehen und diesen einem anderen Vereinsmitgliede zu übertragen.

Besonderem Beschlusse bleibt es vorbehalten, auf das unentschuldigte Ausbleiben von Mitgliedern eine Conventionalstrafe zu setzen.

§. 21.

Wahlen.

Die Generalversammlung wählt in ihren ordentlichen Frühjahrssitzungen aus den männlichen Mitgliedern in getrennten Wahlgängen

1. den Vorsteher,
2. dessen Stellvertreter,
3. den Beisitzer des Vorstandes,
4. den Cassier,
5. die Mitglieder des Verwaltungsrathes

mit absoluter Stimmenmehrheit. Wird solche bei der ersten Abstimmung nicht erreicht, so findet eine engere Wahl zwischen denjenigen statt, welche die meisten Stimmen haben, es kommen aber zur engeren Wahl nur doppelt soviel Personen, als Stellen noch zu besetzen sind. Bei Stimmengleichheit entscheidet das Los, gezogen durch die Hand des Vorsitzenden. Die Ausgeschiedenen sind wieder wählbar. Ergänzungswahlen können außerdem auch in außerordentlichen Sitzungen vorgenommen werden.

§. 22.

Abstimmung.

Die Abstimmungen und Wahlen erfolgen durch Aufstehen und Sitzenbleiben, oder durch Händeaufheben, wenn die Versammlung in einzelnen Fällen nicht ausdrücklich die Abstimmung durch Stimmzettel oder Namensaufruf beschließt.

Behufs Feststellung der Abstimmungen hat der Vorsitzende zwei Stimmenzähler zu ernennen.

E. Cassier, Rechnungswesen

§. 23.

Verpflichtungen des Cassiers.

Die Cassen- und Buchführung des Vereines erfolgt durch einen auf vier Jahre mit gegenseitiger dreimonatlicher Kündigungsfrist anzustellenden Cassier.

Dieser hat

a) nach der Instruction (§. 17a), sowie nach den Anweisungen des Vorstehers die sämmtlichen Einnahmen und Ausgaben des Vereines pünktlich zu bewirken, die Bücher zu führen, sowie die Cassenbestände und Werthpapiere aufzubewahren;

b) am Schlusse des Rechnungsjahres, welches mit dem Kalenderjahre zusammenfällt, die Bücher abzuschließen und dem Vorsteher vor dem 1. März jedes Jahres die Bilanz und die Rechnung des vorhergehenden in zwei Exemplaren, mit den zu einem Hefte vereinigten Belegen und einer Vermögensnachweisung, vorzulegen.

§. 24.

Der Cassier darf weder Mitglied des Vorstandes noch des Verwaltungsrathes sein. Dagegen ist er in der Regel zu den Vorstandssitzungen, soweit sie die Bewilligung von Darlehen betreffen, als berathendes Mitglied zuzuziehen. Er ist dem Vereine für die Vereinsgelder, sowie für die pünktliche Geschäftsführung verantwortlich. Er hat dieserhalb einen zahlungsfähigen Bürgen als Schuldner und Zahler oder eine von der Generalversammlung zu bestimmende Caution zu stellen, wie auch der Bürge, für die Kosten der Ermittlung, Feststellung und Beitreibung des etwaigen Abganges, besonders aber für letzteren selbst zu haften hat.

§. 25.

Bilanz.

Die Bilanz muß nach kaufmännischen Grundsätzen aufgestellt werden und in einer summarischen Zusammenstellung enthalten:

I. Das Vereinsvermögen (Activa), und zwar

1. Den Cassenbestand am Jahresschlusse in Baar und in Werthpapieren, letztere zum Tagescurse angesetzt;
2. die Geschäftsausstände nach ihren verschiedenen Arten, wobei jedoch etwaige unsichere Forderungen nur nach ihrem wahrscheinlichen Werthe anzuführen, definitiv uneinziehbare aber ganz auszuscheiden sind;
3. den Werth der Mobilien am Jahresschlusse;
4. den Werth der Immobilien am Schlusse des Jahres;
5. das Guthaben auf Zinsen, welche erst im nächsten Rechnungsjahre zahlbar werden, bis zum Jahresschlusse berechnet (Stückzinsen).

II. Die Vereinsschulden (Passiva) nämlich:

1. allenfallsiger Vorschuß am Jahresschlusse;
2. die Geschäftsschulden nach ihren verschiedenen Arten, ohne Rücksicht auf ihre Fälligkeit;

3. die eingezahlten Geschäftsantheile der Mitglieder;
4. das Vereinscapital
5. die schuldigen Zinsen, welche erst im nächsten Rechnungsjahre zahlbar sind, bis zum Jahresschlusse berechnet (Stückzinsen).

Der Ueberschuß der Activa über die Passiva bildet den Reingewinn, der Ueberschuß der Passiva über die Activa den Verlust des Vereines.

F. Im Allgemeinen

§. 26

Vergütung an die Functionäre des Vereines. Protokollbücher.

Die Mitglieder des Vorstandes und des Verwaltungsrathes üben ihr Amt als unbesoldetes Ehrenamt aus und haben nur den Ersatz ihrer Baarauslagen zu beanspruchen.

Der Cassier erhält im Verhältnisse seiner Müheverwaltung Vergütung. Die Höhe dieser Vergütung setzt die Generalversammlung durch besonderen Beschluß fest.

Sowohl für den Vorstand, als den Verwaltungsrath und die Generalversammlung ist je ein paginirtes Protokollbuch anzulegen. Alle Beschlüsse der betreffenden Versammlungen sind in dieselben einzutragen. Die Unterzeichnung erfolgt bei den ersteren nach Vorlesung und Genehmigung von den Anwesenden. Die Beschlüsse der Generalversammlung jedoch werden nach erfolgter Vorlesung und Genehmigung nur von den anwesenden Mitgliedern des Vorstandes und des Verwaltungsrathes, sowie von dem Protokollführer unterzeichnet.

Abschnitt IV.

Beschaffung und Verwendung der Vereinsmittel, sowie Wirksamkeit des Vereines.

§. 27.

Beschaffung und Verwendung der Geldmittel

Die Geldmittel des Vereines werden aufgebracht durch Geschäftsantheile, Anlehen, Spareinlagen, Provision und Zinsüberschüsse. Sie werden verwendet zu verzinslichen Darlehen an die Mitglieder, zu den Vereinskosten, zur Ansammlung eines Vereinscapitales und zu gemeinnützigen Zwecken.

§. 28.

Geschäftsantheile und Dividenden.

Jedes Vereinsmitglied ist verpflichtet, mindestens Einen Geschäftsantheil von 20 Gulden in die Vereinscasse einzulegen. Die Einzahlung kann in Theilzahlungen erfolgen, welche monatlich mindestens einen Gulden betragen müssen. Die Zahlung des ganzen Betrages kann auch auf einmal stattfinden.

Die Geschäftsantheile sind bei einer etwaigen Liquidation des Vereines, insoweit dessen Vermögen nicht ausreicht, zunächst für Erfüllung der Verpflichtungen der Mitglieder gegen den Verein zu verwenden.

Während der Mitgliedschaft kann die Rückzahlung von Geschäftsantheilen nicht beansprucht werden.

Ausgeschiedene Mitglieder haben Anspruch auf Erstattung ihrer eingezahlten Geschäftsantheile. Die Auszahlung erfolgt längstens binnen sechs Monaten nach dem Ausscheiden, sofern die Ausgeschiedenen keine Zahlungen an den Verein zu leisten haben.

Die Dividende wird vom Verwaltungsrathe in Prozenten jährlich festgesetzt und nach dem Verhältniß der eingezahlten Beträge berechnet. Bis zur vollen Ansammlung der Geschäftsantheile wird sie den Einlagen zugeschrieben. Die Dividende darf den Procentsatz, welchen die Mitglieder ausschließlich der Provision für Darlehen bezahlen, nicht übersteigen. Außer dieser Dividende haben die Mitglieder für ihre eingezahlten Geschäftsantheile keinerlei Anspruch auf Zinsen.

§. 29.

Anlehen, Spareinlagen, Provision, Zinsüberschüsse.

Die Höhe der anzuleihenden Capitalien (Anlehen), zu welchen auch die Spareinlagen zu rechnen sind, und die von den Vereinsmitgliedern von den Darlehen zu zahlenden Provisionen (Vergütungen für die Verwaltungskosten) und Zinsen setzt die Generalversammlung durch besondere Beschlüsse fest. Es soll in letzterer Beziehung jedoch als Grundsatz gelten, daß das durch Provision und Zinsüberschüsse anzusammelnde Vereinscapital bis zu solcher Höhe stetig wächst, daß der Verein wo möglich mit eigenen Mitteln wirthschaften kann. Nach hinreichender Ansammlung des Vereinscapitales ist auf Herabsetzung der Provision Bedacht zu nehmen.

§. 30.

Darlehen.

Darlehen können an Vereinsmitglieder vom Vorstande bewilligt werden:

a) auf kürzere Fristen bis zu einem Jahre, welche von dem Vorstande verlängert werden können, jedoch höchstens bis auf die Gesammtdauer von zwei Jahren;

b) auf längere Zeit bis zu zehn Jahren unter allmäliger Tilgung in Raten.

Ueber Bewilligung von Darlehen auf länger als zehn Jahre bleibt nähere Festsetzung der Generalversammlung vorbehalten.

Die jährlichen Rückzahlungsfristen setzt letztere durch besonderen Beschluß fest. Die außerdem vorzubehaltende vierwöchentliche Kündigungsfrist soll nur benutzt werden, wenn die vom Vereine geliehenen Capitalien massenweise gekündigt werden oder der Vereinsschuldner oder deren Bürgen in Verhältnisse geraten, welche die Sicherheit der Darlehen gefährden;

c) auf laufende Rechnung.

Die Festsetzung des Maximums der Darlehen, bez. Credite in laufender Rechnung, über welches hinaus keinem Mitgliede, sei es in *einer* Summe oder in mehreren Beträgen zusammen, von dem Vorstande Darlehen, bez. Vorschüsse verabfolgt werden dürfen, bleibt besonderer Beschlußfassung der Generalversammlung vorbehalten. Darlehen, bez. Credite, welche dieses Maximum übersteigen, dürfen nur mit Zustimmung des Verwaltungsrathes vom Vorstande bewilligt werden.

Die gute Verwendung der Darlehen ist soviel als möglich vorher festzustellen und später zu controliren.

Ueber Beschwerden wegen zurückgewiesener Anträge auf Darlehen entscheidet der Verwaltungsrath oder in letzter Instanz die Generalversammlung.

§. 31.

Sicherstellung der Darlehen.

Die Sicherstellung der Darlehen, bez. Credite in laufender Rechnung (§. 30) dem Vereine gegenüber, muß in allen Fällen in so ausreichender Weise stattfinden, daß für den Verein keinerlei Gefahr vorhanden ist; sie kann erfolgen durch Stellung von Bürgen, durch Hypotheken oder durch Hinterlegung von pupillarisch sicheren Werthpapieren.

Bei Bürgschaften und Hypotheken ist darauf zu sehen, daß die betreffenden Summen durch Grundvermögen der Bürgen, bez. durch den Werth der zu verpfändenden Immobilien mindestens zweifach sicher gestellt werden. Werthpapiere müssen im Curswerthe die zu garantirende Summe mindestens um ein Drittel übersteigen.

§. 32.

Vereinskapital.

Der nach §. 25 zu ermittelnde Gewinn soll nach Abzug der Dividende als Vereinskapital angesammelt werden. Das letztere hat vorab den Zweck, Ausfälle und Verluste des Vereines zu decken. Ist der Fall des §. 29 eingetreten, hat nämlich das Vereinscapital die darin angegebene Höhe erreicht, so steht es der Generalversammlung zu, über die Zinsen desselben, sowie über den ferner eingehenden Gewinn zu gemeinnützigen Zwecken zu verfügen.

Das Vereinscapital bleibt Eigenthum des Vereines. Die Mitglieder haben persönlich keinen Antheil an demselben und können keine Theilung verlangen. Bei Auflösung des Vereines soll dasselbe zeitweilig pupillarisch sicher angelegt werden. In diesem Falle sollen die Zinsen des Capitales den Gemeinden nach Verhältniß der Einwohnerzahl so lange zur Verwendung für gemeinnützige Zwecke überwiesen werden, bis sich ein neuer Darlehenscassenverein auf Grund gegenwärtiger Statuten gebildet haben wird. Sobald letzterer Fall eingetreten ist, soll dem neuen Vereine das Vereinsvermögen überliefert werden, wobei selbstverständlich betreffs der Dividende, des Vereinskapitales nur die bezüglichen Bestimmungen der gegenwärtigen Statuten (§§. 28, 32, 33a) und 34) zur Anwendung kommen.

Abschnitt V.

Allgemeine und vorübergehende Bestimmungen

§. 33.

Abänderung der Statuten.

Die gegenwärtigen Statuten können von der Generalversammlung abgeändert werden, wobei Folgendes zu beachten ist.

a) Die Abänderung des Schlußsatzes des §. 28 über die Feststellung der Dividende,
des §. 32 bezüglich des Vereinskapitals,
des §. 34 bezüglich der Auflösung,
die Aufhebung der gegenwärtigen Statuten überhaupt und die Einführung neuer Statuten, sowie endlich
die Abänderung vorstehender Bestimmungen des §. 33a)
kann nur stattfinden, wenn neun Zehntel der sämmtlichen Mitglieder des Vereines in vorschriftsmäßiger Sitzung dafür stimmen.

b) Mit Ausnahme der unter a) aufgeführten Fälle ist die Generalversammlung behufs Abänderung beschlußfähig, wenn mehr als die Hälfte der Mitglieder anwesend sind. Hat sich in der zu ebengenanntem Zwecke einberufenen Generalversammlung nicht die genügende Zahl von Mitgliedern eingefunden, so ist eine zweite Generalversammlung einzuberufen, welche dann ohne Rücksicht auf die Zahl der Mitglieder beschlußfähig ist. Letzteres ist in der zweiten Einladung ausdrücklich zu bemerken.

§. 34.

Auflösung des Vereines.

Die freiwillige Auflösung des Vereines kann nur erfolgen, wenn nicht mehr als zwei Mitglieder des Vereines gegen die Auflösung sich aussprechen. Sind drei oder mehr Mitglieder für das Fortbestehen des Vereines, so kann die Auflösung nicht erfolgen, und es bleibt denjenigen, welche die Auflösung wünschen, überlassen, ihren Austritt zu erklären.

Der Antrag auf Auflösung muß *nachweislich* jedem Mitgliede vier Wochen vor der betreffenden Sitzung der Generalversammlung zugestellt werden.

Die Veröffentlichung der allenfallsigen Auflösung und die Liquidation erfolgen nach Vorschrift des Genossenschaftsgesetzes.

§. 35.

Erledigung von Streitigkeiten.

Streitigkeiten über die Bestimmungen der Vereinsstatuten, oder zwischen Mitgliedern des Vereines über sonstige Vereinsangelegenheiten, werden durch die Generalversammlung geschlichtet, gegen deren Entscheidung der Rechtsweg offen bleibt.

§. 36.

Vorübergehende Bestimmungen.

Die constituirende erste Generalversammlung der Genossenschafter wählt

a) für diese Versammlung ihren Vorsitzenden;

b) die Mitglieder des Verwaltungsrathes, des Vorstandes und den Cassier, so daß es bei diesen ersten Wahlen der Beobachtung der Statutenbestimmungen über Einberufung der Versammlung und Abhaltung der Wahlen nicht bedarf.

Raiffeisen-Musterstatuten aus dem Jahre 1883, enthalten in: *F.W. Raiffeisen*. Die Darlehenskassen-Vereine in Verbindung mit Consum-, Verkaufs-, Winzer-, Molkerei-, Viehversicherungs- etc. Genossenschaften als Mittel zur Abhilfe der Noth der ländlichen Bevölkerung, vierte, theilweise umgearbeitete und verbesserte Auflage (Heddesdorf-Neuwied 1883) 124 ff

Statuten
des .... er
Spar- und Darlehenskassen-Vereins, eingetragne Genossenschaft

I. Gründung und Zweck.

§. 1.

Die Unterzeichneten bilden einen Spar- und Darlehenskassen-Verein unter der Firma: "Spar- und Darlehenskassen-Verein, eingetragene Genossenschaft."

Der Verein hat seinen Sitz in

§. 2.

Der Verein hat den Zweck, die Verhältnisse seiner Mitglieder in sittlicher und materieller Beziehung zu verbessern, die dazu nöthigen Einrichtungen zu treffen, namentlich die zu Darlehn an die Mitglieder erforderlichen Geldmittel unter gemeinschaftlicher Garantie zu beschaffen, *sowie Gelegenheit zu geben, müßig liegende Gelder verzinslich anzulegen*. Um letzteres zu erleichtern, sollen auch kleinere Beträge angenommen werden, deren Minimalhöhe zu bestimmen der Generalversammlung vorbehalten bleibt.

II. Mitgliedschaft, Rechte und Pflichten der Mitglieder.

§. 3.

Mitglieder des Vereins können nur dispositionsfähige Einwohner de... sein, welche sich im Vollgenusse der bürgerlichen Ehrenrechte befinden und nicht Mitglieder eines anderen Darlehenskassen-Vereins (Credit-Vereins) sind.

Die Aufnahme neuer Mitglieder bedarf der Genehmigung des Vereinsvorstandes (§. 14 c). Gegen dessen ablehnende Entscheidung steht dem Antragsteller Berufung an den Verwaltungsrath zu, der darüber in seiner nächsten Sitzung endgültig entscheidet.

§. 4.

Die Mitgliedschaft endigt mit dem Tage

a) der schriftlichen Austrittserklärung,
b) der schriftlichen Anzeige über den Verzug,
c) des Todes,
d) der Inkrafttretung der Ausschließung.

Die Austrittserklärung und die Anzeige über den Verzug sind dem Vereinsvorsteher schriftlich einzureichen, welcher darüber eine Empfangsbescheinigung auszustellen hat.

Die Ausschließung kann erfolgen, wenn Mitglieder ihren statutenmäßigen Verpflichtungen nicht nachkommen, namentlich, wenn sie länger als 6 Monate mit den festgesetzten

Einzahlungen auf die Geschäftsantheile (§. 29) im Rückstande bleiben. Ebenso kann der Vorstand Mitglieder aus dem Vereine ausschließen, welche sich mit Personen, die er für Wucherer hält, in Geschäfte einlassen.

Die Ausschließung muß stattfinden in Folge des Verlustes der Dispositionsfähigkeit oder der bürgerlichen Ehrenrechte, wenn ein Vereinsmitglied bei einer anderen auf Solidarhaft beruhenden Creditgenossenschaft Mitglied geworden ist und sich weigert, diese Mitgliedschaft aufzugeben, nach eingetretener Zahlungsunfähigkeit oder einer Handlungsweise, welche den Grundsätzen und Interessen des Vereins widerspricht, sowie endlich, wenn Mitglieder wegen Rückzahlung von Darlehn es öfters zu gerichtlichen Klagen kommen lassen.

Die Ausschließung geschieht durch Beschluß des Vorstandes, gegen welchen dem Ausgeschlossenen binnen 3 Monaten Berufung an den Verwaltungsrath zusteht. Im Falle der Ausschließung, welche dem betreffenden Mitgliede von dem Vereinsvorsteher unter Angabe der Gründe sofort schriftlich mitzutheilen ist, endigt die Mitgliedschaft mit dem Ablaufe dreier Monate nach dem darüber gefaßten Beschlusse des Vorstandes, oder, wenn Berufung des Ausgeschlossenen an den Verwaltungsrath stattgefunden hat, mit dem Beschlusse des letzteren.

Bei dem Tode eines verheiratheten Mitgliedes geht die Mitgliedschaft auf dessen Witwe über, sobald letztere solches verlangt. Dieselbe hat alsdann die Statuten zu unterzeichnen.

§. 5.

Die Mitglieder haben das Recht:

a) an den Sitzungen der Generalversammlung des Vereins Theil zu nehmen und darin zu stimmen.

Dieses Recht geht für freiwillig ausgeschiedene Mitglieder mit dem Tage der Austrittserklärung, bezw. des Verzuges verloren und wird für ausgeschlossene Mitglieder mit dem Tage des betreffenden Vorstandsbeschlusses suspendirt. Das Stimmrecht muß in Person ausgeübt und kann auf Andere nicht übertragen werden. Die Theilnahme weiblicher Mitglieder an den Versammlungen ist nicht gestattet; dieselben haben also auch kein Stimmrecht.

b) aus der Vereinskasse, soweit deren Mittel reichen, nach Vorschrift gegenwärtiger Statuten Darlehn zu beanspruchen und bei derselben ihre überflüssigen Gelder verzinslich anzulegen.

§. 6.

Die Mitglieder sind verpflichtet, nach Maßgabe des deutschen Genossenschaftsgesetzes

a) für die Vereinsanlehn, sowie überhaupt für alle Verbindlichkeiten des Vereins unter sich gleichtheilig, Dritten gegenüber solidarisch und mit ihrem ganzen Vermögen zu haften,

b) den festgesetzten Geschäftsantheil (§. 29) in die Vereinskasse zu zahlen,

c) die Vereinsstatuten genau zu beachten, sowie das Interesse des Vereins in jeder Beziehung zu wahren.

Die aus dem Vereine ausgetretenen oder ausgeschlossenen Mitglieder, sowie die Erben verstorbener Mitglieder bleiben den Gläubigern des Vereins für alle bis zu ihrem Ausscheiden von dem Vereine eingegangenen Verbindlichkeiten bis zum Ablaufe der gesetzlichen Verjährung verhaftet.

III. Verwaltung des Vereins.

§. 7.

Der Verein verwaltet seine Angelegenheiten durch den Vorstand (§§. 8-15), den Verwaltungsrath (§§. 16-19), die Generalversammlung (§§. 20-23), den Rechner (§§. 24-26).

a) Vorstand.

§. 8.

Der Vorstand besteht aus dem Vereinsvorsteher, dessen Stellvertreter und neben diesem aus ... Beisitzern, im Ganzen also aus ... Mitgliedern, welche auf den Vereinsbezirk so zu vertheilen sind, daß sie in ihrer Gesammtheit eine möglichst genaue Kenntnis der Verhältnisse der Einwohner des Bezirkes haben.
Der Vorstand wird auf 4 Jahre gewählt; alle 2 Jahre scheide   aus.
Die zuerst Ausscheidenden werden durch das Loos bestimmt.

§. 9.

Bei dem Austritte oder bei dauernder Verhinderung von Vorstandsmitgliedern hat der Verwaltungsrath bis zur nächsten Sitzung der Generalversammlung, in welcher die Ergänzungswahlen vorzunehmen sind, Stellvertretung anzuordnen.

Die Amtsdauer der auf diese Weise gewählten Vorstandsmitglieder ist diejenige der ausgeschiedenen, an deren Stelle die Wahlen erfolgten.

§. 10.

Die Legitimation des Vorstandes erfolgt durch das Wahlprotokoll der Generalversammlung. Die Vorstandsmitglieder haben, unter Einreichung einer Ausfertigung der Wahlverhandlung, dem mit Führung des Genossenschaftsregisters betrauten Gerichte ihre Wahl persönlich anzumelden und dabei ihre Unterschriften vor Gericht zu zeichnen, oder dieselben dem Gerichte in gerichtlich oder notariel beglaubigter Form einzureichen.

Die Zeichnung für den Verein erfolgt, indem der Firma die Unterschriften der Zeichnenden hinzugefügt werden. Die Zeichnung hat, mit Ausnahme der nachbezeichneten Fälle, nur dann verbindliche Kraft, wenn sie vom Vereinsvorsteher oder dessen Stellvertreter und mindestens zwei Beisitzern erfolgt ist. Bei gänzlicher oder theilweiser Zurückerstattung von Darlehn, sowie bei Verwendung von Sparkassenbüchern als Schulddocumente des Vereins genügt die Unterzeichnung durch den Vereinsvorsteher oder dessen Stellvertreter und mindestens einen Beisitzer, um dieselbe für den Verein rechtsverbindlich zu machen.

§. 11.

Der Verein wird vom Vorstande gerichtlich und außergerichtlich vertreten. In Bezug auf diese Vertretung sind die Bestimmungen des Genossenschafts-Gesetzes maßgebend.

In Prozessen, sowie bei der Landwirthschaftlichen Zentral-Darlehenskasse, sobald der Verein bei letzterer als Aktionär betheiligt ist, kann jedes einzelne Vorstandsmitglied den Verein gültig vertreten, und zwar kraft dieser Statuten, ohne daß es einer anderen Legitimation, als des Protokolls über die erfolgte Wahl bedarf. Diese Vertretung erfolgt in erster Linie durch den Vereinsvorsteher, bezw. dessen Stellvertreter, und im Falle beide verhindert sein sollten, durch ein vom Vorstande zu bestimmendes anderes Vorstandsmitglied.

Der Vertreter hat der Landwirthschaftlichen Zentral-Darlehenskasse gegenüber aller Rechte auszuüben, welche dem Vereine als Aktionär zustehen.

Will sich der Verein in den Sitzungen der Generalversammlungen der Landwirthschaftlichen Zentral-Darlehnskasse durch einen anderen Aktionär vertreten lassen, so kann dies durch eine nach §. 10 auszufertigende schriftliche Vollmacht geschehen.

§. 12.

Zu den regelmäßigen Sitzungen des Vorstandes (§. 13) sind keine besonderen Einladungen erforderlich. Die Einladungen zu den übrigen Sitzungen des Vorstandes (§. 15 d), sowie zu der Generalversammlung erfolgen mit Ausnahme der in §. 20b angegebenen Fälle auf die in diesem Paragraphen bezeichnete Weise *durch den Vereinsvorsteher* unter Angabe der Gegenstände, welche zur Verhandlung kommen sollen.

§. 13.

Zur Beschließung über die Anträge auf Bewilligung von Darlehn muß sich der Vorstand in regelmäßigen Sitzungen (mindestens einmal monatlich), außerdem aber so oft versammeln, als es zur Erledigung der Geschäfte nothwendig ist.

Beschlüsse des Vorstandes sind gültig, wenn sie in vorschriftsmäßiger Sitzung (§. 12) einschließlich des Vorstehers oder dessen Stellvertreters von mehr als der Hälfte der Vorstandsmitglieder gefaßt, in das Vorstands-Protokollbuch eingetragen und unterzeichnet worden sind. Bei Stimmengleichheit entscheidet die Stimme des Vorsitzenden.

§. 14.

Der Vorstand muß insbesondere:

a) alle Bestimmungen der Vereinsstatuten und alle Vorschriften des Genossenschafts-Gesetzes, die künftigen Abänderungen und Ergänzungen, sowie die von der Generalversammlung und dem Verwaltungsrathe gültig gefaßten Beschlüsse und die von denselben gegebene Instruction beachten und ausführen und ist dafür dem Vereine verantwortlich,

b) bei den für den Verein zu machenden Anlehn sich innerhalb der von der Generalversammlung festzusetzenden Grenze halten (§§. 22c und 28) und die für den Verein verbindlichen Schriftstücke (Schuldurkunden etc.) ausstellen (§. 10),

c) über die Aufnahme und den Ausschluß von Mitgliedern, über alle Einnahmen und Ausgaben, sowie über die Bewilligung von Darlehn an Mitglieder (§§. 31 und 32) innerhalb der von der Generalversammlung festgesetzten Grenze (§§. 22d und 31) beschließen und über pünktliche Rückzahlung der letzteren wachen,

d) zu allen für den Verein abzuschließenden Verträgen und zu Prozessen, mit Ausnahme von Klagen gegen Vereinsmitglieder wegen Einziehung von Darlehn, wozu keine Ermächtigung erforderlich ist, die vorherige Zustimmung des Verwaltungsrathes einholen,

e) mit dem Vorsteher das Kassen- und Rechnungswesen beaufsichtigen, die Kassenabschlüsse prüfen, sowie auf die sichere und verzinsliche Anlegung der Kassenbestände halten,

f) vor dem 20. April jedes Jahres die Bilanz und die Rechnung des vorhergehenden Jahres prüfen,

g) über Erstattung von baaren Auslagen an Mitglieder beschließen (§. 27),

h) alle mit irgend einer Gefahr für den Verein verbundenen Geschäfte vermeiden (§. 30).

Bei den Beschlüssen über Bewilligung von Darlehen kann der Rechner als berathendes Mitglied zugezogen werden.

§. 15.

Der Vereinsvorsteher hat nach der Instruction die bezüglichen Geschäfte des Vereins auszuführen, bezw. zu überwachen, besonders:

a) die Vereinskorrespondenz zu unterzeichnen und das Vereinssiegel aufzubewahren,

b) dafür zu sorgen, daß jede auch nur theilweise Aenderung im Personale des Vorstandes und jede Statutenänderung dem mit Führung des Genossenschaftsregisters beauftragten Gerichte nach Vorschrift des Gesetzes angemeldet wird. Sodann hat er die Nachweisungen über die Vereinsmitglieder an die erwähnte Gerichtsbehörde einzureichen und innerhalb der ersten sechs Monate jedes Jahres die Bilanz des vorhergehenden Jahres zu veröffentlichen,

c) das Kassen- und Rechnungswesen speziel zu beaufsichtigen, auf Grund der §. 13 erwähnten Vorstandsbeschlüsse die Anweisungen zu ertheilen, die Kassenabschlüsse zu machen und mit dem Rechner die Bilanz aufzustellen. - Auf den Antrag des Vorstehers kann der Vorstand ein anderes Mitglied aus seiner Mitte mit der Kassencontrole beauftragen, welche indeß auch in diesem Falle unter Oberleitung des Vereinsvorstehers erfolgen muß.

d) zu den Sitzungen des Vorstandes (§. 12) und der Generalversammlung, ausgenommen die Fälle §. 20b, die Einladungen zu erlassen,

e) in den Sitzungen des Vorstandes und der Generalversammlung, mit Ausnahme der in den §§. 17 und 20c erwähnten Fälle, den Vorsitz zu führen und die Protokollführer zu ernennen,

f) in der ordentlichen Frühjahrs-Sitzung der Generalversammlung über den Stand des Vereins übersichtlich zu berichten.

b) Verwaltungsrath.

§. 16.

Der Verwaltungsrath besteht aus ...Mitgliedern, welche, wie es bezüglich der Vorstandsmitglieder (§. 8) gesagt wurde, auf den Vereinsbezirk so zu vertheilen sind, daß sie in ihrer Gesammtheit eine möglichst genaue Kenntnis der Verhältnisse der Einwohner des Bezirks haben. Die Zahl kann von der Generalversammlung beliebig erhöht werden, jedoch nur so, daß sie durch 3 theilbar ist.

Die Mitglieder werden auf drei Jahre gewählt. Jedes Jahr, die beiden ersten Male durch das Loos, scheidet ein Drittel derselben aus. Beim Ausscheiden von Mitgliedern durch den Tod oder auf sonstige Weise muß sich der Verwaltungsrath bis zur nächsten Sitzung der Generalversammlung, in welcher die Ergänzungswahlen vorzunehmen sind, durch Wahl aus den übrigen Vereinsmitgliedern vervollständigen.

§. 17.

Der Verwaltungsrath hat die Verpflichtung, die Interessen des Vereins in jeder Beziehung zu wahren und darauf zu halten, daß die Verwaltung statutenmäßig geführt und jeder seiner Beschlüsse, sowie jeder Beschluß der Generalversammlung pünktlich ausgeführt wird. Er hat das Recht, jederzeit die Vereinsakten, sowie die Buchführung einzusehen und die Vorzeigung der Kassenbestände zu verlangen. Findet er, daß ein Vorstandsmitglied, oder der Gesammtvorstand oder der Rechner Vorschriften des Gesetzes, der Statuten oder der Instruction nicht beachtet, oder das Interesse des Vereins sonst beschädigt haben, so steht ihm das Recht zu, alle die Maßregeln zu ergreifen, welche ihm nöthig erscheinen, das Vereinsinteresse zu wahren. Er ist befugt, sowohl jedes Mitglied des Vorstandes, als auch den Gesammtvorstand und den Rechner außer Function zu setzen, hat aber dann, sowie überhaupt, wenn er das Interesse des Vereins gefährdet glaubt, sofort eine Sitzung der Generalversammlung anzuberaumen und in dieser den Fall zur Entscheidung vorzutragen. Bezüglich der Ladung zu dieser Sitzung und des Vorsitzes in derselben tritt, sobald es sich um Beschlüsse gegen Vorstandsmitglieder handelt, der Vorsitzende des Verwaltungsrathes an die Stelle des Vereinsvorstehers. (§. 20, b und c).

Im Uebrigen finden für den Verwaltungsrath die betreffenden Vorschriften des Genossenschaft-Gesetzes Anwendung und erfolgt die Legitimationsführung desselben für Prozesse, welche gegen den Vorstand gerichtet sind und für etwa mit letzerem abzuschließende Verträge durch die Protokolle über seine Wahl. Die Ausführung erfolgt durch den Vorsitzenden oder dessen Stellvertreter und im Verhinderungsfalle beider durch ein sonstiges Mitglied des Verwaltungsrathes, welches von letzterem dazu bestimmt worden ist.

§. 18.

Der Verwaltungsrath hat speciel die Pflicht:

a) die Instruction für den Vorstand und für den Rechner zu erlassen, sowie bei dem Austritte oder bei dauernder Verhinderung von Vorstandsmitgliedern Stellvertretung anzuordnen (§. 9),

b) die Jahresrechnung und die Bilanz vor dem 1. Mai festzustellen,

c) die Dividende für die Geschäftsantheile jährlich festzusetzen (§. 29),

d) über die vom Vorstande zu ertheilende Ermächtigung zu Prozessen, soweit solche nicht wegen Beitreibung von Darlehn erforderlich sind, zu beschließen und den Verein in Prozessen gegen den Vorstand zu vertreten (§. 17),

e) auf den Antrag des Vorstandes über die Bewilligung von Darlehn zu beschließen, welche über das dem Vorstande zugestandene Maximum hinaus (§. 22 d) und auf länger als 10 Jahre (§. 31) beantragt werden,

f) über Beschwerden wegen Verweigerung der Aufnahme in den Verein oder Ausschließung von der Mitgliedschaft (§§. 3 und 4) und wegen etwaiger vom Vorstande verweigerter Darlehn zu entscheiden (§. 31 Schlußsatz),

g) in regelmäßigen Zwischenräumen mindestens viermal jährlich, und außergewöhnlich mindestens einmal jährlich zur Abhaltung von Geschäfts- und Kassen-Revisionen sich zu versammeln und zwar in allen Fällen auf Einladung des Vorsitzenden, nach Analogie des §. 12 der Statuten. Bei diesen Revisionen ist besonders auf folgende Punkte zu achten und zwar ob:

   1. der nach dem Abschlusse der Journale sich ergebende Kassenbestand baar vorhanden ist,
   2. die Unterschrift der Statuten durch die von dem Vorstande aufgenommenen Mitglieder erfolgt ist (§. 3, Schlußsatz und §. 14 c),
   3. die schriftliche Austrittserklärung der ausgeschiedenen Mitglieder, sowie die Koncepte der darauf erfolgten Bescheinungen des Vereinsvorstehers vorhanden sind (§. 4),
   4. die Anmeldungen der Aenderungen im Vorstande, die Statutenabänderungen, die Einreichung der Mitgliederverzeichnisse, sowie der Ab- und Zugänge von Mitgliedern, an das Gericht rechtzeitig stattgefunden hat (§. 15b),
   5. die Protokolle des Vorstandes vorschriftsmäßig geführt und unterzeichnet worden, über alle Einnahmen und Ausgaben Anweisungen des Vereinsvorstehers vorhanden sind, ob die Vorstandsbeschlüsse mit den Anweisungen des Vereinsvorstehers und den Eintragungen in die Journale übereinstimmen und ob die einzelnen Ausgaben mit ordnungsmäßigen Quittungen belegt sind,
   6. die Kassenabschlüsse regelmäßig von Rechner und Vorsteher gemacht worden sind (§. 15c),

7. das Maximum der von der Generalversammlung festgesetzten Höhe der Anlehn nicht überschritten worden ist (§. 22c),
8. die bewilligten Kredite in der von der Generalversammlung generell festgesetzten Grenze gehalten, (§. 22d) die Rückzahlungen auf Darlehn pünktlich erfolgt, namentlich auch, ob die Kredite in laufender Rechnung nicht überschritten und durch mangelhafte Rückzahlung nicht mißbraucht worden sind (§. 31),
9. die Schuldscheine vorschriftsmäßig ausgestellt, von den Schuldnern (bei Eheleuten von beiden Theilen) und den Bürgen unterzeichnet worden sind und ob bezüglich aller (nicht allein seit der letzten Revision, sondern aus der ganzen Vergangenheit vorhandenen) Forderungen *ohne Ausnahme* die nöthige Sicherheit besteht §§. 32 und 33), und besonders
10. zur Sicherstellung hinterlegte Werthpapiere in genügender Höhe und Güte vorhanden sind (§. 32),
11. niemals zu große Kassenbestände vorhanden gewesen und die vorhandenen jederzeit sicher und verzinslich angelegt worden sind (§. 14 c),
12. die vom Rechner gestellte Bürgschaft oder Kaution noch vorhanden und genügend ist (§. 25).

Ferner hat der Verwaltungsrath die Pflicht:

h) über jede Revision ein Protokoll, in welchem die gerügten Mängel specificirt aufzuführen sind, aufzunehmen und zu unterzeichnen,

i) auf die sofortige Kündigung und Einziehung gefährdeter Ausstände zu halten.

Der Vorsitzende des Verwaltungsrathes ist dem Vereine gegenüber für die Erfüllung vorstehender Verpflichtungen verantwortlich. Im Falle es nöthig werden sollte, hat er die Beseitigung säumiger Mitglieder des Verwaltungsrathes und die Ersetzung derselben durch Neuwahlen zu veranlassen.

§. 19.

Die Versammlungstage zu den regelmäßigen Sitzungen des Verwaltungsrathes werden von der Generalversammlung festgesetzt §. 22 a).

Die Beschlußfähigkeit des Verwaltungsrathes ist vorhanden, wenn, einschließlich des Vorsitzenden oder dessen Stellvertreters, mehr als die Hälfte seiner Mitglieder anwesend ist. Bei Stimmengleichheit entscheidet die Stimme des Vorsitzenden.

c) Generalversammlung.

§. 20.

Die männlichen Mitglieder des Vereins bilden die Generalversammlung. Von dieser werden alle Rechte des Vereins ausgeübt. Bezüglich ihrer Sitzungen wird Folgendes bestimmt:

a) Die ordentlichen Sitzungen der Generalversammlungen finden mindestens zweimal in jedem Jahre und zwar, nach näherer Bestimmung derselben, im Frühjahre und im Herbste regelmäßig statt. Außerordentliche Sitzungen sind anzuberaumen, so oft es der Vorstand, der Verwaltungsrath oder mindestens ein Zehntel der stimmberechtigten Vereinsmitglieder, letztere durch schriftlichen an den Vorsteher gerichteten, Zweck und Gründe enthaltenden Antrag, verlangen.

b) Die Einladung geschieht durch den Vereinsvorsteher schriftlich, unter Angabe der Gegenstände, welche zur Verhandlung kommen sollen (§. 12). Durch Beschluß der Generalversammlung kann jedoch auch bestimmt werden, daß die Einladung in ortsüblicher Weise oder durch das §. 35 bezeichnete öffentliche Blatt geschieht. Die Einladungen zu den regelmäßigen Sitzungen müssen zu der von der Generalversammlung bestimmten Zeit, die zu den außerordentlichen Sitzungen binnen längstens 5 Tagen, vom

Tage des bezüglichen Antrages an gerechnet, erfolgen. Zwischen Einladung und Sitzung darf der Zwischenraum nicht weniger als 3 und nicht mehr als 10 Tage betragen. Ausgenommen sind die Sitzungen über Abänderung der Statuten und Auflösung des Vereins (§§. 37 und 38). In ersterem Falle darf der gedachte Zwischenraum nicht unter 8 und nicht über 14 Tage, in letzterem Falle nicht unter 4 und nicht über 6 Wochen betragen. Unterlassen der Vorsteher, bezw. dessen Stellvertreter (§. 12) und der Vorsitzende des Verwaltungsrathes, bezw. dessen Stellvertreter (§. 17) die rechtzeitige Einladung, so ist jedes andere Mitglied des Vorstandes oder Verwaltungsrathes dazu befugt oder es kann die Einladung auch von einem Vereinsmitgliede erfolgen, welches dazu von mindestens einem Zehntel der Mitglieder (§. 20a) beauftragt ist.

c) Den Vorsitz in den Sitzungen der Generalversammlungen führt der Vereinsvorsteher, bezw. dessen Stellvertreter. Der Generalversammlung steht es aber zu, im Verhinderungsfalle der Genannten oder, sofern nach ihrem Ermessen andere Gründe zur Uebertragung des Vorsitzes vorhanden sein sollten, einem beliebigen stimmberechtigten Vereinsmitgliede denselben zu übertragen.

d) Außer den in den §§. 37 und 38 gedachten Fällen ist die Generalversammlung in jeder Zahl beschlußfähig, wenn die Einladung unter Angabe der zur Verhandlung kommenden Gegenstände vorschriftsmäßig ergangen ist. Die Beschlüsse sind für die sämmtlichen Vereinsmitglieder bindend, wenn sie von absoluter Majorität der Anwesenden gefaßt worden sind, selbstredend unter Ausschluß der eben gedachten Fälle. Bei Stimmengleichheit entscheidet die Stimme des Vorsitzenden.

§. 21.

Die Generalversammlung wählt in ihrer ordentlichen Frühjahrssitzung aus den männlichen Mitgliedern, in getrennten Wahlgängen: a) den Vorsteher, b) dessen Stellvertreter und die übrigen Beisitzer des Vorstandes, c) den Rechner, d) den Vorsitzenden, dessen Stellvertreter, sowie die übrigen Mitglieder des Verwaltungsrathes mit absoluter Stimmenmehrheit. Wird solche bei der ersten Abstimmung die doppelte Anzahl der noch zu Wählenden, welche die meisten Stimmen erhalten haben, in die engere Wahl. Bei Stimmengleichheit entscheidet das Loos, gezogen durch die Hand des Vorsitzenden. Die Ausgeschiedenen sind wieder wählbar. Ergänzungswahlen können außerdem auch in jeder anderen Sitzung vorgenommen werden.

§. 22.

Der Generalversammlung ist vorbehalten:

a) die sämmtlichen Geschäfte, besonders die Thätigkeit des Verwaltungsrathes zu beaufsichtigen, die Versammlungstage für dessen regelmäßige Sitzungen zu bestimmen (§. 19) und überhaupt diejenigen Maßregeln zu ergreifen, welche sie im Interesse des Vereins für nöthig hält,

b) über Entlastung des Vorstandes und des Rechners bezüglich der Rechnungsstellung und Geschäftsführung zu beschließen. Dieses muß betreffs der Rechnung des vorhergehenden Jahres in jeder ordentlichen Frühjahrs-Sitzung der Generalversammlung stattfinden.

c) Festsetzung der Höhe des gesammten Betriebskapitals (Anlehn), der Minimalhöhe der kleineren Einlagen (§. 2), sowie der Maximalhöhe der einzelnen Einlagen, bis zu welcher Sparkassenbücher als Schulddocumente des Vereins verwendet werden dürfen (§. 10), des Prozentsatzes der von den Vereinsmitgliedern von den Darlehn zu zahlenden Provisionen und Zinsen (§. 28), sowie des Prozentsatzes der Zinsen für Spareinlagen,

d) Festsetzung des Maximums, über welches hinaus einem Mitgliede, sei es in einer oder mehreren Bewilligungen, Darlehn und Credite in laufender Rechnung vom Vorstande nicht gewährt werden dürfen, sowie der jährlichen Rückzahlungstermine bezüglich der auf längere Dauer bewilligten Darlehn (§. 31 b und c und §. 18 e),

e) Festsetzung der Remuneration für den Rechner (§. 27),

f) Festsetzung einer Konventionalstrafe für Mitglieder, welche ohne Entschuldigung von den Sitzungen der Generalversammlungen fern bleiben, zu deren Zahlung die ersteren verpflichtet sind,

g) Schlichtung von Streitigkeiten (§. 39).

§. 23.

Die Abstimmungen und Wahlen erfolgen durch Aufstehen und Sitzenbleiben oder durch Händeaufheben, wenn die Versammlung in einzelnen Fällen nicht ausdrücklich die Abstimmung durch verdeckte Stimmzettel, Kugelung oder durch Namensaufruf beschließt.

Die Feststellung des Resultates der Abstimmungen erfolgt durch zwei vom Vorsitzenden zu ernennende Stimmzähler.

d) Rechner, Rechnungswesen.

§. 24.

Die Kassen- und Buchführung des Vereins erfolgt durch einen auf 4 Jahre mit dreimonatlicher Kündigungsfrist anzustellenden Rechner.

Dieser ist der Geschäftsführer des Vereins. Als solcher hat er

a) die Beschlüsse des Vorstandes, welche die Kassenverwaltung betreffen, auszuführen, nach der Instruction (§. 18 a), sowie nach den auf Grund der Vorstandsbeschlüsse (§. 13) ausgestellten Anweisungen des Vereinsvorstehers die sämmtlichen Einnahmen und Ausgaben des Vereins pünktlich zu bewirken, die Bücher zu führen, die Kassenbestände, Werthpapiere und die Vereinsakten aufzubewahren und auf allen von dem Vereine ausgestellten Schuldscheinen und Quittungen besonders den Empfang zu bescheinigen,

b) nach dem Schlusse des Rechnungsjahres, (welches mit dem Kalenderjahre zusammenfällt,) die Bücher anzuschließen und dem Vorsteher *spätestens* bis zum 10. April die Rechnung und die Bilanz des vorhergehenden Jahres, in zwei Exemplaren, mit den zu einem Hefte vereinigten Belägen vorzulegen.

§. 25.

Der Rechner darf weder Mitglied des Vorstandes noch des Verwaltungsrathes sein. Dagegen kann er zu den Vorstandssitzungen, soweit sie die Bewilligung von Darlehn betreffen, als berathendes Mitglied zugezogen werden. Er ist dem Vereine für die Vereinsgelder, sowie für die pünktliche Geschäftsführung verantwortlich und hat dieserhalb einen zahlfähigen Bürgen als Selbstschuldner und Zahlsmann, oder eine von der Generalversammlung zu bestimmende Caution zu stellen, welche, wie auch der Bürge, für die Kosten der Ermittlung, Feststellung und Beitreibung des etwaigen Defectes zu haften hat.

§. 26.

Die Bilanz muß nach kaufmännischen Grundsätzen aufgestellt werden, d.h. in einer summarischen Zusammenstellung enthalten:

1. die Activa, und zwar:
   a) den Kassenbestand am Jahresschlusse in baar,
   b) die Werthpapiere nach dem Tagescourse,
   c) die Geschäftsausstände nach ihren verschiedenen Arten, wobei jedoch etwaige unsichere Forderungen nur nach ihrem wahrscheinlichen Werthe aufzuführen, definitiv uneinziehbare aber ganz auszuscheiden sind,
   d) das Guthaben auf Zinsen, welche erst im nächsten Rechnungsjahre fällig werden, bis zum Jahresschlusse berechnet (Stückzinsen),
   e) den Werth der Mobilien,
   f) den Werth der Immobilien,
   g) den Verlust nach der vorigjährigen Bilanz.
2. die Passiva, nämlich:
   a) den allenfallsigen Vorschuß am Jahresschlusse,
   b) die Geschäftsschulden nach ihren verschiedenen Arten, ohne Rücksicht auf ihre Fälligkeit,
   c) die eingezahlten Geschäftsantheile der Mitglieder,
   d) die schuldigen Zinsen, welche erst im nächsten Rechnungsjahre zahlbar sind, bis zum Jahresschlusse berechnet (Stückzinsen),
   e) das Vereinskapital.
3. den Gewinn oder den Verlust.

e) Verwaltungsorgane im Allgemeinen.

§. 27.

Die Mitglieder des Vorstandes und des Verwaltungsrathes üben ihr Amt als unbesoldetes Ehrenamt aus und haben nur den Ersatz ihrer Baarauslagen zu beanspruchen.

Der Rechner erhält im Verhältnisse zu seiner Mühewaltung Vergütung, deren Höhe die Generalversammlung durch besonderen Beschluß festsetzt (§. 22e). Dieselbe darf nicht nach Gewinnantheilen (Tantieme) oder in Procentsätzen der Einnahme, bezw. Ausgabe normirt werden, sondern muß in einem Fixum bestehen. Zur Erstattung baarer Auslagen an Vereinsmitglieder genügt der Beschluß des Vereinsvorstandes (§. 14 g).

Sowohl für den Vorstand, als auch für den Verwaltungsrath und die Generalversammlung ist je ein mit den Seitenzahlen versehenes Protokollbuch anzulegen, in welches die Verhandlungen der betreffenden Versammlungen einzutragen sind. Die Unterzeichnung erfolgt nach Vorlesung und Genehmigung bei Vorstand und Verwaltungsrath durch diejenigen Mitglieder, welche an den betreffenden Sitzungen theilgenommen haben; bei der Generalversammlung nicht durch alle Genossenschafter, sondern nur durch die anwesenden Mitglieder des Vorstandes und des Verwaltungsrathes, sowie durch den Protokollführer.

IV. Beschaffung und Verwendung der Vereinsmittel, sowie Wirksamkeit des Vereins.

§. 28.

Das Betriebscapital wird aufgebracht durch Geschäftsantheile der Mitglieder (§. 29) und Anlehn, welche auch von Nichtmitgliedern angenommen werden können. Dasselbe wird verwandt zum Geschäftsbetriebe, namentlich zu verzinslichen Darlehn an Mitglieder (§. 31) und zum Erwerbe von Verkaufsprotocollen (§. 33). Der Geschäftsgewinn aus Provision, Zinsen u.s.w. dient nach Deckung der Vereinsunkosten und der Dividende für Geschäftsantheile (§. 29), zur Ansammlung eines Vereinscapitals und zu gemeinnützigen Zwecken (§. 35).

Die Maximalhöhe des gesammten Betriebscapitals (Anlehn), die Minimalhöhe der einzelnen Einlagen und den Prozentsatz der von den Vereinsmitgliedern von den Darlehn zu zahlenden Provisionen und Zinsen, sowie den Prozentsatz der Zinsen für Spareinlagen, setzt die Generalversammlung fest. (§. 22c und §. 35).

§. 29.

Jedes Vereinsmitglied ist verpflichtet, einen Geschäftsantheil von ... Mark in die Vereinskasse einzulegen, jedoch darf keines derselben mehr als einen Geschäftsantheil erwerben. Die Einzahlung kann in Theilzahlungen erfolgen, welche monatlich mindestens ... Mark betragen müssen. Die Zahlung des ganzen Betrages kann auch auf einmal stattfinden.

Die Geschäftsantheile sind Eigenthum der Mitglieder. Diese werden bei allenfallsiger Liquidation des Vereins als dessen Gläubiger betrachtet, jedoch mit dem Unterschiede, daß sie erst in letzter Reihe befriedigt werden.

Während der Mitgliedschaft können die Geschäftsantheile nicht zurückgezogen, nicht an Andere übertragen, nicht belastet, auch von Gläubigern der Mitglieder nicht mit Beschlag belegt werden. Dieselben dienen vielmehr bei einer etwaigen Liquidation, insoweit das Vermögen des Vereins ausreicht, in erster Reihe zur Erfüllung der Verpflichtungen der Mitglieder.

Ausgeschiedene Mitglieder haben Anspruch auf Erstattung ihrer eingezahlten Geschäftsantheile. Die Auszahlung erfolgt längstens binnen sechs Monaten nach dem Ausscheiden, sofern die Ausgeschiedenen keine Zahlungen an den Verein zu leisten haben.

Die Dividende wird von dem Verwaltungsrathe (§. 18c) in Prozenten jährlich festgesetzt, nach dem Verhältnisse der eingezahlten Beträge berechnet, bis zur vollen Ansammlung der Geschäftsantheile aber nicht ausbezahlt, sondern den Einlagen zugeschrieben. Die Dividende darf den Prozentsatz der Zinsen, welchen die Mitglieder ausschließlich der Provision der Darlehn zahlen, nicht übersteigen; außer derselben haben die Mitglieder für ihre eingezahlten Geschäftsantheile keinerlei Anspruch auf Zinsen. Die Dividende für die voll eingezahlten Geschäftsantheile, welche innerhalb 4 Jahren nach der Fälligkeit nicht erhoben worden sind, werden als Eigenthum des Vereins betrachtet und dem Reservekapital zugeschrieben.

§. 30.

Alle mit irgend einer Gefahr verbundenen Geschäfte sind ausdrücklich verboten und dürfen von keinem der Verwaltungs-Organe für den Verein unternommen werden (§. 14h).

§. 31.

Darlehn dürfen nur an Vereinsmitglieder innerhalb der von der Generalversammlung festgesetzten Grenze (§. 22 d) vom Vorstande bewilligt werden:

a) auf kürzere Fristen bis zu einem Jahre. Auf Wunsch der Schuldner kann eine Verlängerung (Prolongation) stattfinden, jedoch höchstens bis auf die Gesammtdauer von 2 Jahren.

b) auf längere Dauer bis zu 10 Jahren.

   Alle auf längere Dauer bewilligten Darlehn sind in regelmäßigen jährlichen Theilzahlungen zurückzuzahlen. Die Termine, bis zu welchen dies stattzufinden hat, setzt die Generalversammlung im Allgemeinen fest (§. 22 d).

c) auf laufende Rechnung.

Die Festsetzung des Maximums von Darlehn (wozu auch die Credite in laufender Rechnung gehören), über welches hinaus keinem Mitgliede, sei es in *einer* Summe oder in mehreren Beträgen zusammen, von dem Vorstande Bewilligungen stattfinden dürfen, bleibt besonderer Beschlußfassung der Generalversammlung vorbehalten (§. 22d). Darlehn über das festgesetzte Maximum hinaus und auf länger als 10 Jahre bedürfen der vorherigen Zustimmung des Verwaltungsrathes (§. 18e). - Für den Fall einer plötzlichen massenweisen Kündigung der vom Vereine angeliehenen Kapitalien und wenn die Vereinsschuldner oder deren Bürgen in Verhältnisse gerathen, welche die Sicherheit der Ausstände gefährden, wird von Seiten des Vereins das Recht jederzeitiger vierwöchentlicher Kündigung bezüglich aller Darlehn, bezw. Vorschüsse vorbehalten.

Vor der Bewilligung der Darlehn ist die Kreditfähigkeit (finanzielle Sicherheit), die Creditwürdigkeit (Moralität) der Darlehnsucher in Betracht zu ziehen und die beabsichtigte Verwendung der Gelder soviel als möglich festzustellen. Letztere ist später zu controliren.

Ueber Beschwerden wegen zurückgewiesener Anträge auf Darlehn entscheidet der Verwaltungsrath (§. 18f).

§. 32.

Die Sicherstellung der Darlehn, bezw. Credite in laufender Rechnung (§. 31), muß in allen Fällen in so ausreichender Weise stattfinden, daß für den Verein keinerlei Gefahr vorhanden ist: sie kann erfolgen durch Stellung von Bürgen, durch Hypotheken oder durch Hinterlegung von pupilarisch sicheren Werthpapieren.

Bei Bürgschaften und Hypotheken ist darauf zu sehen, daß die betreffenden Summen durch Grundvermögen der Bürgen, bezw. durch den Werth der zu verpfändenden Immobilien nach Abzug der darauf ruhenden Schulden mindestens zweifach sichergestellt werden. Werthpapiere müssen im Courswerthe die zu garantirende Summe mindestens um ein Drittel übersteigen.

§. 33.

Um dem nachtheiligen Handel mit Verkaufsprotokollen (Kaufschillinge, Güterzieler, Steigerungsgelder) von Immobilien zu begegnen, wird der Vereinsvorstand ermächtigt, solche Protokolle von Mitgliedern für den Fall anzukaufen, daß sowohl die Käufer, als die Bürgen dem Vereine hinreichende Sicherheit wegen Einzahlung der Kaufbeträge bieten. Wenn erforderlich, haben die Verkäufer für den richtigen Eingang der Kaufgelder zu haften und dafür hinreichende Sicherheit zu stellen.

§. 34.

Um dem im §. 2 bezeichneten Zweck möglichst gerecht zu werden, sollen der Verein und seine Mittel auch dazu benutzt werden, die Bildung von Konsum-, Verkaufs-, Produktiv- etc. Genossenschaften durch Gewährung von Crediten und Darlehn an Mitglieder, welche die Untergenossenschaft bilden, möglich zu machen und die gedeihliche Wirksamkeit derselben durch sonstige Beihilfe seitens der Organe des Vereins zu unterstützen. Selbstverständlich haftet in solchen Fällen nur die Untergenossenschaft, nicht aber der Verein als solcher Dritten gegenüber für die von ersterer contrahirten Verbindlichkeiten. Die erwähnten Untergenossenschaften dürfen nur rein wirthschaftlicher Art sein.

Auch selbst für den Fall, daß der Vereinsrechner zugleich die Kassengeschäfte von Untergenossenschaften besorgt, dürfen die letzteren mit dem Darlehnskassengeschäfte in keiner Weise vermischt, sondern es muß die Buchführung für die Untergenossenschaften getrennt geführt werden.

§. 35.

Der nach §. 26 zu ermittelnde Gewinn soll nach Abzug der Dividende (§. 29) als Vereinskapital angesammelt werden. Das letztere hat vorab den Zweck, Ausfälle und Verluste des Vereins zu decken. Hat das Vereinskapital eine solche Höhe erreicht, daß der Verein mit eigenen Mitteln wirthschaften kann, so steht es der Generalversammlung zu, über die Zinsen desselben, sowie über den ferner eingehenden Gewinn zu gemeinnützigen Zwecken zu verfügen. Nach hinreichender Ansammlung des Vereinskapitals ist auch auf Herabsetzung der Provision Bedacht zu nehmen.

Das Vereinskapital bleibt Eigenthum des Vereins. Die Mitglieder haben persönlich keinen Antheil an demselben und können keine Theilung verlangen. Bei freiwilliger Auflösung des Vereins soll dasselbe bei der Reichsbank oder bei einem sonstigen Geldinstitute, welches für Pupillengelder als sicher anerkannt ist, in Depositum gegeben, und es soll dabei weniger auf die Höhe der Zinsen, als auf die Sicherstellung des Kapitals geschlagen und dieses durch Zinseszins so lange erhöht werden, bis sich ein neuer Darlehnskassen-Verein auf Grund gegenwärtiger Statuten und wesentlich für den jetzigen Vereinsbezirk (§. 3) gebildet haben wird. Sobald letzterer Fall eingetreten ist, soll dem neuen Vereine das Vereinsvermögen überliefert werden.

V. Allgemeine und vorübergehende Bestimmungen

a) Allgemeine Bestimmungen.

§. 36.

Alle öffentlichen Bekanntmachungen sind durch den Vereinsvorsteher zu unterzeichen und in de.. bekannt zu machen.

§. 37.

Die gegenwärtigen Statuten können von der Generalversammlung abgeändert werden, wobei Folgendes zu beachten ist:

a) im Allgemeinen: mit Ausnahme der speciel unter b aufgeführten Fälle ist die Generalversammlung behufs Abänderung der Statuten beschlußfähig, wenn mehr als die Hälfte der Mitglieder anwesend ist. Hat sich in der zu ebengenanntem Zwecke einberufenen Generalversammlung nicht die genügende Zahl von Mitgliedern eingefunden, so ist eine zweite Generalversammlung einzuberufen, welche dann ohne Rücksicht auf die Zahl der Mitglieder beschlußfähig ist. Letzteres ist in der zweiten Einladung ausdrücklich zu bemerken.

b) im Speziellen: die Abänderung des Einleitungssatzes des §. 27 über die unentgeltliche Mühewaltung von Vorstand und Verwaltungsrath, die Abänderung des Schlußsatzes des §. 29 über die Festsetzung der Dividende, des §. 35 bezüglich des Vereinskapitals, der Bestimmungen des gegenwärtigen §. 37 b bezüglich der Abänderung der Statuten im Speciellen, die Abänderung des §. 38 bezüglich der Auflösung, die Aufhebung gegenwärtiger Statuten kann nur stattfinden, wenn alle Mitglieder des Vereins dafür stimmen, und zwar in vorschriftsmäßiger Sitzung.

Die Einladung der Generalversammlung behufs allenfallsiger Abänderung der Statuten muß acht Tage vor der betreffenden Sitzung erfolgen.

§. 38.

Die freiwillige Auflösung des Vereins kann nur erfolgen, wenn nicht mehr als zwei Mitglieder gegen die Auflösung sich aussprechen. Sind drei oder mehr Mitglieder für das Fortbestehen des Vereins, so kann die Auflösung nicht erfolgen, und es bleibt denjenigen, welche solche wünschen, überlassen, ihren Austritt zu erklären.

Die Einladung der Generalversammlung behufs allenfallsiger Auflösung des Vereins muß vier Wochen vor der betreffenden Sitzung erfolgen (§. 20 b).

Die Veröffentlichung der allenfallsigen Auflösung und die Liquidation erfolgen nach Vorschrift des Genossenschafts-Gesetzes.

§. 39.

Streitigkeiten über die Bestimmungen der Vereinsstatuten oder zwischen Mitgliedern des Vereins über sonstige Vereinsangelegenheiten werden durch die Generalversammlung geschlichtet, gegen deren Entscheidung der Rechtsweg offen bleibt.

b) Vorübergehende Bestimmungen.

§. 40.

1. Die Generalversammlung wählt in ihrer constituirenden, also ersten Sitzung durch offene Stimmenabgabe:
   a) für diese Versammlung ihren Vositzenden,
   b) die Mitglieder des Vorstandes, des Verwaltungsrathes und den Rechner, sodaß es bei diesen ersten Wahlen der Beobachtung der Statutenbestimmungen über Einberufung der Versammlungen und Abhaltung von Wahlen nicht bedarf.
2. Einzelne Bestimmungen dieser Statuten sind, soweit solche gegen neu erlassene Gesetze verstoßen sollten, als durch diese Gesetze aufgehoben zu betrachten.

Mühldorfer Statuten aus dem Jahre 1886, enthalten in: Kreisgericht Krems, Genossenschaftsregister, Akte Raiffeisenbank Krems

Statuten

des Spar- und Darlehenskassenvereines Mühldorf und Umgebung, registrierte Genossenschaft mit unbeschränkter Haftung auf Grundlage des Gesetzes vom 9. April 1873.

Abschnitt I

Firma, Sitz und Zweck der Genossenschaft.

§.1.

Firma und Sitz.

Die Unterzeichneten bilden einen Spar und Darlehenskassenverein mit der Firma *"Spar und Darlehens Kassenverein für Mühldorf und Umgebung"* registrierte Genossenschaft mit unbeschränkter Haftung. Der Verein hat seinen Sitz in Mühldorf bei Spitz.

§.2.

Zweck und Zeitdauer

Die Genossenschaft hat den Zweck die Verhältnisse ihrer Mitglieder in sittlicher und materieller Beziehung zu verbessern, die dazu nöthigen Einrichtungen zu treffen, namentlich die erforderlichen Geldmittel unter gemeinschaftlicher Haftung in verzinslichen Darlehen zu beschaffen, sowie Gelegenheit zu geben, Gelder verzinslich anzulegen. Um letzteres zu erleichtern, kann die Genossenschaft auch Spareinlagen bis zu einer Minimalhöhe von einem Gulden öst. W. entgegennehmen.

Der Hauptzweck des Vereines ist die Förderung der Landwirtschaft und des Gewerbes in Mühldorf und Umgebung.

Die Genossenschaft ist auf keine Zeitdauer beschränkt.

Abschnitt II.

Mitgliedschaft, Rechte und Pflichten der Mitglieder

§.3.

Aufnahme von Mitgliedern

Mitglieder des Vereines können nur dispositionsfähige Personen sein, welche sich im Vollgenusse der bürgerlichen Ehrenrechte befinden und nicht Mitglieder eines anderen Credit Vereines mit unbeschränkter Haftung sind. Sie müssen vor allem Mitglieder des landwirtschaftlichen Casinos Mühldorf sein.

Die Aufnahme neuer Mitglieder bedarf der Genehmigung des Genossenschaftsvorstandes. Gegen dessen ablehnende Entscheidung steht dem Antragsteller die Berufung an den Aufsichtsrath zu, der darüber in seiner nächsten Sitzung endgiltig entscheidet.

Der Aufgenommene muß eine Beitrittserklärung unterschreiben, in der er sich sowohl dem gegenwärtigen Genossenschaftsvertrage, als auch allen späteren Änderungen desselben, den Geschäftsordnungen sowie den Generalversammlungsbeschlüssen unterwirft, - zugleich die Beitrittsgebühr und mindestens eine Geschäftsantheilsrate erlegen; vor Erfüllung dieser Verpflichtungen ist der Aufnahmebewerber nicht als Mitglied anzusehen.

§.4.

Verlust der Mitgliedschaft

Das Ausscheiden der Genossenschafter aus dem Verein erfolgt

1.) Durch freiwilligen Austritt, wenn die Aufkündung sämtlicher Geschäftsanteile spätestens im Monat November des Geschäftsjahres erfolgt, mit diesem Geschäftsjahre, sonst mit Zeit des nächsten Jahres. In gleicher Weise kann ohne Aufhören der Mitgliedschaft die Kündigung einzelner Geschäftsanteile erfolgen.

Die Austrittserklärung (resp. Kündigung) ist dem Vereinsvorsteher schriftlich einzureichen, welcher hierüber eine Empfangsbestätigung auszustellen hat. Von diesem Zeitpunkt endigt die Mitgliedschaft, jedoch haftet der Austretende im Sinne des Gesetzes vom 9. April 1873 für die Verbindlichkeiten der Genossenschaft.

2.) wenn das Mitglied die Dispositionsfähigkeit über sein Vermögen verliert, mit dem Zeitpunkt dieses Verlustes.

3.) mit dem Tage des Todes. Die Geschäftsantheile werden für die Erben abgeschlossen mit Ende des Geschäftsjahres, in welchem das Mitglied starb. Bei dem Tode eines verheirateten Mitgliedes geht die Mitgliedschaft auf die Witwe über, sobald letztere solches verlangt. Dieselbe hat alsdann die Statuten zu unterzeichnen.

4.) durch Ausschließung.

Die Ausschließung kann erfolgen, wenn Mitglieder ihren statutenmäßigen Verpflichtungen nicht nachkommen, namentlich, wenn sie länger als 6 Monate mit den festgesetzten Einzahlungen auf die Geschäftsantheile (§. 29) im Rückstande bleiben, wenn sie mit Wucherern sich in Geschäfte einlassen, oder wenn sie wegen eines aus Gewinnsucht entspringenden Verbrechens oder einer solchen Übertretung gestraft worden sind.

Die Ausschließung muß stattfinden:

1.) in Folge des Verlustes der Vermögensverwaltungsfähigkeit oder der bürgerlichen Ehrenrechte.

2.) wenn ein Mitglied bei einer anderen auf Solidarhaft beruhenden Creditgenossenschaft Mitglied gewesen ist und sich weigert, diese Mitgliedschaft aufzugeben.

3.) wenn er nicht Mitglied des landw. Casinos Mühldorf ist

4.) nach eingetretener Zahlungsunfähigkeit oder einer Handlungsweise, welche den Grundsätzen und Interessen des Vereines widerspricht, sowie endlich

5.) wenn Mitglieder wegen Rückzahlung von Darlehen dreimal zu gerichtlicher Klage kommen lassen.

Die Ausschließung geschieht durch Beschluß des Vorstandes gegen welchen dem Ausgeschlossenen binnen 3 Monaten Berufung an den Aufsichtsrath zusteht. Im Falle der Ausschließung, welche dem betreffenden Mitgliede von dem Genossenschaftsvorsteher unter Angabe der Gründe sofort schriftlich mitzutheilen ist, endigt die Mitgliedschaft mit dem Ablaufe dreier Monate nach dem darüber gefaßten Beschlusse des Vorstandes, oder wenn Berufung des Ausgeschlossenen an den Aufsichtsrath stattgefunden hat, mit dem Beschlusse des letzteren. Ein ausgeschiedenes Mitglied hat nur den Betrag seines Geschäftsantheiles, wie sich derselbe mit Ende des Geschäftsjahres, in welchem der Austritt erfolgte, nach Ausweis der Bücher herausstellt, zu fordern. Dieser Betrag wird vom nächsten Geschäftsjahr an (also auch während des Haftjahres) gleich einer Spareinlage verzinst.

Die Auszahlung des Guthabens erfolgt nach Ablauf des auf das Geschäftsjahr, in welchem das Ausschließen des Genossenschafters erfolgt ist, folgendem Haftjahr.

Die aus dem Verein ausgetretenen oder ausgeschiedenen Mitglieder, sowie die Erben verstorbener Mitglieder bleiben den Gläubigern des Vereines für alle bis zu ihrem Ausscheiden von dem Vereine eingegangenen Verbindlichkeiten bis zum Ablauf der gesetzlichen Verjährung verhaftet.

§.5.

Rechte der Mitglieder

Die Mitglieder haben das Recht:

1.) an der Generalversammlung der Genossenschaft Theil zu nehmen und darin zu stimmen.

Dieses Recht geht für freiwillig ausgeschiedene Mitglieder mit dem Tage der Austrittserklärung verloren und wird für ausgeschlossene Mitglieder mit dem Tage des betreffenden Vorstandsbeschlusses suspendirt.

Das Stimmrecht muß von männlichen Mitgliedern in Person ausgeübt und kann von solchen auf andere nicht übertragen werden.

Die Theilnahme weiblicher Mitglieder an den Versammlungen ist nicht gestattet; dieselben haben aber das Recht, sich durch männliche Mitglieder vertreten zu lassen. Kein Mitglied darf mehr als eine Vollmacht übernehmen.

2.) aus der Genossenschaftskasse, soweit deren Mittel reichen, nach Vorschrift gegenwärtiger Statuten Darlehen zu beanspruchen und bei derselben Gelder verzinslich anzulegen.

§.6.

Pflichten der Mitglieder

Die Mitglieder sind verpflichtet:

1.) für die Genossenschaftsanlehen, sowie überhaupt für alle Verbindlichkeiten der Genossenschaft unter sich gleichtheilig, Dritten gegenüber solidarisch d. i. Einer für Alle und Alle für Einen und mit ihrem ganzen Vermögen zu haften.

2.) zur Entrichtung einer Beitrittsgebühr von 50 kr. welche dem Genossenschaftskapital zuzuschlagen ist. Die Beitrittsgebühr kann durch Beschluß der Generalversammlung erhöht werden. (§.37b.)

3.) den festgesetzten Geschäftsantheil (§. 29) in die Genossenschaftskasse zu zahlen.

4.) die Genossenschaftsstatuten genau zu beachten, sowie das Interesse der Genossenschaft in jeder Beziehung zu wahren.

Abschnitt III.

Verwaltung der Genossenschaft

a. Organe

§.7.

Organe:

Die Genosssenschaft verwaltet ihre Angelegenheiten durch:

1.) den Vorstand (§§.8 - 17)

2.) den Aufsichtsrath (§§.19 - 22)

3.) die Generalversammlung (§§.23 - 25)

b. Vorstand

§.8.

Zusammensetzung des Vorstandes

Der Vorstand, der Beamtenkörper der Genossenschaft, besteht aus dem Vorsteher, dessen Stellvertreter, dem Zahlmeister, dem Buchführer und dem Schriftführer, also aus 5 Mitgliedern, welche eine möglichst genaue Kenntnis der Verhältnisse der Bewohner des Bezirkes haben sollen. Die Mitglieder des Vorstandes werden jeder einzeln von der Generalversammlung auf 5 Jahre gewählt; alle Jahre scheidet ein Mitglied aus, kann jedoch wieder gewählt werden. Die zuerst Ausscheidenden werden durch das Loos bestimmt. Bei dem Austritte oder bei dauernder Verhinderung von Vorstandsmitgliedern hat der Aufsichtsrath bis zur nächsten Generalversammlung, welche die Ergänzungswahlen vorzunehmen hat, Stellvertretung anzuordnen.

Die Amtsdauer der auf diese Weise gewählten Vorstandsmitglieder ist diejenige der ausgeschiedenen, an deren Stelle die Wahlen erfolgten.

§.9.

Legitimation und Zeichnung des Vorstandes

Die Legitimation des Vorstandes erfolgt durch das Wahlprotokoll der Generalversammlung. Die Vorstandsmitglieder haben, unter Einreichung des Wahlprotokolls, dem Gerichte ihre Wahl persönlich anzumelden und dabei ihre Unterschriften in gerichtlich beglaubigter Form einzureichen.

Die Zeichnung für die Genossenschaft erfolgt, indem der Firma die Unterschriften der Zeichnenden hinzugefügt werden.

Die Zeichnung hat mit Ausnahme der nachbezeichneten Fälle, nur dann verbindliche Kraft, wenn sie vom Vorsteher oder dessen Stellvertreter und mindestens noch zwei Mitgliedern des Vorstandes erfolgt ist. Bei gänzlicher oder theilweiser Zurückerstattung von Darlehen, bei Anlehen von 50 Gulden und darunter, sowie bei Spareinlagen in die Genossenschaftskasse genügt die Unterzeichnung durch zwei Vorstandsmitglieder, um dieselbe für die Genossenschaft rechtsverbindlich zu machen.

§.10.

Befugnisse des Vorstandes, sowie Vertretung der Genossenschaft durch denselben

Die Genossenschaft wird vom Vorstande gerichtlich und außergerichtlich vertreten. In Bezug auf diese Vertretung sind die Bestimmungen des Genossenschaftsgesetzes maßgebend. In Prozessen, sowie bei der Zentralgenossenschaft, sobald die Genossenschaft bei derselben betheiligt ist, kann jedes einzelne Vorstandsmitglied die Genossenschaft giltig vertreten und zwar Kraft dieser Statuten, ohne daß es einer anderen Legitimation als des Protokolls über die erfolgte Wahl bedarf. Diese Vertretung erfolgt in erster Linie durch den Genossenschaftsvorsteher, bez. dessen Stellvertreter und im Falle beide verhindert sein sollten, durch ein vom Vorstand zu bestimmendes anderes Vereinsmitglied.

Der Vertreter hat im Falle des Bestands einer Zentralgenossenschaft ihr gegenüber alle Rechte auszuüben, welche der Genossenschaft als Betheiligter zustehen.

Will sich die Genossenschaft in den Generalversammlungen der Zentralgenossenschaft durch einen anderen dabei Betheiligten vertreten lassen, so kann dies durch eine nach §. 10 auszufertigende schriftliche Vollmacht geschehen.

§.11.

Einladungen, Sitzungen und Beschlüsse des Vorstandes

Zu den regelmäßigen Sitzungen des Vorstandes sind keine besonderen Einladungen erforderlich. Die Einladungen zu den übrigen Sitzungen des Vorstandes (§. 13.4), so wie der Generalversammlung erfolgen mit Ausnahme der im §. 23.b angegebenen Fälle durch den Vorsteher der Genossenschaft schriftlich, unter Angabe der Gegenstände, welche zur Verhandlung kommen sollen. Zur Beschließung über die Anträge auf Bewilligung von Darlehen muß sich der Vorstand in regelmäßigen Sitzungen (mindestens einmal monatlich) außerdem aber so oft versammeln, als es zur Erledigung der Geschäfte nothwendig ist.

Beschlüsse des Vorstandes sind giltig, wenn sie in vorschriftsmäßiger Sitzung einschließlich des Vorstehers oder dessen Stellvertreters von mehr als der Hälfte der Vorstandsmitglieder gefaßt, in das Vorstands-Protokollbuch eingetragen und unterzeichnet worden sind. Bei Stimmengleichheit entscheidet die Stimme des Vorsitzenden.

§.12.

Spezielle Verpflichtung des Vorstandes

Der Vorstand muß insbesondere:

1.) alle Bestimmungen der Statuten und alle Vorschriften des Genossenschaftsgesetzes, die künftigen Abänderungen und Ergänzungen, sowie die von der Generalversammlung und dem Aufsichtsrathe giltig gefaßten Beschlüsse und die von denselben gegebenen Instruktionen beachten und ausführen und ist dafür der Genossenschaft verantwortlich.

2.) bei den für die Genossenschaft zu machenden Anlehen sich innerhalb der von der Generalversammlung festzusetzenden Grenzen halten und die für die Genossenschaft verbindlichen Schriftstücke (Schuldenurkunden u. a.) ausstellen.

3.) über die Aufnahme und den Ausschluß von Mitgliedern, über alle Einnahmen und Ausgaben, sowie über die Bewilligung von Darlehen beschließen und über pünktliche Zurückzahlung der letzteren wachen.

4.) zu allen für die Genossenschaft abzuschließenden Verträge und Prozesse mit Ausnahme von Klagen gegen Genossenschaftsmitglieder wegen Einziehung von Darlehen, wozu keine Ermächtigung erforderlich ist, die vorherige Zustimmung des Aufsichtsrathes einholen.

5.) das Kassen- und Rechnungswesen führen und beaufsichtigten, die Kassenabschlüsse machen und prüfen sowie auf die sichere und verzinsliche Anlegung der Kassenbestände halten.

6.) vor dem 1. April jeden Jahres die Bilanz und die Rechnung des vorherigen Jahres fertigzustellen, prüfen und dem Aufsichtsrath vorlegen.

7.) über Erstattung von baaren Auslagen an Mitglieder beschließen. (§. 27)

8.) alle mit irgend einer Gefahr für die Genossenschaft verbundenen Geschäfte vermeiden. (§. 30)

§.13.

Verpflichtungen des Genossenschaftsvorstehers

Der Genossenschaftsvorsteher hat nach der Instruktion die bezüglichen Geschäfte der Genossenschaft auszuführen, bez. zu überwachen, besonders:

1.) die Genossenschaftskorrespondenz zu unterzeichnen und das Genossenschaftssiegel aufzubewahren.

2.) die Nachweisungen über die Genossenschaftsmitglieder an die Gerichtsbehörde einzureichen und innerhalb der ersten sechs Monate die Bilanz des vorhergehenden Jahres zu veröffentlichen.

3.) das Kassen- und Rechnungswesen speziell zu beaufsichtigen, auf Grund der §. 11 erwähnten Vorstandsbeschlüsse die Anweisungen zu ertheilen, die Kassenabschlüsse zu machen und mit dem Buchführer und Schriftführer die Bilanz aufzustellen.

4.) zu den Sitzungen des Vorstandes (§. 11) und der Generalversammlung, ausgenommen die Fälle§. 23 b., die Einladungen zu erlassen.

5.) in den Sitzungen des Vorstandes und der Generalversammlung, mit Ausnahme der im §. 23 c. erwähnten Fälle, den Vorsitz zu führen.

6.) in den ordentlichen Frühjahrs-Generalversammlungen über den Stand der Genossenschaft übersichtlich zu berichten.

§.14.

Verpflichtungen des Genossenschaftsvorsteherstellvertreters

Der Vorstehers-Stellvertreter hat

1.) den Vorsteher in allen Verpflichtungen (§.13) bei dessen Verhinderungsfall zu vertreten.

2.) die Kassenkontrolle allein, als auch unter der Oberleitung des Vorstehers so oft als thunlich vorzunehmen.

3.) das Mitgliederverzeichnis zu führen und alphabetisch geordnet alljährlich im Monat Januar dem Gerichte einzureichen.

4.) den Eintritt und Austritt der Mitglieder nach gegebenen Instruktionen durchzuführen.

§.15.

Verpflichtungen des Zahlmeisters

Dieser ist der Kassier der Genossenschaft und hat als solcher:

1.) die Beschlüsse des Vorstandes, welche die Kassenverwaltung betreffen, auszuführen, nach der Instruktion §. 21 a, sowie nach den auf Grund der Vorstandsbeschlüsse (§. 11) ausgestellten Anweisungen des Genossenschaftsvorstehers die sämtlichen Einnahmen und Ausgaben der Genossenschaft pünktlich zu bewirken, das Kassenbuch zu führen, die Kassenbestände, Werthpapiere aufzubewahren und auf allen von der Genossenschaft auszustellenden Quittungen besonders den Empfang zu bescheinigen.

2.) einen zahlfähigen Bürgen als Selbstschuldner und Zahlsmann und eine von der Generalversammlung zu bestimmende Kaution zu stellen, welche, wie auch der Bürge, für die Kosten der Ermittlung, Feststellung und Betreibung des etwaigen Infaktes zu haften hat, da er selbst in erster Linie der Genossenschaft für die Genossenschaftsgelder, sowie für die pünktliche Geschäftsführung verantwortlich ist.

§.16.

Verpflichtungen des Buchführers

Dieser ist der Geschäftsführer der Genossenschaft und hat als solcher:

1.) das Tagebuch (Journal) sowie das Hauptbuch mit den einzelnen Contos zu führen.

2.) die monatlichen Abschlüsse der Bücher und die Liste der Restanten dem Vorstand stets vorlegen, die Anhäufung des Baarbestandes durch diesbezügliche Anzeige in der Kasse zu verhüten und zu den Kassenemmisionen die Bücher zu addieren und abzuschließen.

3.) nach dem Schluße des Rechnungsjahres, welches mit dem Kalenderjahr zusammenfällt, die Bücher abzuschließen, mit dem Zahlmeister zu vergleichen und den Vorsteher vor dem 1. März jeden Jahres die Rechnung und die Bilanz des vorhergehenden, in zwei Exemplaren, mit den zu einem Heft vereinigten Belege und einer Vermögensnachweisung, vorzulegen.

§.17.

Verpflichtungen des Schriftführers

Der Schriftführer hat:

1.) alle schriftlichen Arbeiten, welche mit der Geschäftsführung des Vereines verbunden sind (mit Ausnahme der Buchführung) nach Anordnung des Vereinsvorstehers auszuführen.

2.) die Korrespondenz und das Geschäftsprotokoll, sowie auch die Abschriften sämtlicher abgegangener Schriftstücken durchzuführen.

3.) alle Vereinsakte zu ordnen und aufzubewahren.

4.) alle Protokollbücher anzulegen und zu führen. Sowohl für den Vorstand, als den Aufsichtsrath und die Generalversammlung ist je ein paginiertes Protokollbuch anzulegen. Alle Beschlüsse der betreffenden Versammlungen sind in dieselben einzutragen. Die Unterzeichnung erfolgt bei den beiden ersteren nach Verlesung und Genehmigung von den Anwesenden. Die Beschlüsse der Generalversammlung jedoch werden nach erfolgter Verlesung und Genehmigung nur von den anwesenden Mitgliedern des Vorstandes und des Aufsichtsrathes und zum Schlusse vom Schriftführer unterzeichnet.

§.18.

Bilanz

Die Bilanz muß nach kaufmännischen Grundsätzen aufgestellt werden und in einer summarischen Zusammenstellung enthalten:

I Die Activa und zwar

1.) den Kassenbestand am Jahresschlusse in baar.

2.) die Werthpapiere nach dem Tageskourse.

3.) die Geschäftsausstände nach ihren verschiedenen Arten, wobei jedoch etwaige unsichere Forderungen nur nach ihrem wahrscheinlichen Werthe aufzuführen, definitiv uneinziehbare aber ganz auszuscheiden sind.

4.) das Guthaben auf Zinsen, welche erst im nächsten Rechnungsjahre zahlbar werden, bis zum Jahresschluß berechnet (Rückzinsen);

5.) den Werth der Mobilien.

6.) den Werth der Immobilien.

7.) den Verlust nach der vorjährigen Bilanz.

II Die Passiva, nämlich:

1.) den allenfalsigen Vorschuß am Jahresschluß.

2.) die Geschäftsschulden nach ihren verschiedenen Arten, ohne Rücksicht auf ihre Fälligkeit;

3.) die eingezahlten Geschäftsantheile der Mitglieder.

4.) die schuldigen Zinsen, welche erst im nächsten Rechnungsjahre zahlbar sind, bis zum Jahresschluße berechnet (Rückzinsen),

5.) das Genossenschaftskapital.

c. Aufsicht

§.19.

Zusammensetzung und Ergänzung des Aufsichtsrathes

Der Aufsichtsrath besteht aus 9 Mitgliedern, welche ebenso, wie es bezüglich der Vorstandsmitglieder (§.8) gesagt wurde eine möglichst genaue Kenntnis der Verhältnisse der Mitglieder haben sollen. Die Zahl kann von der Generalversammlung beliebig erhöht werden, jedoch nur so, das sie durch 3 theilbar ist. Die Mitglieder werden auf 3 Jahre gewählt. Jedes Jahr, die beiden ersten Male durch das Loos, scheidet 1/3 derselben aus. Beim Ausscheiden der Mitglieder durch den Tod oder auf sonstige Weise, muß sich der Aufsichtsrath bis zur nächsten Generalversammlung, welche die Ergänzungswahlen vorzunehmen hat, durch Wahl aus den übrigen Genossenschaftsmitgliedern vervollständigen.

§.20.

Allgemeine Verpflichtungen des Aufsichtsrathes

Der Aufsichtsrath hat die Verpflichtung, die Interessen der Genossenschaft in jeder Beziehung zu wahren und darauf zu halten, daß die Verwaltung statutenmäßig geführt und jeder seiner Beschlüsse, sowie jeder Beschluß der Generalversammlung pünktlich ausgeführt wird. Er hat das Recht, jederzeit die Genossenschaftsakten, sowie die Buchführung einzusehen und die Verzinsung der Kassenbestände zu verlangen. Findet er, daß ein Vorstandsmitglied die Vorschriften des Gesetzes, der Statuten oder der Instruktion nicht beachtet, oder das Interesse der Genossenschaft sonst geschädigt haben, so steht ihm das Recht zu, alle die Maßregeln zu ergreifen, welche ihm nöthig scheinen, das Genossenschaftsinteresse zu wahren.

Er ist befugt, sowohl jedes Mitglied des Vorstandes als auch den Gesamtvorstand außer Funktion zu setzen, hat aber dann, sowie überhaupt wenn er das Interesse der Genossenschaft gefährdet glaubt, sofort eine Generalversammlung zu berufen und dieser den Fall zur Entscheidung vorzulegen. Bezüglich der Ladung zu dieser Generalversammlung und des Vorsitzes in derselben tritt, sobald es sich um Beschlüsse gegen Vorstandsmitglieder handelt, der Vorsitzende des Aufsichtsrathes an die Stelle des Vorstandes der Genossenschaft. (§. 23 b nur c)

Im übrigen finden für den Aufsichtsrath die betreffenden Vorschriften des Genossenschaftsgesetzes Anwendung, und erfolgt die Legitimationsführung derselben für Prozesse, welche gegen den Vorstand gerichtet sind und für etwa mit letzterem abzuschließende Verträge, durch die Protokolle über seine Wahl. Die Ausführung erfolgt durch den Vorsitzenden oder dessen Stellvertreter und im Verhinderungsfall beider durch ein sonstiges Mitglied des Aufsichtsrathes, welches von letzterem dazu bestimmt worden ist.

§.21.

Spezielle Verpflichtungen des Aufsichtsrathes

Der Aufsichtsrath hat speziell die Pflicht:

1.) die Instruktion für den Vorstand zu erlassen.

2.) die Jahresrechnung und die Bilanz vor dem 1. Mai festzustellen.

3.) die Dividende für die Geschäftsantheile jährlich festzusetzen. (§. 29)

4.) über die dem Vorstande zu ertheilende Ermächtigung zu Prozessen, soweit solche nicht wegen Eintreibung von Darlehen erforderlich sind, zu beschließen und die Genossenschaft in Prozessen gegen den Vorstand zu vertreten (Schlußsatz des §. 20).

5.) auf den Antrag des Vorstandes über die Bewilligung von Darlehen zu beschließen, welche über das dem Vorstand zugestandene Maximum hinaus (§.31.a) und länger als 10 Jahre (§.31.b) beantragt werden.

6.) über Beschwerden wegen etwaiger vom Vorstand verweigerter Darlehen zu entscheiden (Schlußsatz §. 31).

7.) in regelmäßigen Zwischenräumen mindestens viermal jährlich und außergewöhnlich mindestens einmal jährlich zur Abhaltung von Geschäfts- und Kassenrevisionen sich zu versammeln und zwar in allen Fällen auf Einladung des Vorsitzenden, nach Analogie des §.12. der Statuten. Bei diesen Revisionen ist besonders auf folgende Punkte zu achten und zwar ob:

a.) der nach dem Abschlusse der Journale sich ergebende Kassenbestand baar vorhanden ist;

b.) die Unterschrift der Statuten durch die von dem Vorstande aufgenommenen Mitglieder erfolgt ist (§.3, Schlußsatz §. 13);

c.) die schriftliche Austritterklärung der ausgeschiedenen Mitglieder, sowie die Konzepte der darauf erfolgten Bescheinigung des Vorstehers der Genossenschaft vorhanden sind;

d.) die Einreichung der Mitgliederverzeichnisse, sowie der Ab- und Zugänge an das Gericht rechtzeitig stattgefunden hat (§. 13/2);

e.) die Protokolle des Vorstandes, vorschriftsmäßig geführt und unterzeichnet werden, über alle Einnahmen und Ausgaben Anweisungen des Vorstandes vorhanden sind, ob die Vorstandsbeschlüsse mit den Anweisungen des Vorstehers und den Eintragungen in die Journale übereinstimmen und ob die einzelnen Ausgaben mit ordnungsmäßigen Quittungen belegt sind;

f.) die Kassenabschlüsse regelmäßig vom Zahlmeister und vom Buchführer gemacht worden sind (§. 16/3);

g.) das Maximum der von der Generalversammlung festgesetzten Höhe der Anlehen nicht überschritten worden ist;

h.) die bewilligten Credite in der von der Generalversammlung generell festgesetzten Grenze gehalten, namentlich ob die Credite in laufender Rechnung nicht überschritten (§. 31/b) und durch mangelhafte Rückzahlung nicht mißbraucht worden sind;

i.) die Schuldscheine vorschriftsmäßig ausgestellt und von den Schuldnern und Bürgen unterzeichnet worden sind und ob die nöthige Garantie noch vorhanden ist (§. 32 und §. 33);

k.) bei Sicherstellung durch Werthpapiere diese in genügender Höhe und Güte vorhanden sind;

l.) niemals zu große Kassenbestände vorhanden gewesen und die vorhandenen jeder Zeit und verzinslich angelegt worden sind (§. 16/2);

m.) die vom Zahlmeister gestellte Bürgschaft noch vorhanden und genügend ist (§. 15)

Ferner hat der Aufsichtsrath die Pflicht:

8.) über jede Revision ein Protokoll, in welchem die gerügten Mängel spezifiziert aufzuführen sind, aufzunehmen und zu unterzeichnen;

9.) auf die sofortige Kündigung und Einziehung gefährteter Aussenstände zu halten.

Der Vorsitzende des Aufsichtsrathes ist der Genossenschaft gegenüber für die Erfüllung vorstehender Verpflichtungen verantwortlich. Im Falle es nöthig werden sollte, hat er die Verpflichtung säumige Mitglieder des Aufsichtsrathes zu beseitigen und die Ersetzung derselben durch Neuwahlen zu veranlassen.

§.22.

Sitzungen und Beschlußfähigkeit des Aufsichtsrathes

Die Versammlungstage zu den regelmäßigen Sitzungen des Aufsichtsrathes werden von der Generalversammlung festgesetzt. (§. 23)

Die Beschlußfähigkeit des Aufsichtsrathes ist vorhanden, wenn, einschließlich des Vorsitzenden oder dessen Stellvertreters, mehr als die Hälfte seiner Mitglieder anwesend ist. Bei Stimmengleichheit entscheidet die Stimme des Vorsitzenden.

d. Generalversammlung

§.23.

Zusammensetzung

Die männlichen Mitglieder der Genossenschaft bilden die Generalversammlung. (§. 5) Von dieser werden alle Rechte der Genossenschaft ausgeübt. Bezüglich ihrer Sitzungen wird folgendes bestimmt:

a.) Sitzungen. Die ordentlichen Generalversammlungen finden mindestens zweimal in jedem Jahr und zwar nach näherer Bestimmung derselben im Frühjahre und Herbste regelmäßig statt. Außerordentliche Generalversammlungen sind anzuberaumen, so oft es der Vorstand, der Aufsichtsrath oder ein Viertel der stimmberechtigten Genossenschaftsmitglieder, letztere durch schriftlichen, an den Vorstand gerichteten, Zweck und Gründe enthaltenen Antrag, verlangen.

b.) Einladung. Die Einberufung geschieht durch den Vorsteher der Genossenschaft schriftlich unter Angabe der Gegenstände welche zur Verhandlung kommen sollen (§. 11). Durch Beschluß der Generalversammlung kann jedoch auch bestimmt werden, daß die Einladung ortsüblicher Weise oder durch die §. 36 bezeichnenden öffentliche Wochenblätter geschieht. Die Einladungen zu den regelmäßigen Sitzungen müssen zu der von der Generalversammlung bestimmten Zeit, die zu den außerordentlichen Sitzungen binnen längstens 5 Tagen, vom Tage des bezüglichen Antrages an gerechnet, erfolgen. Zwischen Einladung und Sitzung darf der Zeitraum nicht weniger als 3 und nicht mehr als 10 Tage betragen. Ausgenommen sind die Sitzungen über Abänderungen der Statuten und Auflösung der Genossenschaft (§. 37 und §. 38). In ersterem Falle darf der gedachte Zwischenraum nicht unter 8 und nicht über 14 Tage und im letzterem nicht unter 4 und nicht über 6 Wochen betragen. Unterlassen der Vorsteher, bzw. dessen Stellvertreter (§. 12) und der Vorsitzende des Aufsichtsrathes bzw. dessen Stellvertreter (§. 19) die rechtzeitige Einladung, so ist jedes andere Mitglied des Vorstandes oder Aufsichtsrathes dazu befugt oder es kann die Einladung auch von einem Genossenschaftsmitglied erfolgen, welches dazu von den eine Generalversammlung beantragenden (§. 25) beauftragt ist.

c.) Vorsitz. Den Vorsitz in der Generalversammlung führt der Vorsteher der Genossenschaft bezw. dessen Stellvertreter, und sind beide verhindert, der Vorsitzende des Aufsichtsrathes, bezw. dessen Stellvertreter. Der Generalversammlung steht es aber zu, im Verhinderungsfalle der Genannten oder, soferne nach ihrem Ermessen andere Gründe zur Übertragung des Vorsitzes in der Generalversammlung vorhanden sein sollten, einem beliebigen stimmberechtigten Genossenschaftsmitgliede den Vorsitz zu übertragen.

d.) Beschlußfähigkeit und Giltigkeit der Beschlüsse.

Außer den in den §§.37 und 38 gedachten Fällen ist die Generalversammlung in jeder Zahl beschlußfähig, wenn die Einladung unter Angabe der zur Verhandlung kommenden Gegenstände vorschriftsmäßig ergangen ist.

Die Beschlüsse sind für die sämtlichen Genossenschaftsmitglieder bindend, wenn sie von absoluter Majorität der Anwesenden gesetzt worden sind, selbstredend unter Ausschluß der eben gedachten Fälle. Bei Stimmengleichheit entscheidet die Stimme des Vorsitzenden.

§.24.

Wahlen

Die Generalversammlung wählt in ihrem ordentlichen Frühjahrssitzungen aus den männlichen Mitgliedern in getrennten Wahlgängen 1.) den Vorsteher 2.) dessen Stellvertreter 3.) den Zahlmeister 4.) den Buchführer 5.) den Schriftführer 6.) den Vorsitzenden des Aufsichtsrathes 7.) dessen Stellvertreter sowie 8.) die übrigen Mitglieder des Aufsichtsrathes mit absoluter Stimmenmehrheit. Wird solche bei der ersten Abstimmung nicht erreicht, so kommt bei der zweiten als letzter Abstimmung die doppelte Anzahl der noch zu wählenden, welche die meisten Stimmen erhalten haben, in die engere Wahl. Bei Stimmengleichheit entscheidet das Loos, gezogen durch die Hand des Vorsitzenden. Die Ausgeschiedenen sind wieder wählbar. Ergänzungswahlen können außerdem auch in außerordentlichen Sitzungen vorgenommen werden.

§.25.

Befugnisse

Der Generalversammlung ist es vorbehalten:

a.) die sämtlichen Geschäfte, besonders die Thätigkeit des Aufsichtsrathes zu beaufsichtigen, die Versammlungstage für dessen regelmäßige Sitzungen zu bestimmen (§. 20) und überhaupt diejenigen Maßregeln zu ergreifen, welche sie im Interesse der Genossenschaft für nöthig hält.

b.) Beschluß über Entlastung des Vorstandes bezüglich der Rechnungsstellung und Geschäftsführung. Beschluß hierüber muß betreffs der Rechnung des vorhergehenden Jahres in jeder ordentlichen Frühjahrs-Generalversammlung erfolgen.

c.) Festsetzung der Höhe der anzuleihenden Kapitalien (Anlehen, zu welchen auch die Spareinlagen zu rechnen sind) sowie der von den Genossenschaftsmitgliedern von den Darlehen zu zahlenden Zinsen (§. 28).

d.) Festsetzung des Maximums, über welches hinaus einem Mitgliede, sei es in einer oder in mehreren Bewilligungen Darlehen vom Vorstande nicht bewilligt werden dürfen, sowie der Rückzahlungstermin bei Darlehen (§. 31 b und c).

e.) Festsetzung einer Conventionalstrafe für Mitglieder, welche ohne Entschuldigung von den Generalversammlungen ferne bleiben. Zu deren Zahlung sind die Mitglieder verpflichtet.

f.) Schlichtung von Streitigkeiten (§. 39).

g.) die Remunierung einzelner Vorstandsmitglieder für deren Mühewaltung.

§.26.

Abstimmung

Die Abstimmung bei Wahlen erfolgt durch Aufstehen und Sitzenbleiben oder durch Handaufheben, wenn die Versammlung in einzelnen Fällen nicht ausdrücklich die Abstimmung durch Stimmzettel oder Namensaufruf beschließt.

§.27.

Vergütungen der Genossenschaft

Die Mitglieder des Vorstandes und des Aufsichtsrathes üben ihr Amt als unbesoldetes Ehrenamt aus und haben nur den Ersatz ihrer Baarauslagen zu beanspruchen. Die Generalversammlung hat das Recht die Mühewaltung einzelner Vorstandsmitglieder zu remunieren. Zur Erstattung baarer Auslagen an Genossenschaftsmitglieder genügt der Beschluß des Vorstandes (§. 12/7).

Abschnitt IV

Schaffung und Verwendung der Genossenschaftsmittel sowie Wirksamkeit der Genossenschaft.

§.28.

Schaffung und Verwendung der Geldmittel

Die Geldmittel der Genossenschaft werden aufgebracht durch Geschäftsantheile, Anlehen, zu welchen auch die Spareinlagen zu rechnen sind, sowie durch die Zinsüberschüsse:

Sie werden verwendet zu verzinslichen Darlehen an die Mitglieder, zu den Genossenschaftskosten einschließlich Dividende (§. 29), zur Ansammlung eines Genossenschaftskapitals (§ . 35) und zu gemeinnützigen Zwecken. Die Höhe der auszuleihenden Kapitalien und die von den Genossenschaftsmitgliedern von den Darlehen zu zahlenden Zinsen setzt die Generalversammlung fest (§. 25 u. §. 35).

§.29.

Geschäftsanteile und Dividende

Jedes Genossenschaftsmitglied ist verpflichtet einen Geschäftsantheil von fünf Gulden in die Genossenschaftskasse einzulegen, jedoch darf kein Mitglied mehr als einen Geschäftsantheil erwerben.

Die Einzahlung kann in Theilzahlungen erfolgen, welche monatlich mindestens 50 kr. betragen müssen. Die Zahlung des ganzen Betrages kann auch auf einmal stattfinden.

Die Geschäftsantheile sind Eigenthum der Mitglieder. Diese werden bei allenfallsiger Liquidation der Genossenschaft als deren Gläubiger betrachtet, jedoch mit dem Unterschiede, daß sie erst in letzter Reihe befriedigt werden.

Während der Mitgliedschaft können die Genossenschaftsantheile nicht zurückgezogen, nicht an andere übertragen, nicht belastet, auch von Gläubigern der Mitglieder nicht mit Beschlag belegt werden. Dieselben dienen vielmehr bei einer etwaigen Liquidation, insoweit als das Vermögen der Genossenschaft nicht ausreicht, in erster Reihe zur Erfüllung der Verpflichtungen der Mitglieder.

Die Dividende wird vom Aufsichtsrath (§. 21) in Prozenten jährlich festgesetzt, nach dem Verhältnisse der eingezahlten Beträge berechnet, bis zur vollen Anzahlung der Geschäftsantheile aber nicht ausgezahlt, sondern den Einlagen zugeschrieben. Die Dividende darf den Prozentsatz, welchen die Mitglieder für Darlehen bezahlen nicht übersteigen; außer derselben haben die Mitglieder für ihre eingezahlten Geschäftsantheile keinerlei Anspruch auf Zinsen. Die Dividende für die voll eingezahlten Geschäftsantheile, welche innerhalb 3 Jahren nach der Fälligkeit nicht erhoben worden sind, werden als Eigenthum der Genossenschaft betrachtet und dem Reservekapital zugeschrieben.

§.30.

Verbot gewagter Geschäfte

Alle mit irgend einer Gefahr verbundenen Geschäfte sind ausdrücklich verboten und dürfen von keinem Verwaltungsorgan für die Genossenschaft unternommen werden (§. 12/8). Gelder, welche nicht zu Genossenschaftszwecken verwendet werden können, dürfen nur pupillarisch angelegt werden.

§.31.

Darlehen

Darlehen dürfen nur innerhalb der von der Generalversammlung festgesetzten Grenze (§. 25) an die Mitglieder vom Vorstand bewilligt werden:

a.) auf kürzere Fristen bis zu einem Jahre, welche von dem Vorstand verlängert werden können, jedoch höchstens bis auf die Gesamtdauer von 2 Jahre.

b.) auf längere Dauer bis zu 10 Jahren.

Bei Bewilligung von Darlehen an Vorstandsmitglieder, dann solcher über das festgesetzte Maximum hinaus und auf länger als 10 Jahre, ist die Zustimmung des Aufsichtsrathes nothwendig (§. 21).

Die Rückzahlungstermine für alle auf längere Zeit bewilligte Darlehen setzt die Generalversammlung durch besondere Beschlüße fest. Die außerdem vorzuhaltende vierwöchentliche Kündigungsfrist soll nur benützt werden, wenn die von der Genossenschaft angeliehenen Kapitalien massenweise gekündigt werden oder die Genossenschaftsschuldner oder deren Bürgen in Verhältnisse gerathen, welche die Sicherheit der Darlehen gefährden.

c.) auf laufende Rechnung. Die Festsetzung des Maximums der Darlehen bezw. Kredite in laufender Rechnung, sei es in einer Summe oder in mehreren Beträgen zusammen, von dem Vorstand Darlehen, bezw. Vorschüsse verabfolgt werden dürfen, bleibt besonderer Beschlußfassung der Generalversammlung vorbehalten.

Die gute Verwendung der Darlehen ist soviel als möglich vorher festzustellen und später zu kontrollieren. Die Verwendung von gegebenen Darlehen in anderer Weise, als zu den bei Verleihung derselben festgestellten Zwecken hat die sofortige Fälligkeit derselben zur Folge und haften die Bürgen auch für diese entsprechende Verwendung.

§.32.

Sicherstellung der Darlehen

Die Sicherstellung der Darlehen, bezw. Kredite in laufender Rechnung (§.31.), muß in allen Fällen in so ausreichender Weise stattfinden, daß für die Genossenschaft keinerlei Gefahr vorhanden ist, sie kann erfolgen durch Stellung von Bürgen, durch Hypotheken oder durch Hinterlegung von pupillarisch sicheren Werthpapieren.

Bei Bürgschaften und Hypotheken ist darauf zu sehen, daß die betreffenden Summen durch Grundvermögen der Bürgen bezw. den Wert der zu verpfändenden Immobilien mindestens zweifach sichergestellt werden. Werthpapiere müssen in Kourswerthe die zu garantierende Summe mindestens um 1/3 übersteigen.

§.33.

Um der Verschuldung von Realitäten vorzubeugen, können aus den verfügbaren, der Genossenschaft als freies Eigenthum gehörigen Kapitalien, Realitäten, welche in ihrem Bezirke liegen, im exekutivem Wege erstanden werden, wenn Aussicht vorhanden ist, daß dieselben um einen günstigen Preis wieder an den Mann gebracht werden können. Für beides ist aber ein besonderer Beschluß der Generalversammlung erforderlich.

§.34.

Sonstige Wirksamkeit

Die Genossenschaft und ihre Mittel sollen auch dazu benützt werden, die Bildung von Verkaufs-, Produktions- u. a. Genossenschaften durch Gewährung von Krediten und Darlehen an deren Unternehmer möglich zu machen und die gedeihliche Wirksamkeit derselben durch sonstige Beihilfen seitens der Organe der Genossenschaft zu unterstützen. Selbstverständlich haften in solchen Fällen nur die Unternehmer derartiger Untergenossenschaften, nicht aber die Mitglieder der Hauptgenossenschaft Dritten gegenüber, für die von den Unternehmern kontrahierten Verbindlichkeiten. Die erwähnten Untergenossenschaften dürfen nur rein wirtschaftlicher Art sein.

Die Kassengeschäfte von Untergenossenschaften dürfen mit dem Darlehenskassengeschäfte in keiner Weise vermischt, sondern es muß die Buchführung für die Untergenossenschaften getrennt geführt werden.

§.35.

Genossenschaftskapital

Der nach §.18. zu ermittelnde Gewinn soll nach Abzug der Remunierung (§.27.) der Vorstandsmitglieder und nach Abzug der Dividende (§.29.) als Genossenschaftskapital angesammelt werden. Das letztere hat den Zweck, Ausfälle und Verluste der Genossenschaft zu decken. Hat das Vereinskapital eine solche Höhe erreicht, daß die Genossenschaft mit eigenen Mitteln wirtschaften kann, so steht es der Generalversammlung zu, über die Zinsen derselben, so wie über den ferner eingehenden Gewinn zu gemeinnützigen Zwecken zu verfügen.

Nach hinreichender Ansammlung des Genossenschaftskapitals ist auf die Herabsetzung der Zinsen Bedacht zu nehmen.

Das Genossenschaftskapital bleibt Eigenthum der Genossenschaft. Die Mitglieder haben persönlich keinen Antheil an demselben und können keine Theilung verlangen. Bei erfolgter Auflösung der Genossenschaft soll dasselbe bei einem Geldinstitute, welches für Pupillengelder als sicher anerkannt ist, in Depositum gegeben und es soll dabei weniger auf die Höhe der Zinsen, als auf die Sicherstellung des Kapitals gesehen werden. In diesem Falle sollen die Zinsen zum Kapitale geschlagen, und diese durch Zinses-Zins erhöht werden und zwar zehn Jahre lang von der Zeit der erfolgten Auflösung an, oder bis sich eine neue Genossenschaft in Mühldorf im Sinne der gegenwärtigen Statuten gebildet haben wird.

Sobald letzterer Fall eingetreten ist, soll der neuen Genossenschaft das Vermögen überliefert werden, wobei selbstverständlich betreffs der Dividende, des Genossenschaftskapitals u. a. nur die bezüglichen Bestimmungen der gegenwärtigen Statuten (§. 29, 35, 37 b und 38) zur Anwendung kommen. Kommt die Bildung einer Genossenschaft nach vorstehenden Bedingungen innerhalb den der Auflösung nächstfolgenden 10 Jahren nicht zustande, so fällt das vorhandene Vermögen der Gemeinde Mühldorf zu.

§.36.

Bekanntmachungen.

Alle öffentlichen Bekanntmachungen sind durch den Genossenschaftsvorsteher zu unterzeichnen und in der "Österreichischen Land Zeitung" in Krems bekannt zu machen.

Beim Eingehen der Letzteren bezeichnet der Aufsichtsrath an deren Stelle, bis zu dem durch die nächste Generalversammlung darüber herbeizuführenden Beschlusse, ein anderes Blatt.

Abschnitt V

Allgemeine und vorübergehende Bestimmungen

§.37.

Änderung der Statuten

Die gegenwärtigen Statuten können von der Generalversammlung geändert werden, wobei folgendes zu beachten ist:

a.) Im allgemeinen, mit Ausnahme der speziell unter b angeführten Fälle, ist die Generalversammlung (§.25) behufs Abänderung der Statuten beschlußfähig, wenn mehr als die Hälfte der Mitglieder anwesend ist.

Hat sich in der zu eben genannten Zwecke einberufene Generalversammlung nicht die genügende Zahl der Mitglieder eingefunden, so ist eine zweite Generalversammlung einzuberufen, welche dann ohne Rücksicht auf die Zahl der Mitglieder beschlußfähig ist. Letzteres ist in der zweiten Einladung ausdrücklich zu bemerken.

b.) Im speziellen: Die Abänderung des Schlußsatzes des §. 29 über die Festsetzung der Dividende, des §. 35 bezüglich des Genossenschaftskapitals, der Bestimmungen des gegenwärtigen §. 37 b bezüglich der Abänderung der Statuten im speziellen, die Abänderung des §. 38 bezüglich der Auflösung; die Aufhebung der gegenwärtigen Statuten überhaupt und die Einführung neuer Statuten kann nur stattfinden, wenn alle Mitglieder der Genossenschaft - die Erhöhung der Beitrittsgebühr, wenn 2/3 sämtlicher Mitglieder dafür stimmen, und zwar in vorschriftsmäßiger Sitzung. Die Einladung zur Generalversammlung behufs allenfallsiger Abänderung der Statuten muß acht Tage vor der betreffenden Sitzung der Generalversammlung erfolgen (§.23.).

§.38.

Auflösung der Genossenschaft

Die freiwillige Auflösung der Genossenschaft kann nur erfolgen, wenn nicht mehr als zwei Mitglieder der Genossenschaft gegen die Auflösung sich aussprechen. Sind drei oder mehr Mitglieder der Genossenschaft für das Fortbestehen der Genossenschaft, so kann die Auflösung nicht erfolgen, und es bleibt denjenigen, welche die Auflösung wünschen, überlassen, ihren Austritt zu erklären.

Die Einladung zur Generalversammlung behufs allenfallsiger Auflösung der Genossenschaft muß 4 Wochen vor der betreffenden Sitzung der Generalversammlung erfolgen. (§. 23)

Die Veröffentlichung der allenfallsigen Auflösung und die Liquidation erfolgen nach Vorschriften des Genossenschaftsgesetzes.

§.39.

Erledigung von Streitigkeiten

Streitigkeiten über die Bestimmungen der Statuten, oder zwischen Mitgliedern der Genossenschaft über sonstige Genossenschaftsangelegenheiten, werden durch die Generalversammlung geschlichtet, gegen deren Entschließung der Rechtsweg offen bleibt.

§.40.

Vorübergehende Bestimmungen

Die konstituierende erste Generalversammlung der Genossenschaft wählt durch offene Stimmabgabe:

a.) für diese Versammlung ihren Vorsitz;

b.) die Mitglieder des Vorstandes und des Aufsichtsrathes, sodaß es bei diesen ersten Wahlen der Beobachtung der Statutenbestimmungen über Einberufung der Versammlungen und Abhaltungen von Wahlen nicht bedarf.

Mühldorf den 4. Dezember 1886

Literaturverzeichnis

Archivmaterialien und ungedruckte Quellen

Kreisgericht Krems, Genossenschaftsregister, Raiffeisenbank Krems, Statuten des Spar- und Darlehens-Kassenvereines Mühldorf und Umgebung, registrierte Genossenschaft mit unbeschränkter Haftung auf Grundlage des Gesetzes vom 9. April 1873

Österreichisches Parlamentsarchiv, Volkswirthschaftlicher Ausschuß ex 1869, Entwurf eines Gesetzes vom über Actiengesellschaften und Commanditgesellschaften auf Actien, dann über Erwerbs- und Wirthschaftsgenossenschaften, Paragraph 77

Österreichisches Staatsarchiv, Allgemeines Verwaltungsarchiv, k. k. Landwirthschaftsgesellschaft Wien, Zentralausschuß ex 1874, Verhandlungsprotokoll vom 2. Jänner 1874, Nr. 1452

Österreichisches Staatsarchiv, Allgemeines Verwaltungsarchiv, k. k. Landwirthschaftsgesellschaft Wien, Zentralausschuß ex 1874 , Verhandlungsprotokoll vom 14. Jänner 1874, Nr. 1451

Österreichisches Staatsarchiv, Allgemeines Verwaltungsarchiv, k. k. Landwirthschaftsgesellschaft Wien, Zentralausschuß ex 1874 , Verhandlungsprotokoll vom 18. Jänner 1874, Nr. 1453

Österreichisches Staatsarchiv, Allgemeines Verwaltungsarchiv, k. k. Landwirthschaftsgesellschaft Wien, Zentralausschuß ex 1874, Abschrift der Stellungnahme des k. k. Handelsministeriums PZ 10284/1200, Nr. 23760 vom 20. August 1874

Österreichisches Staatsarchiv, Allgemeines Verwaltungsarchiv, k. k. Landwirthschaftsgesellschaft Wien, Zentralausschuß ex 1874 , Brief der k. k. Statthalterei Niederösterreich vom 18. Oktober 1874

Österreichisches Staatsarchiv, Allgemeines Verwaltungsarchiv, k. k. Landwirthschaftsgesellschaft Wien, Präsidiale ex 1874 , Aktennotiz vom 30. 10. 1874

Österreichisches Staatsarchiv, Allgemeines Verwaltungsarchiv, k. k. Landwirthschaftsgesellschaft Wien, Präsidiale ex 1874 Nr. 1179 vom 15. 11. 1874

Österreichisches Staatsarchiv, Allgemeines Verwaltungsarchiv, k. k. Ackerbauministerium, Signatur L 4 ex 1868, Fasc. Nr. 391, Prot. Nr. 1036/567

Österreichisches Staatsarchiv, Allgemeines Verwaltungsarchiv, k. k. Ackerbauministerium, Signatur L 4 ex 1868, Prot. Nr. 586 vom 28. 1. 1868

Österreichisches Staatsarchiv, Allgemeines Verwaltungsarchiv, k. k. Ackerbauministerium, Signatur L 4 ex 1868 Fasc. Nr. 1036 Beilage 2

Österreichisches Staatsarchiv, Allgemeines Verwaltungsarchiv, k. k. Ackerbauministerium, Dep. Nr. I ex 1871, Prot. Nr. 4615/211, Zusammenrufung eines agrarischen Congresses nach Wien auf das Jahr 1871

Österreichisches Staatsarchiv, Allgemeines Verwaltungsarchiv, k. k. Ackerbauministerium, Präsidiale ex 1872 Agrarischer Congress, PZ 963/42 Denkschrift Dep. I vom 27. 1. 1872

Österreichisches Staatsarchiv, Allgemeines Verwaltungsarchiv, k. k. Ackerbauministerium, Erlaß vom 17. 2. 1872

Österreichisches Staatsarchiv, Allgemeines Verwaltungsarchiv, k. k. AckerbauministeriumAVAM, Signatur L 4 ex 1872 Schreiben Marchets vom 26. März 1872

Österreichisches Staatsarchiv, Allgemeines Verwaltungsarchiv, k. k. Ackerbauministerium, Präsidiale ex 1872, Agrarischer Congress, PZ 963/42, Beilage 2752/154

Österreichisches Staatsarchiv, Allgemeines Verwaltungsarchiv, k. k. Ackerbauministerium, Signatur L 4 ex 1872 PZ 2237/101

Österreichisches Staatsarchiv, Allgemeines Verwaltungsarchiv, k. k. Ackerbauministerium, Signatur L 4 ex 1876, PZ 4587/226 vom April 1876

Österreichisches Staatsarchiv, Allgemeines Verwaltungsarchiv, k. k. Ackerbauministerium, Signatur L 4 ex 1876, Schreiben des Centralausschusses der k. k. Landwirthschaftsgesellschaft Wien vom 13. Juni 1876

Österreichisches Staatsarchiv, Allgemeines Verwaltungsarchiv, k. k. Ackerbauministerium, Signatur L4 ex 1876, Beilage zu dem Schreiben des Zentralausschusses der k. k. Landwirthschaftsgesellschaft Wien vom 13. Juni 1876, Statuten der .... Darlehens- und Spargenossenschaft (Registirte Genossenschaft mit unbeschränkter Haftung)

Österreichisches Staatsarchiv, Allgemeines Verwaltungsarchiv, k. k. Ackerbauministerium, Signatur L 4 ex 1876, PZ 6433/324 vom 11. Juni 1876

Österreichisches Staatsarchiv, Allgemeines Verwaltungsarchiv, k. k. Ackerbauministerium, Signatur L 4 ex 1876, PZ 7084/355 vom 16. Juni 1876

Österreichisches Staatsarchiv, Allgemeines Verwaltungsarchiv, k. k. Ackerbauministerium, Signatur L 4 ex 1879, PZ 10. 076/412 vom 1. 7. 1876

Österreichisches Staatsarchiv, Allgemeines Verwaltungsarchiv, k. k. Ackerbauministerium, Signatur L 4 ex 1879, PZ 8780/420 vom Juli 1876

Österreichisches Staatsarchiv, Allgemeines Verwaltungsarchiv, k. k. Ackerbauministerium, Signatur L 4 ex 1879, PZ 10. 076/412 Stellungnahme III vom 28. Juni 1876

Österreichisches Staatsarchiv, Allgemeines Verwaltungsarchiv, k. k. Ackerbauministerium. Signatur L 4 ex 1879, PZ 8780/420 Beilage Justizministerium Nr. 9707 vom 23. September 1876

Österreichisches Staatsarchiv, Allgemeines Verwaltungsarchiv, k. k. Ackerbauministerium, Signatur L 4 ex 1879, PZ 2415/877 vom 8. September 1879

Gedruckte Quellen

Bücher und durch Autoren gezeichnete Artikel

Abriss der Bodenculturverhältnisse des österreichischen Staates im Allgemeinen und des Erzherzogthums Österreich unter der Enns insbesondere. Gedenkgabe für die XXVI. Versammlung der deutschen Land- und Forstwirthe (Wien 1866)

Au, J.: Die Creditgenossenschaften in ihrer Bedeutung für Stadt und Land und in ihren Beziehungen zur socialen Frage (Heidelberg 1869)

Barta, F.: Die Entwicklung des landwirtschaftlichen Genossenschaftswesens in der Steiermark, in: Das landwirtschaftliche Genossenschaftswesen in einigen österreichischen Ländern mit besonderer Berücksichtigung der Mittelstandsfrage. Sammlung von beim Zweiten Internationalen Mittelstandskongreß Wien 1908 erstatteten Referaten (Wien o. J.) 41-62

Baumgartner, A.: Über die Creditnoth des Grundbesitzes und deren mögliche Abhilfe, in: Wiener Landwirthschaftlichen Zeitung vom 8. April 1871 (107-109)

Beck, O.: Die ländliche Kreditnoth und die Darlehenskassen im Regierungsbezirk Trier (Trier 1875)

Belleville, G.: Die landwirthschaftliche Plauderstube, in: Kalender für den österreichischen Landmann auf das Schaltjahr 1876 (Wien o. J.) 86-92

Bernstein, A.: Schulze-Delitzsch, Leben und Wirken (Berlin o. J.)

Bericht über die Thätigkeit des k. k. Ackerbauministeriums in der Zeit vom 1. Juli 1875 bis 31. Dezember 1876 (Wien 1877)

Bericht über die Thätigkeit des k. k. Ackerbauministeriums in der Zeit vom 1. Jänner 1881 bis 31. December 1886 (Wien 1888)

Birnbaum, K.: Das Genossenschaftsprincip in Anwendung und Anwendbarkeit in der Landwirthschaft. Denkschrift im Auftrage des Congresses Norddeutscher Landwirthe (Leipzig 1870)

Bittner, G.: Dr. Gustav Marchet, Diss. Univ. Wien (Wien 1950)

Bruckmüller, E.: Grundentlastung und Servitutenregulierung, in: *Alfred Hoffmann* (Hrsg.), Bauernland Oberösterreich, Entwicklungsgeschichte seiner Land- und Forstwirtschaft (Linz 1974) 118-131

Bruckmüller, E.: Landwirtschaftliche Organisationen und gesellschaftliche Modernisierung, Geschichte und Sozialkunde 1 (Salzburg 1977)

Buchrucker, A.: Die Vor- und Frühgeschichte der Raiffeisenschen Darlehenskassen-Vereine. Zum Gedächtnis des 50. Todestages Vater Raiffeisens am 11. März 1938. Unveröffentlichtes, im Besitz des Deutschen Raiffeisenverbandes befindliches Manuskript

Bundesministerium für Land- und Forstwirtschaft (Hrsg.), 100 Jahre Landwirtschaftsministerium (Wien 1967)

Chorinsky, C. Graf: Der Wucher in Österreich (Wien 1877)

Crüger, H.: Aus Vergangenheit und Gegenwart der deutschen Genossenschaften (o. O., o. J.)

Des Österreichers Grundrechte und Verfassung (Wien 1868)

Deutscher Genossenschaftsverband (Hrsg.): Schulze-Delitzsch, Ein Lebenswek für Generationen (Wiesbaden 1987)

Deutschfortschrittlicher Verein Baden bei Wien (Hrsg.): Dr. Gustav Marchet zu seinem sechzigsten Geburtstagsfeste (Baden 1906)

Dinklage, K.: Die landwirtschaftliche Entwicklung, in: *Alois Brusatti* und *Peter Urbanitsch* (Hrsg.) Die Habsburgermonarchie 1848 - 1918, Band 1, Die wirtschaftliche Entwicklung (Wien 1973) 403-461

Dorn, A.: Ein wichtiger Congreß, In: Volkswirtschaftliche Wochenschrift (26. Juni 1885) 401-403

Dorn, A.: Getreidezölle auf dem Budapester Congreß, in: Volkswirtschaftliche Wochenschrift (9. Oktober 1885) 355-357

Dumek, J.: Saatenstand- und Ernteberichte aus Österreich-Ungarn, in: Wiener Landwirthschaftliche Zeitung (17. Juli 1875) 300, (7. August 1875) 328 und (4. September 1875) 369

Endemann, W.: Gesetzentwurf über die privatrechtliche Stellung der auf Selbsthülfe beruhenden Erwerbs- und Wirthschaftsgenossenschaften, in: Jahrbücher für Nationalökonomie und Statistik 1. Band (Jena 1863) 489-492

Engelhardt W.: Zum Verhältnis der Genossenschaftspioniere Wilhelm Raiffeisen und Hermann Schulze-Delitzsch, in: Zeitschrift für das gesamte Genossenschaftswesen Band 38 (Göttingen 1988) 31-38

Erhebungen über die Lage der Landwirthschaft im Großherzogtum Baden 1883 veranhaltet durch das großherzogliche Ministerium des Inneren, 3 Bände (Karlsruhe 1883)

Ertl, M.: Versuche einer Agrarreform in Österreich, in: Geschichte der österreichischen Land- und Forstwirtschaft und ihrer Industrien, 1848 - 1898, Erster Band, Erste Hälfte (Wien 1899) 468-535

Farkac: Der internationale Getreidehandel, in: Jahrbuch für österreichische Landwirthe, Jahrgang 1879 113-130

Faßbender, M.: Ländliche Spar- und Darlehenskassen-Vereine, Raiffeisens System (Münster 1883)

Faust, H.: Schulze-Delitzsch und sein genossenschaftliches Werk, Veröffentlichung des Institutes für Genossenschaftswesen an der Philipps-Universität Marburg/Lahn (Marburg/Lahn 1949)

Festschrift Geschichte der österreichischen Land- und Forstwirtschaft und ihrer Industrien 1848 - 1898, Erster bis Vierter Band (Wien 1899)

Feuser, P. N.: Die landwirthschaftlichen Casinos (Ortsvereine), in: Wiener Landwirthschaftliche Zeitung vom 29. Jänner 1870 (27/28)

Feuser, P. N.: Das Genossenschaftswesen in der Landwirthschaft, in: Wiener Landwirthschaftliche Zeitung vom 31. Juli 1869 (293-296)

Feuser, P. N.: An die p. t. Mitglieder der Genossenschaft zum Bezug von Zuchtschweinen der englischen Suffolkrace, in: Der practische Landwirth vom 1. Oktober 1869

Feuser, P. N.: Das landwirthschaftliche Fortbildungswesen, in: Wiener Landwirthschaftliche Zeitung vom 2. Oktober 1869 (369-371)

Feuser, P. N.: Lehrbuch der Landwirthschaft für das Volk (Wien 1870)

Ficker, A.: Volks- und Mittelschule in Österreich, Geschichte, Bestand, Erfolg. In: *Schmid* (Hrsg.), Encyklopädie des Erziehungs- und Unterrichtswesens, Band V (Gotha 1865) 243-566

Foltz, C.: Betriebsergebnisse der ersten oberösterreichischen Dampfdresch-Genossenschaft, in: Landwirthschaftliches Wochenblatt des k. k. Ackerbauministeriums (4. März 1870) 111/112

Gaal, E. v.: Die Frage der landwirthschaftlichen Krise. Ein Referenten-Elaborat anläßlich des im October 1885 abzuhaltenden wirthschaftlichen Congresses (Budapest 1885)

Gamp: Der landwirthschaftliche Kredit (Berlin 1883)

Gautsch, M.: Erstes Auftreten des landw. Wanderlehrers P. N. Feuser in Niederösterreich, in: Der practische Landwirth vom 1. April 1869 (90/91)

Gerstner, L. J.: Vergleichende Darstellung des Schulze-Delitzsch'schen Systems und der Lassalle'schen Ideen mit Berücksichtigung des gewerblichen Creditlebens von Würzburg (Würzburg 1866)

Grundzüge für die Bildung von Vorschuß- und Creditvereinen für Gewerbetreibende in Wien und dessen Umgebung nach dem Schulze-Delitzsch'schen Systeme (Wien 1862)

Grundzüge für die Bildung von Vorschußvereinen für Gewerbetreibende in Wien, nach dem Schulze-Delitzsch'schen Systeme (Wien 1861)

Grünhut, C. S.: Die österreichische Regierungsvorlage vom Jahre 1872 über Erwerbs- und Wirthschaftsgenossenschaften, in: Allgemeine österreichische Gerichts-Zeitung Nr. 30 - 32/1872 (117/18, 121/22, 125/126)

Günther, F.: Der Oesterreichische Großgrundbesitzer. Ein Handbuch für den Großgrundbesitzer und Domainebeamten (Wien 1883)

György, A. v.: Die Mängel der Creditorganisation des Kleingrundbesitzes. Referenten-Elaborat zu dem im October 1885 in Budapest abzuhaltenden landwirthschaftlichen Congress (Budapest 1885)

Haag: Der landwirthschaftliche Credit in Bayern, Beilage zur Zeitschrift des landwirthschaftlichen Vereins in Bayern (Mai 1881)

Hamm, W. Ritter v.: Einst und Jetzt oder: Wie man vor vierzig Jahren Landwirt wurde. Vortrag, gehalten in der gründenden Versammlung des Klubs der Landwirte in Wien am 11. März 1875. In: Fünfzig Jahre Klub der Land- und Forstwirte, 1875 - 1925 (Wien 1925) 40-44

Hattingberg, J. Ritter v.: Die gemeinschaftlichen Credite der österreichischen Landwirthe (Wien und Leipzig 1900)

Hauptverband der österreichischen Sparkassen (Hrsg.): 150 Jahre Sparkassen in Österreich, Band 1 Geschichte (Wien 1972)

Havenstein: Der Landwirthschaftliche Verein für Rheinpreußen und seine Wirksamkeit. Festschrift zur Feier seines fünfzigjährigen Bestehens (Bonn 1883)

Held, A.: Die ländlichen Darlehenskassenvereine in der Rheinprovinz und ihre Beziehung zur Arbeiterfrage, in: Jahrbücher für Nationalökonomie und Statistik 13. Band (Jena 1869) 1-84

Hellbling, E.: Die Landesverwaltung in Cisleithanien, in: *Adam Wandruszka* und *Peter Urbanitsch* (Hrsg.), Die Habsburgermonarchie 1848 - 1918, Band II, Verwaltung und Rechtswesen (Wien 1975) 190-269

Henzler, R.: Genossenschaftliche Zeittafel, 4. Auflage (Hamburg 1963)

Hofmann, F. W.: Die landwirthschaftlichen Verhältnisse Österreichs im Vergleich mit anderen Ländern, in: Allgemeine Land- und Forstwirthschaftliche Zeitung Nr. 5/1864 (130-134)

Hohenbruck, A. Frhr. v.: Die Landtage und die Landwirthschaft (Pest, Wien, Leipzig 1866)

Hohenbruck, A. Frhr. v.: Die Landtage und die Landwirthschaft, Zweites Heft (Pest, Wien, Leipzig 1867)

Inama-Sternegg, K. T. v.: Die Statistik der Hypothekarschulden in Österreich, in: Statistische Monatschrift, IX. Jahrgang (1883) 313-331

Jablonowski, C. Fürst: Uebergang beim großen Grundbesitzer von der Naturalwirthschaft zur Geldwirthschaft, in: Allgemeine Land- und Forstwirthschaftliche Zeitung (4. Juli 1857) 457-463

Jahresbericht des k. k. Ackerbauministeriums über die Maßregeln und Arbeiten zur Förderung der Landescultur in den im Reichsrathe vertretenen Königreichen und Ländern für 1868 (Wien 1869)

Jaques, H.: Die Wuchergesetzgebung und das Civil- und Strafrecht (Wien 1867)

Jicinsky, K.: Über die Berechtigung des Kampfes zwischen Freihandel und Schutzzoll, mit Rücksicht auf die eigenthümlichen Grundlagen des Ackerbaues, in: Jahrbuch für österreichische Landwirthe Jahrgang 1879 (93-106)

Kallbrunner, H.: Der Väter Saat, Die österreichische Landwirtschafts-Gesellschaft von 1807 bis 1938 (Wien o. J.)

Kaserer, J.: Das Gesetz vom 9. April 1873 über Erwerbs- und Wirthschaftsgenossenschaften mit Materialien, Band VI Oesterreichische Gesetze mit Materialien nach amtlichen Quellen (Wien 1873)

Kerbler, V.: Das landwirtschaftliche Genossenschaftswesen in Oberösterreich und Salzburg, in: *Barta, F.*:Die Entwicklung des landwirtschaftlichen Genossenschaftswesens in der Steiermark, in: Das landwirtschaftliche Genossenschaftswesen in einigen österreichischen Ländern mit besonderer Berücksichtigung der Mittelstandsfrage. Sammlung von beim Zweiten Internationalen Mittelstandskongreß Wien 1908 erstatteten Referaten (Wien o. J.) 29-39

Kirchhof, E.: Über landwirthschaftliches Creditwesen und die Möglichkeit einer einfachen Selbsthilfe, in: Allgemeine Land- und Forstwirthschaftliche Zeitung Nr. 30/1860 (937-942)

k. k. Ackerbauministerium (Hrsg.), Die Bodencultur auf der Wiener Weltausstellung, 3 Bände (Wien 1874)

Kleinwächter, F.: Die österreichische Grundsteuergesetzgebung, in: Jahrbücher Jahrbücher für Nationalökonomie und Statistik 13. Band (Jena 1869) 85-113, 177-197

Knittel, A.: Beiträge zur Geschichte des deutschen Genossenschaftswesens (Freiburg, Leipzig 1895)

Koch, W.: F. W. Raiffeisen, Statuten, Dokumente und Schriftwechsel mit Behörden 1846-1888, unveröffentlichtes Manuskript (St. Wolfgang 1988)

Koch, W.: Friedrich Wilhelm Raiffeisen. Herkunft, Leben und Wirken und seine Bedeutung für den Westerwald, dargestellt an Hand von Briefen und Dokumenten (Altenkirchen 1988)

Koch, W.: Der Genossenschaftsgedanke F. W. Raiffeisens als Kooperationsmodell in der modernen Industriegesellschaft, (Paderborn-Würzburg 1991)

Komers, A. E.: Die Landwirthschaft Österreichs, in: Österreichische Revue, Jahrgang 1863, 2. Band (Wien, o. J.) 158-192

Komers, A.E.: Abriß der National-Oekonomie, zweite Auflage, (Prag 1868)

Komers, A.E.: Beitrag zur Lösung der landwirthschaftlichen Kreditfrage, in: Jahrbuch für österreichische Landwirthe, Jahrgang 1878 (409-464)

Kowarik, W.: Die Grundablöse 1848 am Beispiel des Stiftes Melk, in: Stift Melk, Geschichte und Gegenwart, 2 (Melk 1981)

Krafft, G.: Die Entwicklung der deutschen landwirtschaftlichen Literatur 1848-1898, in: Geschichte der österreichischen Land- und Forstwirtschaft und ihrer Industrien 1848-1898, Vierter Band (Wien 1899) 597-611

Kraus, Th.: Die Raiffeisenschen Darlehenskassenvereine in der Rheinprovinz, 1. Heft (Bonn 1876), 2. Heft (Bonn 1877)

Kraus, Th.: Bauern (Wien 1981)

Krebs, W.: Aus dem Leben F. W. Raiffeisens, 2. Auflage (Neuwied 1925)

Langer, J.: Welche Art Schulbildung bedarf der Wirthschaftsmann, um seine Wirthschaft mit Umsicht und Vortheil zu betreiben? in: Der practische Landwirth vom 1. April 1864 (54/55)

Leonhardt, G.: Antrag der Abtheilung für Handel und Volkswirthschaft auf Ausschreibung von Preisen für Verdienste bei der Gründung von Vorschußvereinen in Niederösterreich, in: Verhandlungen und Mittheilungen des niederösterreichischen Gewerbe-Vereines (10. April 1870) 212-214

Lerner: Über die Darlehns-Kassen-Vereine, in: Zeitschrift des landwirthschl. Vereins für Rheinpreußen Nr. 1/2 1869 (101-106)

Lette, A.W.: Das landwirthschaftliche Kredit- und Hypothekenwesen, Zweite Auflage, Berlin 1868

Liehr, W. und *Stöberl, B.*: Der Verein, 2. überarbeitete und ergänzte Auflage, Orac - Musterverträge, Herausgegeben von Univ.Prof. Dr. *Josef Kühne* und Univ.-Prof. Dr. *Manfred Straube* (Wien 1988)

Lirsch, F.: Das landwirthschaftliche Creditwesen, in: Jahrbuch für österreichische Landwirthe, Jahrgang 1876 (169-176)

Löbe, W.: Bäuerliche Creditverhältnisse, in: Oesterreichisches Landwirthschaftliches Wochenblatt (12. Mai 1883) 177/78

Löll, L.: Über die Nothwendigkeit der Raiffeisenschen Darlehenscassenvereine und deren Gründung, in: Zeitschrift des landwirthschaftlichen Vereins in Bayern, Juni 1882 (409-419)

L. P.: Der Rechenschaftsbericht des Präsidenten des landwirthschaftlichen Vereins für Rheinpreußen für 1868, in: Blätter für Genossenschaftswesen Nr. 3 und 4/1869 (16)

Marasse, M: Über die Verschuldung des galizischen Grundbesitzes im Jahre 1875, in: Statistische Monatschrift, Heft 3/1877 (406-417)

Marchet, G.: Die Landtage und die Landwirtschaft (Wien 1869)

Marchet, G.: Über Vorschuß- und Sparvereine (Volksbanken), in: Verhandlungen und Mittheilungen der k. k. Landwirthschaftsgesellschaft in Wien (18. März 1872) 185-192

Marchet, G.: Zum landwirthschaftlichen Genossenschaftswesen, in: Neue Freie Presse vom 25. November 1872, 23. Dezember 1872 und 30. Dezember 1872

Marchet, G.: Zur Organisation des landwirthschaftlichen Credites in Österreich, in: Wiener Landwirthschaftliche Zeitung vom 11. Jänner 1873, 18. Jänner 1873 und 25. Jänner 1873 (10/11, 19/20, 31)

Marchet, G.: Über ländliche Creditgenossenschaften, in: Verhandlungen und Mittheilungen der k. k. Landwirthschafts-Gesellschaft in Wien (22. April 1873) 143-148

Marchet, G.: Über landwirthschaftlichen Credit, in: Jahrbuch für österreichische Landwirthe, Jahrgang 1874 (267-316)

Marchet, G.: Die Zukunft des landwirthschaftlichen Genossenschaftswesens in Österreich I, in: Oesterreichisches Landwirthschaftliches Wochenblatt (15. Mai 1875) 231

Marchet, G.: Die Zukunft des landwirthschaftlichen Genossenschaftswesens in Österreich II, in: Oesterreichisches Landwirthschaftliches Wochenblatt (26. Juni 1875) 303/04

Marchet, G.: Zur Bewegung in der Frage der Credit-Genossenschaften, in: Oesterreichisches Landwirthschaftliches Wochenblatt (23. October 1875) 508/09

Marchet, G.: Der Nothstand in Galizien, in Wiener Landwirthschaftliche Zeitung (4. März 1876) 97/98

Marchet, G.: Zur Organisation des landwirthschaftlichen Credites in Österreich (Wien 1876)

Marchet, G.: Der Credit des Landwirthes, in: Landwirthschaftliche Jahrbücher, Zeitschrift für wissenschaftliche Landwirthschaft und Archiv des Königlich Preußischen Landes-Oekonomie-Kollegiums, Siebenter Band (Berlin 1878)

Marchet, G.: F. W. Raiffeisen. Die Darlehenscassenvereine, in: Wiener Landwirthschaftliche Zeitung (21. Jänner 1882) 44

Marchet, G.: Über den landwirthschaftlichen Personalcredit, in: Wiener Landwirthschaftliche Zeitung (4. Februar 1882) 73-75

Marchet, G.: Bäuerliche Zustände in Deutschland I und II, in: Wiener Landwirthschaftliche Zeitung, I (14. November 1883) 713/14, II (17. November 1883) 722/23

Marchet, G.: Raiffeisensche Darlehenscassen in Italien, in Wiener Landwirthschaftliche Zeitung (5. Jänner 1884) 13

Marchet, G.: F. W. Raiffeisen. Kurze Anleitung zur Gründung von Darlehenscassenvereinen, in: Wiener Landwirthschaftliche Zeitung (20. Februar 1884) 117

Marchet, G.: 1848 - 1888, Ein Rückblick auf die Entwicklung der österreichischen Agrarverwaltung (Wien 1889)

Menger, M.: Die auf Selbsthilfe gestützten Genossenschaften im Handwerker- und Arbeiterstande (Wien 1866)

Miaskowski, A. v.: Über die landwirtschaftlichen Enqueten der Neuzeit und ihre Resultate, in spezieller Rücksicht auf England, in: Jahrbuch für Gesetzgebung, Verwaltung und Volkswirthschaft im Deutschen Reich, Neue Folge, 9. Jahrgang (1885) 877-968

Müller, F.: Ein Beitrag zur Lösung der landwirthschftlichen Credit-Frage, in Oesterreichisches Landwirthschaftliches Wochenblatt (19. Juni 1875) 291

Müller, F.: Bäuerliche Genossenschaften, in: Tagespost (18. Mai 1886) 41

Müller, F.: Die geschichtliche Entwicklung des landwirtschaftlichen Genossenschaftswesens in Deutschland von 1848/49 bis zur Gegenwart, Wirtschafts- und Verwaltungsstudien mit besonderer Berücksichtigung Bayerns, herausgegeben von Dr. Georg Schanz (Leipzig 1901)

Nasse, E.: Der Bericht der Untersuchungskommission über die Raiffeisenschen Darlehenskassen-Vereine und die Kritik des Herrn Regierungsrath Nöll, in: Landwirthschaftliche Jahrbücher, Zeitschrift für wissenschaftliche Landwirthschaft und Archiv des Königlich Preußischen Landes-Oekonomie-Kollegiums, Fünfter Band, Berlin 1876 /557-596)

Neumann-Spallart, F.X.: Der landwirthschaftliche Credit in Österreich, Teil III, in: Österreichische Revue, Jahrgang 1864, 4. Band (Wien 1864) 97-119

Neumann-Spallart, F.X.: Der landwirthschaftliche Credit, in: Abriss der Bodenculturverhältnisse des österreichischen Staates im Allgemeinen und des Erzherzogthums Österreich unter der Enns insbesondere. Gedenkgabe für die XXVI. Versammlung der deutschen Land- und Forstwirthe (Wien 1866) 197-200

Neumann-Spallart, F.X.: Die Aufhebung der Wuchergesetze, in: Allgemeine Land- und Forstwirthschaftliche Zeitung (Nr. 5/1866) 130-132

Neumann-Spallart, F.X.: Die Verhältnisse des Boden-Credites in Niederösterreich, in: Abriss der Bodenculturverhältnisse des österreichischen Staates im Allgemeinen und des Erzherzogthums Österreich unter der Enns insbesondere. Gedenkgabe für die XXVI. Versammlung der deutschen Land- und Forstwirthe (Wien 1866) 334-350

Neumann-Spallart, F.X.: Übersichten über Produktion, Welthandel und Verkehrsmittel, in: *E. Behm* (Hrsg.) Geographisches Jahrbuch, IV. Band, 1872 (Gotha 1872) 451-521

Nöll, F.: Die ländlichen Darlehenskassenvereine in der Rheinprovinz (Sogenanntes System Raiffeisen). Einige kritische Bemerkungen von F. Nöll, in: "Der Arbeiterfreund" (Berlin 1873) 144-169

Normaliensammlung für den politischen Verwaltungsdienst, 1. Band (Wien 1901)

Ogris, W.: Die Rechtsentwicklung in Cisleithanien 1848 - 1918, in: *Adam Wandruszka* und *Peter Urbanitsch* (Hrsg.): Die Habsburgermonarchie 1848 - 1918, Bd. II, Verwaltung und Rechtswesen (Wien 1975) 538-662

Oncken, A.: Oesterreichische Agrarier, Teil I - III, in: Oesterreichisches Landwirthschaftliches Wochenblatt (9. December 1876) 589/91, (16. December 1876) 601/02, (23. December 1876) 631/14

Pabst, W.: Erfordernis und Mittel zur Hebung der landwirthschaftlichen Intelligenz in Österreich, in: Oesterreichische Revue 1863, Dritter Band (Wien o. J.) 131-152

Pabst, W.: Ueber landwirthschaftliche Fortbildungsschulen und Wanderlehrer sowie über die Mittel zur Bildung und Belehrung des Bauernstandes überhaupt (Wien 1867)

Parisius, L.: Die Genossenschaftsgesetze im Deutschen Reiche (Berlin 1876)

Peez, A.: Die Amerikanische Concurrenz (Wien 1881)

Pemsel, J.: Die Wiener Weltausstellung vom Jahre 1873 und ihre Bedeutung für die Entfaltung des Wiener Kulturlebens in der franzisco-josephinischen Epoche. Eine historische Studie, Diss. Univ. Wien (Wien 1983)

Pemsel, J.: Die Wiener Weltausstellung von 1873 (Wien 1989)

Piller, E.: Kreditgenossenschaften in Österreich, Wiener Studien des Forschungsinstituts für Genossenschaftswesen an der Universität Wien, Neue Folge, Band 2 (Göttingen 1970)

Podstatsky-Tonsern, C. Frhr. v.: Die Ursachen der bedrängten Lage des Grundbesitzes in Österreich, Teil II, in: Österreichische Revue, 4. Jg. 4. Heft 1866 (Wien o. J.) 73-86

Preser, K.: Die Erhaltung des Bauernstandes und die Grundeigenthumsfrage (Prag 1884)

Proksch: Bedenken bezüglich der Solidarhaft in den Genossenschaften, in: Zeitschrift für die gesamte Staatswissenschaft, Jahrgang 1877 (333-349)

Rachenzentner, A.: Die österreichische Agrargesetzgebung vom Beginn der konstitutionellen Ära bis zum Jahre 1889 und die Stellungnahme der Parteien, Diss. Univ. Wien (Wien 1949)

Raiffeisen, F. W.: Die Darlehenskassen-Vereine als Mittel zur Abhilfe der Noth der ländlichen Bevölkerung, sowie auch der städtischen Handwerker und Arbeiter (Neuwied 1866)

Raiffeisen, F. W.: Die Darlehenskassen-Vereine in Verbindung mit Consum-, Verkaufs-, Winzer-, Gant- etc. Genossenschaften, als Mittel zur Abhilfe der Noth der ländlichen Bevölkerung, sowie auch der städtischen Arbeiter, zweite, vermehrte und verbesserte Auflage (Neuwied 1872)

Raiffeisen, F. W.: Die Geldnoth der ländlichen Bevölkerung, in: Neue landwirthschaftliche Zeitung, XV. Jahrgang 1866

Raiffeisen, F. W.: Die Darlehenskassen-Vereine in Verbindung mit Consum-, Verkaufs-, Winzer-, Molkerei-, Viehversicherungs- etc. -Genossenschaften als Mittel zur Abhilfe der Noth der ländlichen Bevölkerung. Vierte, teilweise umgearbeitete und vermehrte Auflage (Heddesdorf-Neuwied 1883)

Raiffeisen, F.W.: Die Darlehenskassen-Vereine in Verbindung mit Consum-, Verkaufs-, Winzer-, Molkerei-, Viehversicherungs- etc. -Genossenschaften sowie den dazu gehörigen Instruktionen als Mittel zur Abhülfe der Noth der ländlichen Bevölkerung, Erster Theil: Die Darlehenskassen-Vereine und sonstige ländliche Genossenschaften. Fünfte, theilweise umgearbeitete und verbesserte Auflage, Neuwied 1887, (Neuauflage unter: Österreichischer Raiffeisenverband (Hrsg.): Raiffeisen und sein Werk in Österreich, Wien 1986)

Randa, A: Über einige zweifelhafte Fragen des Genossenschaftsgesetzes vom 9. April 1873, Z. 70 R. G. Bl. nebst einem Anhang über die Gebührenfrage (Wien 1874)

Ratzinger, G.: Die Volkswirthschaft in ihren sittlichen Grundlagen (Freiburg im Breisgau) 1881

Richter, H.: Friedrich Wilhelm Raiffeisen und die Entwicklung seiner Genossenschaftsidee, Diss. Univ. Erlangen-Nürnberg (München 1966)

Richter, St.: Der landwirtschaftliche Credit und die Spar- und Darlehenskassen-Vereine nach F. W. Raiffeisen, im Vergleiche zu den Vorschuß- und Credit-Vereinen nach Schulze-Delitzsch, Eine Zeit- und Streitfrage auf dem Gebiete des landwirtschaftlichen Creditwesens (Prag 1888)

Ritschel, F.: Die Volksbildung, in: Allgemeine Land- und Forstwirthschaftliche Zeitung, 26. Juli 1867 (738/39)

Ruhland, G.: Gesellschaftliche Organisationen des landwirthschaftlichen Personalcredits, in: Zeitschrift für die gesamte Staatswissenschaft Jahrgang 1883 (166-194)

Ruppe, G.: Das Genossenschaftswesen in Österreich, Veröffentlichungen der Deutschen Genossenschaftskasse, Zentralbank der Genossenschaften, Band 7 (Frankfurt/Main 1970)

Schäffle, A. E.: Die Inkorporation des Hypothekarkredits (Tübingen 1883)

Schauer, K.: Die historische Entwicklung des Vereinswesens in Österreich, Diss. Univ. Wien (Wien 1969)

Schmerling, A. Ritter v.: Bericht über die Ausstellung von Schul- und Unterrichtsgegenständen in Wien (Wien 1862)

Schmid, F.: Der landwirtschaftliche Personalkredit, in: Geschichte der österreichischen Land- und Forstwirtschaft und ihrer Industrien, 1848 - 1898, Erster Band, Zweite Hälfte (Wien 1899) 678-772

Schmoller, G.: Einige Bemerkungen über die zunehmende Verschuldung des deutschen Grundbesitzes und die Möglichkeit, ihr entgegen zu wirken, in: Landwirthschaftliche Jahrbücher, Elfter Band (Berlin 1882) 613-629

Schmoller, G.: Die neuesten Publikationen über die Lage des preußischen und deutschen Bauernstandes, in: Jahrbuch für Gesetzgebung, Verwaltung und Volkswirthschaft im Deutschen Reich, Neue Folge, 7. Jahrgang (1883) 613 -630

S(chneider) F. : Die Darlehnskassenvereine als Mittel zur Abhilfe der Noth der ländlichen Bevölkerung, sowie auch der städtischen Handwerker und Arbeiter, in: Blätter für Genossenschaftswesen Nr. 19 und 20/1869 (73-77)

Schönberg, G.: Die Landwirthschaft der Gegenwart und das Genossenschaftsprincip, Separat-Abdruck aus Mentzel und von Lengerke's verbesserter landwirthschaftlicher Hülfs- und Schreibkalender auf das Jahr 1869 (Berlin 1869)

Schraut: Die Organisation des Kredits (Leipzig 1883)

Schulze-Delitzsch, H.: Die Gesetzgebung über die privatrechtliche Stellung der Erwerbs- und Wirthschaftsgenossenschaften mit besonderer Rücksicht auf die Haftpflicht bei kommerziellen Gesellschaften (Berlin 1869)

Schulze-Delitzsch, H.: Vollständige Anweisung für Vorschuß- und Creditvereine, welche sich unter das Preuß. Genossenschaftsgesetz stellen wollen, nebst Musterstatut (in der Schluß-Redaction) Motiven als Nachtrag zur IV. Auflage des Buches: Vorschuß- und Creditvereine als Volksbanken (Leipzig 1868)

Schwanebach, P.: Die Vorschuß-Vereine in Rußland (Separatabdruck aus der "Russischen Revue" Band III, Heft 12) St. Petersburg 1874

Seelmann-Eggebert, E. L.: Die Systeme im modernen Genossenschaftswesen, ihre geschichtliche Entwicklung und ihr gegenwärtiger Stand, Tübinger staatswissenschaftliche Abhandlungen, herausgegeben von Carl Johannes Fuchs (Berlin, Stuttgart, Leipzig 1917)

Seelmann-Eggebert, E.L.: F. W. Raiffeisen, sein Lebensgang und sein genossenschaftliches Werk (Stuttgart 1928)

Settegast, H.: Die Landwirthschaft und ihr Betrieb, Erster Band (Breslau 1875)

Sommeregger, F.: Die Wege und Ziele der österreichischen Agrarpolitik seit der Grundentlastung, Soziale Studien, 3. Heft (Wien 1912)

Statistisches Jahrbuch des k. k. Ackerbau-Ministeriums für 1875, drittes Heft. Unterrichts- und Versuchswesen, dann Gesellschaften und Vereine für Land- und Forstwirthschaft (Wien 1876)

Stein, L. v.: Der Wucher und sein Recht (Wien 1880)

Stein, L. v.:, Bauerngut und Hufenrecht (Stuttgart 1882)

Steinhauser, A.: Die Grundentlastung im Herzogthume Salzburg (Salzburg 1854)

Stöger, O.: Die Darlehnskassenvereine nach F. W. Raiffeisen, in: Jahrbuch für Gesetzgebung, Verwaltung und Volkswirtschaft im Deutschen Reich, Neue Folge, 15. Jahrgang (Leipzig 1891) 841-865

Strakosch-Graßmann, G.: Geschichte des österreichischen Unterrichtswesens (Wien 1905)

Stroß, E.: Das österreichische Genossenschaftsrecht. Erwerbs- und Wirthschaftsgenossenschaften mit unbeschränkter und beschränkter Haftung. Systematische Darstellung des in Österreich geltenden Genossenschaftsrechtes unter Berücksichtigung der ausländischen Gesetzgebung (Wien 1887)

Suchodolski, C.: Saatenstand- und Ernteberichte aus Österreich-Ungarn, in Wiener Landwirthschaftliche Zeitung 11. September 1875 (379)

Tausche, A.: Von den billigen Getreidepreisen, in: Der Praktische Landwirth (22. Jänner 1879) 37-40

Thausing: Zur Creditfrage des kleinen Landwirthes, in: Jahrbuch für österreichische Landwirthe (1866) 106-110

Thilmany: Amtliches, Darlehns-Kassenvereine fürs platte Land, in: Zeitschrift des landwirthschl. Vereins für Rheinpreußen Mai 1866 (145-148)

Thilmany: An Herrn L. P., in: Blätter für Genossenschaftswesen (Nr. 12/1869) 45/46

Thorwart F.(Hrsg.): Schulze-Delitzsch, Hermann, Schriften und Reden, 5 Bände (Berlin 1909 - 1913)

Tomanek, P.: 90 Jahre Raiffeisenlandesbank Niederösterreich-Wien (Wien 1989, nicht veröffentlichtes Manuskript)

Toussaint, F. W.: Über die Bildung von Provinzial-Cultur- und Credit-Gesellschaften, in: Jahrbuch für österreichische Landwirthe 1871 (Prag o. J.) 258-275

Verein für Socialpolitik (Hrsg.): Bäuerliche Zustände in Deutschland, 3 Bände (Leipzig 1883)

Verein für Socialpolitik (Hrsg.): Der Wucher auf dem Lande (Leipzig 1887)

Wagner, L. v.: Zur Frage des landwirthschaftlichen Credits, in: Central-Blatt für die gesamte Landeskultur des In- und Auslandes (1. Januar 1871) 11/12

Weidenhammer, R.: Die Entwicklung und Wirkung der landwirthschaftlichen Consumvereine II, in: Oesterreichisches Landwirthschaftliches Wochenblatt (29. Januar 1876) 49/50

Weigert, F.: Die Credit-Verhältnisse des österreichischen Landwirthes, in: Allgemeine Land- und Forstwirthschaftliche Zeitung (Nr. 16/1864) 501/03

Werner, W.: 100 Jahre Raiffeisen in Niederösterreich 1886-1986, Skriptum des Verbandes ländlicher Genossenschaften in Niederösterreich (Wien 1986)

Werner, W.: Raiffeisenbriefe erzählen Genossenschaftsgeschichte (Wien 1988)

Werner, W.: Professor Dr. Gustav Marchet. Ein Raiffeisenpionier aus Niederösterreich. In: Unsere Heimat, Jahrgang 1989 (275-279)

Werner, W.: Die Anfänge der Raiffeisen-Lagerhausorganisation in Niederösterreich, in: Unsere Heimat, Jahrgang 1990 (177-204)

Wodrich, J.: Naturgeschichte und Landwirthschaft, in: Bericht über österreichisches Unterrichtswesen. Aus Anlass der Weltausstellung 1873 herausgegeben von der Commission für die Collectiv-Ausstellung des österreichischen Unterrichts-Ministeriums, Theil II (Wien 1873) 99-111

Zeidler, H.: Geschichte des deutschen Genossenschaftswesens der Neuzeit, Staats- und socialwissenschaftliche Beiträge, herausgegeben von Dr. *August von Miaskowski*, Erster Band, drittes Heft (Leipzig 1893)

Ziller, H.: Das Genossenschaftsgesetz und die Organisation der Vorschußvereine (Wien 1873)

Ziller, H.: Erwerbs- und Wirthschaftsgenossenschaften in Österrreich und Ungarn für das Jahr 1873 (Wien 1876)

Zeitungen, Zeitschriften und Jahrbücher

Allgemeine Land- und Forstwirthschaftliche Zeitung Nr. 6/1860 (189), Ueber die Mittel zur Hebung des kleinen Grundbesitzes

Allgemeine Land- und Forstwirthschaftliche Zeitung vom 26. 7. 1867, (743), 2. 8. 1867, (765): Die Association

Allgemeine Land- und Forstwirthschaftliche Zeitung vom 13. 12. 1867 (1255), Bekanntmachung über die Abhaltung der XXVI. Versammlung der deutschen Land- und Forstwirthe in Wien im Jahre 1868

Allgemeine österreichische Gerichts-Zeitung, 30 - 32/1872, Die österreichische Regierungsvorlage vom Jahr 1872 über Erwerbs- und Wirthschaftsgenossenschaften (117, 121, 125)

Blätter für Genossenschaftswesen Nr. 36/1869 (139/40), Die Protokolle des XI. Vereinstages des Allgemeinen Verbandes der auf Selbsthülfe beruhenden Deutschen Erwerbs- und Wirthschaftsgenossenschaften

Der Oesterreichische Oekonomist 15. Februar 1873 (50), Der dritte österreichische Agrar-Congress

Der Oesterreichische Oekonomist 13. August 1876 (1), Schulze-Delitzsch oder Raiffeisen? II

Der Oesterreichische Oekonomist 11. Oktober 1885 (322), Der landwirthschaftliche Congress in Budapest

Der practische Landwirth vom 15. Februar 1864 (31), Über Vereine zur Haltung vorzüglicher Sprungstiere

Der practische Landwirth vom 15. März 1866 (45), Genossenschaften zur Anschaffung von landwirthschaftlichen Maschinen

Der practische Landwirth vom 16. Juni 1869 (154), Drainage-Genossenschaft in Langau

Der practische Landwirth vom 16. Juni 1869 (153), Genossenschaftswesen in der Landwirthschaft

Der practische Landwirth vom 1. September 1870 (202), Weinbaugenossenschaften

Der practische Landwirth vom 17. September 1870 (209), Vereinte Kraft das Größte schafft

Der Praktische Landwirth, Nr. 44/1877 (702), Sonntagsbetrachtungen des

Praktischen Landwirthes. Wenn wir nur ein Dorfcasino hätten!
Der Praktische Landwirth vom 26. Februar 1879 (101), An die Landwirthe Österreich-Ungarns
Der Praktische Landwirth vom 9. Dezember 1880 (637), Über ländliche Darlehenscassenvereine I; Teil II 16. Dezember 1880 (649); Teil III 23. Dezember 1880 (665)
Der Praktische Landwirth vom 26. Mai 1881 (285), Statutenentwurf eines Darlehens- und Sparcassenvereines
Der steirische Landbote (28. März 1872) 70, Der agrarische Kongreß
Der steirische Landbote (6. Februar 1873) 21, Der dritte Agrar-Kongreß
Die Gartenlaube Nr. 23/1855 (298) und Nr. 39/1855 (516) Handwerkerbriefe
Die Genossenschaft (7. September 1872) 1, Der Allgemeine Verband der österreichischen Erwerbs- und Wirthschaftsgenossenschaften
Die Genossenschaft (21. Dezember 1872) 76, System Raiffeisen
Die Genossenschaft (5. Juni 1875) 111, Das Ackerbauministerium und das Genossenschaftswesen
Die Genossenschaft (5. und 10. Juni 1876) 115, Das Ackerbauministerium und der landwirthschaftliche Credit
Die Genossenschaft (18. November 1876) 213, Die Raiffeisenschen Darlehenskassen-Vereine auf dem vierten Allgemeinen Vereinstage
Jahrbuch für österreichische Landwirthe 1867 (322), Stimmen aus Böhmen über die Aufhebung des Wuchergesetzes
Jahrbuch für österreichische Landwirthe 1869 (401), Resultate der Verhandlungen in der XXVI. Wanderversammlung deutscher Land- und Forstwirthe zu Wien vom 31. August bis 5. September 1868
Jahrbücher für Nationalökonomie und Statistik, 8. Band (Jena 1867) 47, Gesetzentwurf, die privatrechtliche Stellung der Erwerbs- und Wirthschafts-Genossenschaften in Preußen betreffend
Jahrbücher für Nationalökonomie und Statistik, 10. Band (Jena 1868) 381, Der erste Congreß Norddeutscher Landwirthe
Jahrbücher für Nationalökonomie und Statistik 11. Band (Jena 1868) 52, Gesetz, betreffend die privatrechtliche Stellung der Erwerbs und Wirthschafts-Genossenschaften
Kalender auf das Jahr 1867 für den österreichischen Landmann (Wien o. J.) 97, Weingärtner-Gesellschaft
Land- und Forstwirthschaftliche Unterrichts-Zeitung, I. Jahrgang 1887 (7) Die wichtigeren Normalien für die niederen und mittleren landwirthschaftlichen Lehranstalten
Landwirthschaftliche Jahrbücher, Zeitschrift für wissenschaftliche Landwirthschaft und Archiv des Königlich Preußischen Landes-Oekonomie-Kollegiums, III. Band, Supplemenz-Heft (Berlin 1875) 224, Geld- und Kreditwesen

Landwirthschaftliche Jahrbücher, Zeitschrift für wissenschaftliche Landwirthschaft und Archiv des Königlich Preußischen Landes-Oekonomie-Kollegiums, Vierter Band (Berlin 1875) 549, Bericht der Enquête-Kommision über die Raiffeisenschen Darlehens-Vereine

Landwirthschaftliche Jahrbücher, Zeitschrift für wissenschaftliche Landwirthschaft und Archiv des Königlich Preußischen Landes-Oekonomie-Kollegiums, Vierter Band (Berlin 1875) 723, Bemerkungen zu dem Bericht der Enquête-Kommision über die Raiffeisenschen Darlehens-Vereine

Landwirthschaftliche Jahrbücher, Zeitschrift für wissenschaftliche Landwirthschaft und Archiv des Königlich Preußischen Landes-Oekonomie-Kollegiums, Supplement zu Band IV (Berlin 1875) 12, Geld- und Kreditwesen

Landwirthschaftliche Jahrbücher, Zeitschrift für wissenschaftliche Landwirthschaft und Archiv des Königlich Preußischen Landes-Oekonomie-Kollegiums, Supplement I zu Jahrgang 1878 (Berlin 1878) 202/03, Preussens Landwirthschaftliche Verwaltung in den Jahren 1875, 1876, 1877

Landwirthschaftliche Jahrbücher, Zeitschrift für wissenschaftliche Landwirthschaft und Archiv des Königlich Preußischen Landes-Oekonomie-Kollegiums, Supplement I zu Jahrgang 1882 (Berlin 1882) 201, Preussens Landwirthschaftliche Verwaltung in den Jahren 1878, 1879, 1880

Landwirthschaftliche Jahrbücher, Zeitschrift für wissenschaftliche Landwirthschaft und Archiv des Königlich Preußischen Landes-Oekonomie-Kollegiums, Supplement I zu Band XIV (Berlin 1885) 215, Preussens Landwirthschaftliche Verwaltung in den Jahren 1881, 1882, 1883

Landwirthschaftliche Mittheilungen für Steiermark (1. Juni 1886) 205, Bäuerliche Genossenschaften

Landwirthschaftliche Mittheilungen für Steiermark (16. Juni 1886) 217, Verhandlungen des Central-Ausschusses der k. k. LandwirthschaftsGesellschaft in der Steiermark

Landwirthschaftliche Zeitschrift von und für Oberösterreich (1. März 1872) 33, Der 2. Agrar-Congress in Wien

Landwirthschaftliche Zeitung von und für Ober-Österreich (15. Februar 1873) 27, Der zweite Agrarcongress in Wien II

Landwirthschaftliche Zeitschrift von und für Ober-Oesterreich (1. April 1885) 53, Österreichischer Agrartag

Landwirthschaftliches Wochenblatt des k. k. Ackerbauministeriums (29. Oktober 1869) 54; Der landwirthschaftliche Fortbildungsunterricht in Österreich

Landwirthschaftliches Wochenblatt des k. k. Ackerbauministeriums (26. November 1869) 165, Die österreichischen Lehranstalten für Bodencultur

Landwirthschaftliches Wochenblatt des k. k. Ackerbauministeriums (14. Januar 1870) 15; Landwirthschaftliches Vereinswesen in Rheinpreußen

Marburger Zeitung (13. Jänner 1886), 4 Landwirthschaftlicher Kredit

Marburger Zeitung (27. Jänner 1886), Die Windischen Vorschußvereine; 29. Jänner 1886; 31. Jänner 1886; 3. Februar 1886; 5. Februar 1886; 7. Februar 1886; 10. Februar 1886

Marburger Zeitung (19. Februar 1886) 2, Bauernvereins Umgebung Marburg

Marburger Zeitung (19. Februar 1886) 4, Roßwein

Marburger Zeitung (31. März 1886) 3, Darlehenskassen-Verein

Mittheilungen des kaiserl. königl. Ackerbau-Ministeriums, 11. Heft 1872 (9) Verhandlungs-Gegenstände für den agrarischen Congreß, welcher am 9. Jänner 1873 zusammentritt

Mittheilungen des kaiserl. königl. Ackerbau-Ministeriums Nr. 11/1874 (9), Statuten der registrierten Genossenschaft für Landwirthe in Eggendorf und Zillingdorf

Mittheilungen des kaiserl. königl. Ackerbau-Ministeriums, 6. Heft 1875 (8), Verzeichnis der Werke für landwirthschaftliche Fortbildungsschulen

Mittheilungen des kaiserl. königl. Ackerbau-Ministeriums Nr. 9/1875 (10), Statuten der registrierten landwirthschaftlichen Genossenschaft der Gemeinde Storzendorf mit Dörfl

Mittheilungen über Gegenstände der Land-, Forst- und Hauswirthschaft (15. April 1872) 72, Inserat

Mittheilungen über Gegenstände der Land-, Forst- und Hauswirthschaft (15. Februar 1873) 29, Der II. agrarische Congreß

Monats-Blatt der k. k. Landwirthschafts-Gesellschaft in Salzburg (April 1873) 25, Anträge des agrarischen Congresses 1873

Neue Freie Presse (18. Jänner 1873) 9, Resultate des Agrarcongresses

Neue Freie Presse (3. October 1885, Abendblatt) 3: Pest, 3. October, Der Congreß der Landwirthe

Neue Freie Presse (4. October 1885, Morgenblatt) 8: Pest, 3. October (Congreß der Landwirthe)

Neue Freie Presse (5. October 1885, Abendblatt) 3: Pest, 5. October (Congreß der Landwirthe)

Neue Freie Presse (6. October 1885, Morgenblatt) 6: Pest, 5. October (Congreß der Landwirthe) und 8: Der landwirthschaftliche Congreß in Pest

Neue Freie Presse (7. October, Morgenblatt) 6: Der landwirthschaftliche Congreß in Pest

Neue Freie Presse (8. October 1885, Morgenblatt) 4: Pest, 7. October, (telegr. (Congreß der Landwirthe))

Neue Freie Presse (11. October 1885, Morgenblatt) 4: Congreß der Landwirthe

Neue Landwirthschaftliche Zeitung, XV. Jahrgang 1866 (186), Die Darlehenskassen-Vereine

Neue Landwirthschaftliche Zeitung, XVI. Jahrgang 1867 (25), Die Creditfähigkeit der Darlehenskassen-Vereine

Neue Landwirthschaftliche Zeitung XVII. Jahrgang 1868 (459), Über landwirthschaftliches Bildungs- und Genossenschaftswesen in der Rheinprovinz 1867/68

Oesterreichischer Oekonomist (12. Jänner 1869) 32, Der Regierungs-Entwurf eines Genossenschafts-Gesetzes für Österreich I

Oesterreichischer Oekonomist, Nr. 12 - 15/1872, Das Gesetz über Erwerbs- und Wirthschafts-Genossenschaften (90, 98, 106, 114)

Oesterreichischer Oekonomist (2. Jänner 1876) 6, Literatur

Oesterreichisches Landwirthschaftliches Wochenblatt (30. September 1876) 471, Raiffeisen und Schulze-Delitzsch auf dem IV. Vereinstage des allgemeinen Verbandes der deutschen Erwerbs- und Wirthschaftsgenossenschaften in Österreich

Oesterreichisches Landwirthschaftliches Wochenblatt (4. April 1885) 127, Dritter österreichischer Agartag

Oesterreichisches Landwirthschaftliches Wochenblatt (24. October 1885) 377, Der landw. Congreß in Budapest II

Statistische Monatschrift, Heft 2/1876 (499), Die Erwerbs- und Wirthschaftsgenossenschaften in Galizien im Jahre 1875/76

Steirischer Landbote Beilage vom 16. Februar 1871

Steirischer Landbote (8. Jänner 1874) 2, Verzeichnis der Werke für landwirthschaftliche Fortbildungsschulen

Steirischer Landbote 16. April 1882, Beilage, Stenographisches Protokoll über die 58. allgemeine Versammlung der k. k. steirm. Landwirthschafts-Gesellschaft am 19. und 20. Januar 1882

Südsteirische Post (1. Mai 1886) 5, Über das System der Raiffeisenschen Darlehenscassen

Unverfälschte Deutsche Worte (16. October 1886) 226, Raiffeisenkassen

Verhandlungen der k. k. Landwirthschafts-Gesellschaft in Wien (10. Jänner 1857) 12, Verzeichnis der im Jahre 1856 der k. k. Landwirthschafts-Gesellschaft in Wien im Tauschwege zugesandten Gesellschafts-Verhandlungen und Zeitschriften

Verhandlungen und Mittheilungen der k. k. Landwirthschafts-Gesellschaft in Wien (8. März 1872) 170, Statuten des Vorschuss- und Sparvereines in Purkersdorf

Verhandlungen und Mittheilungen der k. k. Landwirthschafts-Gesellschaft in Wien (17. März 1874) 21, Mittheilungen an die landwirtschaftlichen Bezirksvereine

Verhandlungen und Mittheilungen der k. k. Landwirthschafts-Gesellschaft in Wien (28. Juli 1874) 57, Statuten der Darlehens- und Sparcassa

Verhandlungen und Mittheilungen der niederösterreichischen Gewerbe-Vereines (20. Februar 1870) 113, Vereins-Anzeigen

Wiener Landwirthschaftliche Zeitung (14. Februar 1868) 53/54, Zum Realcredit

Wiener Landwirthschaftliche Zeitung (28. Februar 1868) 69, Ein Wort für die Lebensfähigkeit landwirthschaftlicher Vereine

Wiener Landwirthschaftliche Zeitung (17. April 1868) 137, Das Financprojekt vom Gesichtspunkte der landwirthschaftlichen Interessen

Wiener Landwirthschaftlichen Zeitung (22. Mai 1868) 189, Die Vermögenssteuer und die Landwirthschaft

Wiener Landwirthschaftliche Zeitung (4. September 1868) 337, Die sechsundzwanzigste Versammlung deutscher Land- und Forstwirthe in Wien

Wiener Landwirthschaftliche Zeitung (3. April 1869) 149, Rückblick auf den zweiten Congreß norddeutsche Landwirthe in Wien

Wiener Landwirthschaftliche Zeitung (5. März 1870) 67, Zu den Verhandlungen des Congresses norddeutscher Landwirthe in Berlin

Wiener Landwirthschaftliche Zeitung (25. Jänner 1873) 29, Vom dritten Agrarkongresse I

Wiener Landwirthschaftliche Zeitung (1. März 1873) 79, Vom dritten Agrarkongresse VI

Wiener Landwirthschaftliche Zeitung (26. April 1873) 168, Peter Nicolaus Feuser

Wiener Landwirthschaftliche Zeitung (9. August 1873) 310, Die ländlichen Darlehenskassenvereine in der Rheinprovinz (Sogenanntes System Raiffeisen)

Wiener Landwirthschaftliche Zeitung (6. Februar 1875) 47, Genossenschaft der Landwirthe in Eggendorf und Zillingdorf

Wiener Landwirthschaftliche Zeitung (8. Jänner 1876) 16, Die landw. Journalistik in Österreich

Wiener Landwirthschaftliche Zeitung (12. Februar 1876) 67, Die Nothlage in Galizien

Wiener Landwirthschaftliche Zeitung (3. Juni 1876) 268, Die Viehzucht in Schlesien

Wiener Landwirthschaftliche Zeitung (22. November 1879) 467, Wuchergesetz und Landwirthschaft

Wiener Landwirthschaftliche Zeitung (17. Mai 1884) 325, Die Raiffeisenschen Darlehenscassenvereine in Deutschland

Wiener Landwirthschaftliche Zeitung (28. März 1885) 202, Österreichischer Agrartag

Wiener Landwirthschaftliche Zeitung (17. Oktober 1885) 665, Die Mängel der Creditorganisation des Kleingrundbesitzes

Wiener Landwirthschaftliche Zeitung (31. März 1886) 196, Bauernparteitag in Wien

Zeitschrift des landwirthschaftlichen Vereins in Bayern (August 1881) III. Beilage (73) Jahresbericht des General-Comites des landwirthschaftlichen Vereins in Bayern für 1880

Zeitschrift des landwirthschtlaftlichen Vereins in Bayern (August 1882) III. Beilage (111) Jahresbericht des General-Comites landwirthschaftlicher Vereine in Bayern für das Jahr 1881

Zeitschrift des landwirthschl. Vereins für Rheinpreußen März 1867 (115) Die Creditfähigkeit der Darlehenskassen-Vereine

Zeitschrift des landwirthschl. Vereins für Rheinpreußen Nr. 1/2 1868 (23), Soll die Gründung und Pflege der Darlehnskassenvereine nach dem System des Bürgermeisters a. D. Raiffeisen zu Heddesdorf bei Neuwied als eine Vereinsangelegenheit betrachtet, über das ganze Vereinsgebiet organisiert werden, und sollen demzufolge die Directionen der Loc.-Abtheilungen aufgefordert werden, diese Organisation auf alle Weise zu fördern und zur besonderen Aufgabe ihrer künftigen Thätigkeit zu machen?

Zeitschrift für die gesamte Staatswissenschaft 23. Band (Tübingen 1867) 662, Gesetz vom 27. März 1867 über die privatrechtliche Stellung der Erwerbs- und Wirthschafts-Genossenschaften in Preussen

Zeitschrift für die gesamte Staatswissenschaft, 39. Band (1883) 891, Bäuerliche Zustände in Deutschland

Zeitschrift für die gesamte Staatswissenschaft, 40. Band (1884) 413, Die neueste badische Agrarenquête

Sitzungsberichte und Beilagen

Stenographische Protokolle über die Sitzungen des Hauses der Abgeordneten des Reichsrathes, 135. Sitzung der 1. Session am 17. October 1868

Stenographische Protokolle über die Sitzungen des Hauses der Abgeordneten des Reichsrathes, 156. Sitzung der 1. Session am 19. Jänner 1869

Stenographische Protokolle über die Sitzungen des Hauses der Abgeordneten des Reichsrathes, 157. Sitzung der 1. Session am 22. Jänner 1869

Stenographische Protokolle über die Sitzungen des Hauses der Abgeordneten des österreichischen Reichsrathes, VIII. Session, 165. Sitzung vom 15. December 1875

Verhandlungen des Hauses der Abgeordneten des österreichischen Reichsrathes 98. Sitzung der 9. Session am 4. Dezember 1880

Verhandlungen des Hauses der Abgeordneten des österreichischen Reichsrathes 106. Sitzung der 9. Session am 25. Jänner 1881 (3730/31)

Verhandlungen des Hauses der Abgeordneten des österreichischen Reichsrathes 332. Sitzung der 9. Session am 14. Februar 1884 (11505)

Verhandlungen des Hauses der Abgeordneten des österreichischen Reichsrathes 338. Sitzung der 9. Session am 7. März 1884 (11734)

Stenographische Protokolle des niederösterreichischen Landtages, 37. Sitzung der 4. Session am 17. Februar 1866

872 der Beilagen zu den stenographischen Protokollen des Hauses der Abgeordneten, IX. Session, Gutachten über die Reform der Erbfolge in landwirthschaftlichen Besitzungen, welche direkt an das Ackerbauministerium erstellt wurden.

Stenographische Protokolle des niederösterreichischen Landtages, IV. Wahlperiode, III. Session, 15. Sitzung, 17. Jänner 1874

Stenographische Protokolle des niederösterreichischen Landtages, VI. Wahlperiode, 2. Sitzung der II. Session (26. November 1885)

Stenographische Protokolle des niederösterreichischen Landtages, VI. Wahlperiode, 17. Sitzung der III. Session (21. Jänner 1887)

LXXXI der Beilagen zu den stenographischen Protokollen des niederösterreichischen Landtages, VI. Wahlperiode, Bericht des Gemeinde- und Verfassungs-Ausschusses über den Antrag der Abgeordneten Mitscha und Genossen wegen Erhebungen über den wirtschaftlichen Niedergang der bäuerlichen Bevölkerung, insbesondere über die Organisation des landwirtschaftlichen Creditwesens, eventuell Errichtung von ländlichen Spar- und Darlehenscassen-Vereinen (2)

Verhandlungen des Salzburger Landtages, sechste Sitzung der I. Session der 5. Periode am 7. Oktober 1878

Verhandlungen des Salzburger Landtages, achtzehnte (Schluß-)Sitzung der II. Session der 5. Periode am 12. Juli 1880

Verhandlungen des Salzburger Landtages dritte Sitzung der III. Session am 5. Oktober 1881 (887 ff) Bericht des Landes-Ausschusses des Herzogthumes Salzburg, betreffend die Erlassung eines Agrarrechtes für das Herzogthum Salzburg

Verhandlungen des Salzburger Landtages zweite Sitzung der I. Session der 6. Periode am 16. September 1884, Bericht des Landes-Ausschusses des Herzogthumes Salzburg über die Credit-Verhältnisse des Landes

Verhandlungen des Salzburger Landtages zweite Sitzung der I. Session der 6. Periode am 16. September 1884

Verhandlungen des Salzburger Landtages vierte Sitzung der I. Session der 6. Periode am 30. September 1884

Nach stenographischen Aufzeichnungen verfaßtes Protokoll des am 3., 4., 5., 6. und 7. Oktober 1885 in Budapest abgehaltenen internationalen landwirthschaftlichen Congresses (Budapest 1886) VII/VIII

Verhandlungen des agrarischen Congresses in Wien 1868 (Wien 1868)

Verhandlungen des agrarischen Congresses in Wien 1873 (Wien 1873)

Verhandlungen des Oesterreichischen Agrartages 1879 (Wien o. J.)

Verhandlungen des Oesterreichischen Agrartages 1885 (Wien 1885)

Verhandlungen und Verfügungen des k. k. Ackerbauministeriums über die Regelung der Ackerbauschulen und landwirthschaftlichen Mittelschulen (Wien 1873)

Erlaß des Ministeriums des Inneren vom 27. September 1873, Z 13.784, St. Z 29.014 ex 1873

R.G.Bl. Nr. 253/1852, Kaiserliches Patent vom 26. November 1852, wodurch neue gesetzliche Bestimmungen über Vereine (Vereinsgesetz) angeordnet werden

R.G.Bl. Nr. 1/1863, Gesetz vom 17. Dezember 1862 zur Einführung eines Handelsgesetzbuches

R.G.Bl. Nr. 351/1867, Gesetz vom 15. November 1967 über das Vereinsrecht

R.G.Bl. Nr. 62/1869 vom 14. Mai 1869 durch welches die Grundsätze des Unterrichtswesens bezüglich der Volksschulen festgestellt werden (Reichsvolksschulgesetz)

R.G.Bl. Nr. 26/1868, Gesetz vom 14. Juni 1868 wodurch die gegen Wucher bestehenden Gesetze aufgehoben werden

R.G.Bl. Nr. 79/1868, Gesetz vom 27. Juni 1868, wodurch die Bestimmungen des § 761 des AGB in Betreff der Erbfolge in Bauerngütern abgeändert wird

R.G.Bl. Nr. 70/1873, vom 9. April 1873, Gesetz über Erwerbs- und Wirthschafts-Genossenschaften

R.G.Bl. Nr. 71/1873, Verordnung der Ministerien der Justiz, des Inneren und des Handels im Einvernehmen mit dem Finanzministerium vom 14. Mai 1873, womit in Vollziehung des Gesetzes vom 9. April 1873 (R. G. Bl. Nr. 70) über Erwerbs- und Wirthschafts-Genossenschaften die erforderlichen Bestimmungen in Betreff der Anlegung und Führung des Genossenschaftsregister erlassen werden

R.G.Bl. Nr. 30/1876, Gesetz vom 15. März 1876 betreffend die Gewährung von Unterstützungen und Vorschüssen aus Staatsmitteln für die durch den Nothstand heimgesuchten Gegenden des Königreiches Galizien

Verordnungsblatt für den Dienstgebrauch des k. k. Ackerbauministeriums, Stück VI, 18. Juni 1880, Seite 144: Zur Förderung des Personalcredites

FORSCHUNGEN ZUR WIRTSCHAFTS-, FINANZ- UND SOZIALGESCHICHTE

Band 1 Joachim Liese: Staatskredit und Defizitfinanzierung in der ersten konstitutionellen Periode der Habsburger Monarchie 1860-1867. 1993.

Band 2 Wolfgang Werner: Zur Vorgeschichte der österreichischen Raiffeisenbewegung. 1993.

Josef Reindl

Der Deutsch-Österreichische Telegraphenverein und die Entwicklung des deutschen Telegraphenwesens 1850-1871
Eine Fallstudie zur administrativ-technischen Kooperation deutscher Staaten vor der Gründung des Deutschen Reiches

Frankfurt/M., Berlin, Bern, New York, Paris, Wien, 1993. 290 S., zahlr. Tab.
Münchner Studien zur neueren und neuesten Geschichte. Herausgegeben von Hans Günter Hockerts und Gerhard A. Ritter. Bd. 2
ISBN 3-631-45717-0 br. DM 79.--

Mit der Industrialisierung gewannen Ausbau und Vernetzung des Verkehrs- und Nachrichtenweses zunehmende Bedeutung. Der vorliegende Band, erarbeitet auf der Basis unveröffentlichter Quellenbestände, schildert die Tätigkeit des 1850 von Preußen, Österreich, Bayern und Sachsen gegründeten Deutsch-Österreichischen Telegraphenvereins (DÖTV), dem die Koordinierung des zwischenstaatlichen Telegraphenverkehrs oblag, vergleichbar etwa mit der Tätigkeit des Deutschen Zollvereins. Diese Zusammenarbeit vollzog sich im Spannungsfeld partikularstaatlicher Interessen einerseits und der Notwendigkeit zu technisch-administrativer Kooperation andererseits. Der Band stellt den Aufbau des Telegraphenwesens in deutschen Einzelstaaten und dessen Vernetzung dar und zeigt, wie aufgrund der koordinierenden Tätigkeit des DÖTV ein einheitliches Telegraphensystem in den beteiligten Staaten bereits vor der Reichsgründung von 1871 entstand. Bemerkenswert war dabei, daß diese Zusammenarbeit deutscher Einzelstaaten von den politischen Auseinandersetzungen der Zeit nicht beeinträchtigt und auch nach dem Krieg von 1866 weitgehend unverändert fortgesetzt wurde.

Aus dem Inhalt: Telegraphentechnik in der ersten Hälfte des 19. Jahrhunderts – Grenzüberschreitende Kooperation im Verkehrs- und Nachrichtenwesen – Gründung und Tätigkeit des Deutsch-Österreichischen Telegraphenvereins: Technik, Organisation, Finanzen – Ausbau des Telegraphenwesens in deutschen Einzelstaaten – Europaweite Koordinierung des Telegraphenwesens – Reichsgründung und Auflösung des DÖTV

